사춘기 아버지

사춘기 아버지

발행일	2020년 9월 17일		
지은이	공풍용		
펴낸이	손형국		
펴낸곳	(주)북랩		
편집인	선일영	편집	정두철, 윤성아, 최승헌, 이예지, 최예원
디자인	이현수, 한수희, 김민하, 김윤주, 허지혜	제작	박기성, 황동현, 구성우, 권태련
마케팅	김회란, 박진관, 장은별		
출판등록	2004. 12. 1(제2012-000051호)		
주소	서울특별시 금천구 가산디지털 1로 168, 우림라이온스밸리 B동 B113~114호., C동 B101호		
홈페이지	www.book.co.kr		
전화번호	(02)2026-5777	팩스	(02)2026-5747

ISBN   979-11-6539-386-1 03370 (종이책)   979-11-6539-387-8 05370 (전자책)

이 도서의 국립중앙도서관 출판예정도서목록(CIP)은 서지정보유통지원시스템 홈페이지(http://seoji.nl.go.kr)와
국가자료공동목록시스템(http://www.nl.go.kr/kolisnet)에서 이용하실 수 있습니다.
(CIP제어번호: 2020039340)

질풍노도 시기의 자녀를 지혜롭게 교육하는 방법

사춘기 아버지

북랩 book Lab

최근 들어 청소년들 관련 상담 공부를 하고 있다. 공부는 끝이 없다는 말이 맞는 것 같다. 하면 할수록 어렵지만 내가 꼭 해야 하는 공부이기에 열심히 하고 있다. 그리고 청소년들과의 관계에 있어 조금이나마 청소년들이 사용하는 단어나 청소년들의 놀이문화에 대하여 이해하려고 노력한다.

전년도에 범죄심리사 자격 공부를 하였다. 청소년들의 비행에 관련된 상담을 시작하면서 범죄를 저지른 청소년들을 대상으로 상담과 PAI-A 질문지를 작성한 후 코딩을 통해 청소년들의 성격을 분석하여 청소년들과 상담을 하게 되는 그런 과정이다.

그래서 청소년들의 재비행 발생 여부를 예측하고, 청소년 상담을 시행하는 데 좋은 자료로 활용할 수 있다. 처음에는 한 번 해볼 만한 업무라고 나름대로 생각하며, 욕심을 부려 보았다. 그런데 갈수록 어렵다는 것을 알게 되었다. 청소년들은 다 똑같을 수는 없다. 모든 사례가 다르다. 개개인의 성격 및 검사 내용이 모두 다르기 때문에 한 건 분석하는 데 많은 시간이 걸리며, 혹시나 잘못 분석한 건 아닌지 걱정도 하면서 실시한 것이 벌써 50건 정도 되지만, 아직도 배워야 할 점이 너무 많다. 사춘기 청소년들과 상담을 해 보면 청소년의 문제이기도 하지만 가정의 문제도 있음을 발견할 수 있다. 청소년들의 문제 해결을 위해서는 개인, 가정, 사회적인 환경이 가장 중요하다.

청소년들의 재비행을 막기 위해 이런 도구를 많이 활용하는 것은 참으로 좋은 것 같다는 생각이다. 범죄 소년 말고도 비행 청소년 상담 중에 한 번 더 해보면서 다시 상담을 시행하여 내담자에 대해 다시 한 번 이해할 수 있어 좋았다. 이런 방법도 청소년뿐만 아니라 성인들 대상도 해보면 좋을 듯싶다.

사춘기 청소년을 자녀로 둔 우리 아버지들의 고민에 대해 생각해 볼 필요가 있다. 가출하는 청소년, 술·담배를 하는 청소년들 그리고 범죄를 저지른 청소년들에 대해 부모님들은 어떻게 해야 할지 몰라 고민하고 있다. 가정에서의 생활과 학교에서의 생활 그리고 사회에서의 생활이 전혀 다른 청소년들도 있다. 청소년들의 비행 유형을 살펴보면 대부분 가정에서 관리가 잘되지 않는 청소년들의 비행 빈도 수가 일반 가정의 아이들보다 많은 편이고, 부모의 관심을 덜 받는 청소년들이 또래 집단에서의 문제를 일으킨다. 가출 및 미귀가에서 시작되는 청소년 비행으로부터 청소년 범죄가 발생하고 있다.

우리 청소년들은 학교 공부, 학원 공부로 인한 스트레스를 정말 많이 받고 자라고 있다. 모든 것이 공부와 연관되어 있다는 생각에 잘못 생각하고 가출이나 탈선으로 학교 밖 청소년이 되기도 한다. 나는 우리 청소년들이 공부도 중요하지만, 진로를 정확히 결정하여 재미있는 학교생활을 해 주기를 바라는 마음을 갖고 있다. 부모들이 공부를 최우선시하는 것은 당연하다. 그러나 내 자녀가 무엇에 관심을 갖고 재미있어 하는지를 먼저 찾아본다면 힘들어하는 학교 생활에서 조금이나마 스트레스를 해소할 수 있을 것이다. 부모의 생각과 의도가 아닌 자녀의 생각을 먼저 생각하며 자녀가 할 수 있는 일을 찾도록 도와주는 것이 필요하다.

우리 청소년들은 요즘 생각 없이 살고 있다고 하지만 나름대로 무엇을 해야 하는지 고민도 하고 있다. 하지만 그 고민을 부모님만 모르고 있어서 자녀들과 소통이 잘되지 않고 있다. 초등학교 때의 진로 적성과 중학교 1~2학년 때의 진로 적성을 잘 파악하여 중학교 3학년에는 자기의 적성에 맞는 학교를 선택할 수 있도록 도와주는 것이 부모의 역할이다. 그리고 부모는 자녀의 교육을 학교에만 의존할 수도 있지만, 그러면 안 된다. 부모님은 학교 선생님과 주기적인 통화를 하여 자녀가 어떻게 학교생활을 하고 있는지, 자녀가 무엇에 관심이 있는지를 파악해야 한다. 부모들은 평소에는 자녀를 방임하다가 무슨 일이 발생하면 자녀를 위협하고 학교를 찾아가 큰소리치는 경향이 있는데 이런 행동은 절대 해서는 안 되며, 문제가 발생하기 전 자녀들과 대화를 하는 것이 중요하다.

청소년들 관련 업무를 하다 보니 많은 학생이 제대로 고민 상담을 하지 못하고 있음을 알게 됐다. 부모님이 바쁘다는 이유로 가족의 한 구성원으로 다른 생활을 하고 있어 대화의 시간을 갖지 못하는 것이 문제라고 볼 수 있다. 청소년들을 상담하는 데 크게 3가지 중요한 점이 있다. 첫째, 아이를 이해하려고 해야 한다. 둘째, 다른 아이들과 비교를 해서는 안 된다. 셋째, 자녀의 말에 경청하며 부모가 자식을 믿고 있음을 인식시켜 주어야 한다. 부모와 자식이 서로 믿지 못한다면 아무것도 할 수 없다. 어떤 상황이든 일단 자식을 믿어 주는 것이 필요하다.

자녀에게 문제가 발생하면 우리 부모들은 어른의 관점에서 바라보기 때문에 자녀에게 화를 내거나 폭행을 하는 일도 있다. 15세 자녀의 눈높이를 맞추어 본다면 부모의 역할이 아주 중요하다고 할 수 있다. 화가 나지만 그 순간을 잠시 피하고 자녀의 말에 경청하는 것이 중요하다. 어려움을 겪고 있을 때 부모의 역할이 아주 중요하다는 것을 알아야 한다.

이 책은 크게 3부로 이루어져 있다. 1부는 사춘기 자녀를 사랑으로 키워 보자는 내용으로 자녀와 있었던 이야기를 세상의 모든 아버지의 처지에서 생각해 보았다. 2부는 사춘기 자녀와 동행에 관한 내용이다. 큰아이들 키울 때는 여행도 많이 했는데 늦둥이 자녀를 키울 때는 그렇게 하지 못해 늘 마음이 아프다. 자식 사랑은 내리사랑이라는 말이 딱 맞는 것 같다. 눈에 넣어도 아프지 않은 우리 자식들과 함께했던 내용을 적어 보면서 '함께'라는 단어만 들어도 마음이 흐뭇하다.

3부는 사춘기 아버지의 삶을 통해 나 스스로 즐기며 살자는 내용이다. 가족은 우리 사회에서 가장 작은 단위의 사회라고 할 수 있다. 아버지와 어머니가 계시고 형, 누나, 동생이 있으면서 서로 웃으며 행복하게 살고 서로를 아껴주고 지켜 주는 그런 작은 보금자리이다. 사춘기 아버지의 삶을 한 번 생각해 보면서 더 의미 있는 삶을 살기 위한 마음으로 써 보았다.

살면서 정말로 내 이웃 사람들에게 나라는 존재가 무엇인지 고민해 보고, 내가 이웃들에게 피해를 주지 않는지를 생각하면서 써 보았다.

그래서 이 책은 이 세상 사춘기 청소년들과 함께하는 아버지들의 바람과 희망을 생각하며 써 보았고, 우리 청소년들을 대하는 부모님의 이런 마음을 조금이나 헤아려 지금, 이 순간 밖에서 배회하는 청소년과 학교 밖에서 생활하는 청소년들이여 집에 계신 부모님을 생각하여 모두 가정으로 돌아오길 바란다.

　가정이란 아주 행복한 곳임을 알아야 한다. 항상 곁에서 지켜봐 주고 도와주는 고마운 부모님은 1년 365일 하루도 자식을 걱정하지 않는 날이 없다. 가족의 소중함을 느낀다면 청소년기의 문제 행동을 하지 않을 것이다. 생각을 조금만 해 본다면 가정에서는 웃음소리가 담장 너머로 퍼져 나갈 것이다. 사춘기가 시작되는 청소년들에게도 자기들만의 시간이 필요하지만, 무엇이 잘못된 행동인지를 인식하면서 살았으면 한다. 그러기 위해서는 학교생활과 또래 친구들의 소중한 추억이 필요하다.

　부모님의 마음을 조금이나 생각해 주고 스스로 자기 일을 하면서 올바른 청소년기를 넘길 줄 아는 멋진 사춘기 청소년이 되어 준다면 이제는 바랄 것이 없을 것이다. 사춘기 청소년들이 있는 아버지들의 근심·걱정에 조금이나마 도움이 되기를 진심으로 바란다.

2020년 9월

공풍용

어머니의 인생살이에 대한 그리움

이른 봄 새벽부터 들녘에 나가 콩밭 매고
늦은 아침 드시고 논으로 나가 모심는 우리 어머니
손마디가 굵어 반지가 뱅글뱅글 굴러다닌다
그러다 행여 땅에 떨어질까?
흰색 실로 움직이지 못하게 묶어 두신 어머니!

어린 나이에 시집와 시부모 모시고 살면서
열심히 사는 것이 다라고 생각하며 한 푼 두 푼 모아
가정 살림 키웠던 시절

오월 단오
시부모 그늘에 딸 낳았다고
대우받지 못해
미역국 한 그릇에 밥 한 공기에 후루룩후루룩
마시며 젖 달라고 울어대는 딸에 젖을 물리고

길쌈을 하며 살았던 그 시절

늦은 밤까지 길쌈을 하면서도 내 가정을 지키겠다는 신념으로 피멍

이 된 손으로

살아왔던 긴 시간을 눈물로 보냈지만

늘 우리 큰 딸에게 고생만 시켜 미안해하신 어머니의 목메인 소리

시어머니 아들 타령에 또 딸을 낳았네

또 딸이네

고생했다는 말보다는 차가운 시어머니의 냉대함

차가운 겨울바람 소리가

문 틈새로 불어오는 밤에도

아이들의 숨소리만 들으면 힘이 들어도

자식 입에 먹을 것 들어가는 모습을 보면

오늘도 열심히 살아오셨다

항상 곁에서 보살펴 주던 내 딸아, 정말 고맙다

오곡이 무르익어가는 계절에

또, 셋째 딸이 태어났다

어머니의 마음 한쪽에는

텅 빈 공허감이 들었을 것이다

삼신할머니도 무심하지

아침부터 농사일에 태어난 아이를 보면서

빙긋방긋 웃는 동생을 지켜보는 예쁜 딸들을 두고
오늘도 호미를 들고 들녘을 나가셨네
마음이 예뻐 늘 부모 걱정에 눈물 마를 날이 없는 내 딸아
애미기 죽더라도 슬퍼하지 마라
이제부터는 편하게 잘 살아라

칠월 더위 장마 속에서
힘든 삶 속에서도 어머니의 산통이 시작되었네
응애응애
경사 났네! 경사 났네
공가네 집에 경사 났네
아들 낳아 행복해하는
우리 할머니, 할아버지도 경사 났다며 덩실덩실
춤을 추었다네
우리 어머니의 지극정성에
큰 효도 하셨다네
우리 어머니 생선 미역국에 소복하게 올라온 흰 쌀밥
눈물에 쌀밥을 드시면서 얼마나 우셨을까?
행복의 기쁨일까?
삶에 대한 서러움일까?
아들 교육도 시키지 못한 이 애미를 용서해다오

찜통 같은 팔월 무더위 속에서

심한 가뭄에 땅은 갈라지고

들녘 콩이며, 팥이며, 고구마 순은 말라가고

지쳐 있던 마음에

또 딸이 탄생하였네

소중한 생명이면서 사랑받았던 딸

눈을 감으시면서도 걱정하신

우리 어머니

멀리서 이 못난 어미를 보겠다고 온 내 딸의 손을 꼭 잡으시고

마지막까지 내 손을 꼭 잡으시고

눈가에 흐르는 눈물을 닦아 주던 고마운 내 딸아

내 딸아 이제는 모든 것을 잊고 훨훨 털어버리고

사위와 함께 재미있게 살아라

뜨거운 땡볕에 들녘에서 일하고

지쳐 축 처진 배를 안고 들어오신

우리 어머니

힘들다고 물 한 사발 마시고

자식 밥 굶길까? 부엌으로 들어가 음식을 만드시다 산통이 와

예쁜 딸을 낳으셨네

어머니의 마음도 이제는 담담해졌을 것이다

그토록 사랑스러웠던 내 딸이

삶이 힘들어도 열심히 살려고 하는 내 딸을 보면

마음이 아프다

살아생전 남보다 깨끗하게 잘 돌봐 주었던

그 마음에 늘 감사하고 있다

욕심을 버리며 살아다오

힘들게 살던 너의 모습을 보니 마음이 아프구나

이제 자식 걱정하지 말고 남은 삶

행복하게 살아라 내 딸아

어릴 때 일찍 고향을 떠나

부모의 사랑을 받지 못하고 타향에서

열심히 살고 있었던 내 딸아

넉넉하지 않은 살림에도 항상 못난 어미 걱정에

눈가에 눈물 끊을 날이 없던 내 딸아

가시는 날까지도 어미 걱정에

혼자 눈물 흘린 내 딸아

너의 그 예쁜 마음에 못난 어미는 너에게 큰 사랑을

주지 못해 미안하구나

10월이 되면

어느 딸보다 더 마음이 쓰인 내 딸아

이제는 하고 싶은 일 하면서

마음 편히 살았으면 좋겠구나

가르치지 못하고, 주지도 못한 내 소중한 딸아

미안하다 그리고 이제는 재미있게 살아다오

푸르른 4월 넉넉하지 않은 계절에 태어난 막내딸아

어릴 때 아버지를 좋아하여 아버지 등 뒤에서

잠자던 너의 모습이

지금도 선하구나

많이 가르치지 못해

이 어미 원망도 많이 했을 걸로 생각하면

마음이 아프다

엄마가 무지하여 너희들에게 많은 공부를 시키지 못한 이 어미를

용서하지 마라

이제는 결혼하여 딸, 아들 낳아 잘 키우고 있지만

막내딸을 생각하면 금방이라도

엄마 하면서 대문을 열고 올 것만 같구나

보고 싶어도 볼 수 없고 만지고 싶어도 만질 수 없는

머나먼 곳에서

너희들을 지켜보는 것 외에는 아무것도

해 줄 수는 없구나

마음은 소중한 내 자식들에게

짐이 되지 않기 위해 살다가 세상을 떠났지만

멀리서나 내 자식들의 행복만을 빌어 본다

우리 막내아들아!

부모님의 사랑도 있지만

누나, 형의 사랑을 듬뿍 받고 자란 내 소중한 아들아

어릴 때부터 어른이 될 때까지

한 번도 부모의 마음을 아프게 하지 않았던

우리 막내아들

자기 일에 최선을 다하며 사회에 봉사하고

이웃에 칭찬받으며 열심히 살아가는

우리 아들 부모 근심 걱정 없이 살아 준 내 아들아

정말 고맙다

사랑하는 내 자식 9남매야

비록 부모는 멀리 떠났지만

소중한 내 자식들은

아프지 말고 형제간 우애 있게 지내고

담장 너머 행복한 웃음 소리만

울려 퍼지도록 오손도손 살다가 오너라

아름다운 곳에서 소중한 우리 자식들을

지켜보고 돌봐 주련다

지금, 이 순간

힘이 들 수는 있지만, 그것 또한 너희의 몫이다

힘들다고 포기하지 말며

슬퍼하지 말고

아름다운 정원에서 9남매 모두 즐거운 소풍 잘 즐기고

해가 지면

행복 가득한 엄마, 아빠가 있는 우리 집으로

형제들 모두 손잡고 웃으면서 오너라

내 사랑스러운 딸, 아들아

내 사랑스러운 아들, 딸들아, 미안하다

차례

제1부 사춘기 자녀 사랑

제2부 사춘기 자녀와 동행

제3부 사춘기 아버지의 삶

제1부

사춘기
자녀 사랑

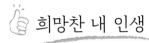

희망찬 내 인생

우리의 삶은 하늘이 준 소중한 선물이다. 세상은 아름답고 생동감에 넘치며 수많은 가능성을 안고 있다. 그리고 이러한 세상에 살아 있다는 것은 그 자체만으로도 커다란 축복이 아닐 수 없다. 삶은 우리가 만들어 가는 예술 작품이다.

- 나폴레옹 힐, 『놓치고 싶지 않은 나의 인생』

희망은 나에게 어떤 의미를 지닐까?

새해 첫날 너무나 뜻깊은 날이다. 작년을 돌이켜보면 나에게는 하루하루가 모두 소중한 일이었다. 수많은 일이 나에게 있어 하나의 사건이라 볼 수 있다. 새해 아침 거실에서 우리 가족은 베란다에 떠오르는 태양을 바라보면서 올 한 해 소원을 빌었다.

첫 번째 소원은 우리 가정의 행복이다.
우리 가족 모두 건강했으면 좋겠다. 더불어 나를 알고 있는 모든 사람이 건강하면 좋겠다.

두 번째 소원은 우리 가족이 하는 일이 아무 탈 없이 잘 이루어졌으면 좋겠다. 우리 가족 모두가 각자의 위치에서 최선을 다하면서 살아가고 있다. 자기의 위치에서 최선을 다하다 보면 결국 나에게도 좋은 일이 찾아올 수 있다고 생각하고 자녀들에게도 열심히 근무하라고 한다.

세 번째 소원은 우리나라가 모든 면에 있어 잘 살았으면 하는 것이다. 내가 나라 경제를 책임질 수는 없지만, 마음만으로 한 번쯤 기원해 본다.

이렇게 올 한 해의 소원을 빌고 나는 비둘기범죄예방학교 원장을 만나러 갔다. 원장님에게 올해는 좀 색다른 프로그램을 추진했으면 좋겠다고 말씀을 드렸다. 이야기를 나누던 중 작년 12월 교통사고로 돌아가신 총재님이 생각나 이야기를 하는 모든 사람의 눈시울이 뜨거웠다. 잠시 적막이 흐르는 동안 내가 먼저 말을 꺼냈다. 총재님께서 시작한 일이기에 남은 사람들이 더욱더 열심히 해야 한다고 했다. 모두가 고개를 끄덕이면서 "잘해 봅시다" 하며 고인이 된 총재님을 다시 한 번 생각하게 되었다.

총재님은 참으로 훌륭한 교육철학을 갖고 계셨다. 청소년들의 비행 및 범죄 예방을 위해 체험학교를 만들어 청소년들의 재비행을 예방하려는 노력을 하셨다. 청소년 범죄자들이 처벌을 받는 경찰서 유치장과 검찰기관인 구치소를 체험하고 판사 앞에서 재판을 통해 자기의 잘못을 뉘우치고 처벌을 받는 경험이야말로 청소년들에게 꼭 필요한 교육 프로그램이라 생각해 나도 총재님의 의도에 작은 힘을 보탰다.

하지만 예산 부족으로 체험학교가 문을 닫는다는 소식을 듣고 한편으로 마음이 아팠다. 정부의 지원도 받지 않고 사비를 들여 오랫동안 버려둔 폐교를 수리하여 사용한 건물이라 밖에서는 볼품은 없지만, 내용은 알차고 의미 있는 학교였다. 총재님이 아니었더라도 내가 꼭 해 보고 싶은 일이었다. 퇴직한 경찰관들의 자발적인 참여로 이 사회 청소년들의 비행을 예방하고 사춘기 시절 청소년들의 탈선을 예방할 수 있는 우리 사회에서 꼭 필요한 교육 체험기관이었다. 7살 먹은 내 아들도 체험을 통해 잘못된 행동을 하지 않겠다고 하였다.

청소년들을 상대로 일을 하다 보니 가출한 청소년 그리고 우범 청소년들의 생활공간이 없다는 것에 대해 안타까움을 많이 느꼈다. 힘든 청소년들에게 잠시 쉴 수 있는 공간이 운영된다면 청소년들의 비행도 줄어들 것이다. 누군가 이런 시설을 운영해 줄 수만 있다면 나는 기꺼이 도와주겠다는 생각을 하고 있다.

가출하여 갈 곳이 없는 청소년들은 결국 힘든 생활을 하게 된다는 것을 알고 있기 때문에 이들이 쉴 수 있는 안전한 쉼터가 필요하다고 나름 생각하고 있다. 우리 정부에서도 청소년들에 대한 많은 정책을 펼치고 있지만, 사각지대인 청소년들의 활용 공간을 마련하여 청소년들에 대한 실질적인 상담과 지원을 하는 정책이 필요하다.

새해 첫날 이런 걱정을 하며 출근을 하였다. 무엇보다 이 사회에 어려운 사람이 없고 누구나 행복한 삶을 살 수 있는 환경이 마련되면 좋을 것이다. 그렇지 못한 것이 한편으로 마음이 아프지만, 지금의 힘든 상황도 앞으로는 좋아질 것이라 믿고 직장 출근을 위해 문을 나섰다.

새해 첫날 근무를 하는데 어김없이 술에 취한 사람과의 만남이 시작되었다. 하지만 술 취한 사람에게 내가 해 줄 수 있는 것은 참고 인내하는 것밖에 없다. 새벽 5시까지 술 취한 사람과 이렇게 보냈다. 술 취한 사람으로부터 받는 시달림 속에서도 안전하게 집까지 모셔다드린 것 또한 내가 해야 하는 일이기에 힘들지만 해야 한다. 힘든 내 삶을 부정적으로 생각하기보다는 긍정적으로 바꾸려는 노력이 중요하다. 힘들지만 스스로 통제하는 힘을 길러야 한다. 내 인생은 내가 즐겁다고 생각할 때가 가장 행복하다.

인생을 즐기면서 살아가는 것이 행복이다.

사람은 누구나 재능이 없다고 하며 자신의 가치를 찾지 못하고 자신이 무능력하다고 생각한다. 내 가치를 크게 생각해야 한다. 자신이 모르는 숨은 능력이 있는데도 불구하고 그 능력을 찾지 못하면서 살아가고 있는 것이 바로 사람이다. 능력은 반드시 자신 안에 있다. 자신의 능력이 빛을 보지 못함에 대해 자책하거나 원망하지 말아야 한다. 자기의 강점을 찾아보면 나도 참으로 좋은 사람이며 능력 있는 사람이란 것을 알 수 있다.

사람들은 새해가 되면 나름대로 목표를 세워 보기도 한다. 오늘 하루도 출발선에 출발을 알리는 총소리가 울리면 힘차게 앞으로 나간다. 누구를 위해 달리고 있는가? 나를 위함인가 아니면 타인을 위함인가 그것은 결승선에 도달했을 때 확인될 수 있을 것이다. 지금은 앞만 보고 힘차게 달리는 것이 최선의 일이다. 자신의 능력을 발휘하며 최선의 노력을 해 보아야 한다.

희망찬 내 인생은 떠오는 붉은 태양과 같다.

사람들은 떠오는 저 태양을 보고 소원을 빌기도 한다. 자기 스스로 미래의 계획을 세우기도 한다. 그리고 실천하기 위해 많은 노력을 해야 한다. 나는 지금, 이 순간을 가장 소중한 시간이라 생각하며 오늘이 내 삶의 가장 행복한 날이라고 생각하며 최선을 다해 살아가려고 한다.

그리고 이 아름다운 세상에 살면서 나중에 하늘로 돌아갈 때 아름다운 이 세상 소풍 끝나는 날 가서 아름다웠다고 말하리라는 천상병 시인의 「귀천」처럼 이 아름다운 세상에서 좋은 사람들과 행복하게 그리고 정말 재미있는 소풍 잘 다녀왔다고 말할 수 있을 만큼의 삶의 가치에 대해 소중함을 느끼며 살아야 한다.

오늘 하루 힘든 하루였지만 그래도 나는 오늘 하루 최선을 다해 살아왔다. 비록 부족한 점은 있지만 그래도 나에게 있어서는 최선의 삶이라고 나 스스로 평가해 본다. 오늘 하루 잘 살았다며 나 스스로 내 온몸을 만지며 나를 칭찬해 주어야 한다.

내가 행복해야 내 주위의 모든 사람이 행복해질 수 있다. 힘들다고 삶을 포기해서는 안 되는 일이며, 오늘 부족한 삶을 반성하며 내일의 희망찬 삶을 만들어 갈 수 있어야 한다. 나는 행복할 것이다. 희망찬 내일의 태양은 다시 떠오른다. 그 태양을 보면서 오늘도 나를 사랑하며 힘차게 달려간다.

내일의 태양이 다시 떠오른다.

👍 우리 자녀들의 아름다운 무지개를 보며

> 당신이 등지지 않는 한 운명은 언젠가는 당신이 꿈꾸고 있는 대로 고스란히 당신의 것이 될 것이다.
>
> - 『데미안』 중에서

강의는 누구 앞에서 하는지가 중요하다.

청소년들을 만나면 나는 이런 질문을 한다. "너는 커서 어떤 일을 하면서 살아가고 싶니?" 그러면 대부분의 학생들은 "잘 몰라요", "관심 없어요", "나중에 가 봐야 알겠지요"라고 한다. 많은 청소년은 미래에 대해 생각을 하지 않는다. 어떤 학생은 정말 민망할 정도로 "될 대로 되겠지요?"라고 한다. 직업에 대해 생각해 본 학생은 생동감이 있으며 적극적인 태도를 보이는가 하면, 그렇지 않은 학생들은 대부분 모르쇠로 간다. 꿈을 갖고 살아야 삶이 재미가 있는데 아무런 생각 없이 친구 따라 강남 가듯 무의미한 삶을 살면 하루하루가 힘들어진다는 것을 알았으면 좋겠다.

그래서 주변의 학부모들을 만나 자녀의 미래 직업에 관해 이야기를 나눴다. 대부분 부모는 아이들이 돈 많이 벌고 편한 직업을 찾는 것을 원한다고 한다. 이런 말을 들을 때 이 사회가 어떻게 변화되고 있는지를 한 번쯤 고민해 볼 필요가 있다. 너무나 돈, 돈 하는 생각에 청소년들이 돈의 노예가 되지 않는지 염려가 되기도 한다. 나는 우리 청소년들이 이런 환경이 아닌 곳에서 살았으면 하는 생각을 해 본다.

학부모 모임에서 요즘 아이들의 진로 및 직업에 관해 관심이 있는 부모님을 상대로 성격 분석을 통해 직업 탐색까지 도움을 주겠다고 하여 아이들을 모아 주기를 부탁했다. 학부모님으로부터 전화가 왔다. 그래서 나는 아이들이 있는 장소로 가서 아이들 한 명, 한 명을 만나 인사를 했다. 초등학교 4학년에서 고등학교 1학년까지의 아이들과 학부모를 상대로 교육하였다.

성격을 분석해 주고 이야기를 나누는 과정에서 자기의 성격에 맞는 이야기를 하자 아이들은 웃으면서 나를 족집게, 점쟁이라고 했다. 아이들은 자신의 성격에 관심을 보였고 앞으로 어떤 직업을 가지면 행복해질 수 있을까 궁금해했다. 다른 학생들의 성격에 대해서도 많은 관심을 가지면서 즐거워했다.

평소에 지켜볼 때는 알지 못했던 아이의 일면을 성격 분석을 통해 제대로 이해할 수 있어 나도 좋았다. 새해 첫날 강의를 통해 아이들이 성격과 꿈을 찾는 데 조금이나 도움을 줄 수 있어 나름대로 행복했다.

부모의 작은 관심이 아이들에게 꿈과 희망을 찾아 줄 수 있다. 무작정 학교에서 해결해 줄 것으로 생각하지 말고 다른 사람의 말에 귀 기울여 자녀와 대화를 통해 자녀의 특성과 미래에 대해 고민을 해 보아야 한다.

저녁 늦게 핸드폰으로 문자가 왔다.

교육 감사합니다.

아이에게 많은 도움이 되었다는 감사의 문자를 받았을 때 한편으로는 기분이 좋았지만, '이것이 시작이다. 많은 학생에게 진로와 적성에 맞는 자신의 성격을 분석해 주는 것이 가장 중요하다'라고 나름대로 생각하면서 이 일에 대해 더욱더 열심히 공부하기로 마음먹었다. 나도 많은 강의를 들었지만 한 번도 강사에게 감사의 말이나 문자를 드리지 못했다. 그런데 나에게 이런 문자를 받고 보니 죄스러운 마음이 들었다. 앞으로 이런 기회가 온다면 나도 감사의 말을 해야겠다고 다짐했다.

이제부터라도 가정, 직장, 사회에서 내가 도움을 받았다면 곧바로 "감사합니다"라고 인사를 해야겠다. 세 치 혀로 사람을 죽이기도 하고 살릴 수도 있다. 작은 잘못으로 타인을 힘들게 할 수 있다는 것을 잘 알면서 살아야 한다. 그리고 감사함을 느낄 때 감사의 말은 바로 해야 한다. 상대방에게 직접 감사 표현을 하지 못하면 연락처를 알아두거나 기관 홈페이지를 통해라도 감사의 표현을 하면서 살아야겠다고 다짐했다.

얼마 전 여행하는 동안 그 지역의 시민에게 도움을 받은 적이 있다. 그래서 조금이나마 그분께 고마운 마음을 전하고 싶어 그 지역 홈페이지에 방문하여 칭찬의 글을 올려 주었다. 요즘처럼 홈페이지 활성화로 인하여 기관의 인터넷이나 핸드폰이 공개되어 있는 시대에는 마음만 있으면 감사의 말을 전할 수 있다. 작지만 내가 먼저 실천하면 다른 사람도 따라한다. 이런 것들이 시작이 되어 이 사회를 아름답게 변화시킬 수 있다. 이것이 바로 나비효과이다. 남을 칭찬해 준다면 내가 행복해지고 내가 행복해지면 이 사회 모든 사람이 행복해진다. 그러기 위해서는 내가 먼저 친절을 베풀어야 한다. 과거 나도 이런 경험이 있다. 근무하면서 어떤 친절을 베풀어 주었는지 나도 모르지만, 어느 날 기관 홈페이지 감사의 글이 실려 상장을 받은 적이 있다.

어떤 사람에게 무슨 친절을 베풀었는지 모르지만 그래도 그 친절을 받은 사람은 고맙게 생각해 나를 기억해 주었다는 점에서 더욱더 잘해야겠다고 생각했다. 내일도 남에게 즐거움을 주어야겠다고 나 스스로 다짐을 해 보면서 오늘도 열심히 살아가고 있다. 고래도 칭찬하면 춤을 춘다는 책도 있다. 칭찬은 상대방을 행복하게 해 주는 최고의 선물이다.

다산 정약용은 서학(西學)을 받아들인 죄목으로 신유박해(辛酉迫害) 때 20여 년을 유배지에서 보내야 했다. 그런데 그 외롭고 모진 유형의 기간을 가난한 농민과 어민의 고통스러운 삶을 몸소 체험하여 글로 남길 수 있던 기회이자 자신의 사상을 정리할 수 있는 계기로 삼았다.

자칫 한탄과 원망으로 보내기 쉬운 시련을 다산은 학문을 공고히 하고 사상을 꽃피워 궁극에는 조선의 실학을 집대성하는 절호의 기회로 승화시켰다. 누구나 어려운 환경에 처하면 좌절을 하기 마련이다. 하지만 어려운 환경에서 하루빨리 극복하는 것이 중요하다. 마냥 힘들다고 생각하면 아무런 일을 하지 못한다. 결국, 자기 자신만 힘들게 하는 것이다. 무엇보다 중요한 것은 자신의 마음가짐이다.

지혜로운 사람들은 대부분 역경이나 고난을 극복한 경험이 있고, 인생의 쓴맛을 본 사람들이 순탄한 삶을 살아온 사람들보다 훨씬 지혜롭게 살고 있다. 과거의 생활을 발판삼아 더욱더 열심히 살아간다면 현재의 삶에 대해 새로운 의미를 갖고 살아갈 것이다.

우리 자녀들에게 꿈과 희망이 있다면 비행을 할 시간도 없을 것이다. 아름다운 색깔의 무지개를 볼 수 있도록 도와주어야 한다. 꿈과 희망을 품기 위해서는 부모의 역할이 아주 중요하다고 볼 수 있다. 자녀들과 많은 대화가 필요하다. 사실 부모와 자녀 사이의 대화 시간이 아주 짧다. 그렇기 때문에 부모의 감정에 사로잡혀 자녀들을 더 힘들게 하기도 한다. 우선 중요한 것은 자녀의 입장을 먼저 생각해 보는 것이다. 그리고 '아, 그럴 수 있겠구나'라고 이해해야 한다. 부모는 자녀의 눈높이를 보지 못하고 부모의 눈에서 바라보기 때문이다. 가능하면 상대방의 눈높이에서 생각하는 습관을 지녀야 할 것이다.

나는 강의할 때는 항상 내 아들이 보고 있다고 생각하고 내 강의를 듣는 사람들이 이 사회에 빛과 소금이 되는 사람으로 살았으면 좋겠다. 아들을 생각하면서 최선을 다하는 아버지가 되겠다고 다짐해 본다.

👍 역지사지의 마음 갖기

> 마음을 잘 다스려 평화로운 사람은 한 송이 꽃이 피듯 침묵하고 있어도 저절로 향기가 난다. 한평생 살아가면서 우리는 참 많은 사람과 만나고 참 많은 사람과 헤어진다. 그러나 꽃처럼 그렇게 마음 깊이 향기를 남기고 가는 사람을 만나기란 쉽지 않다. 지금, 당신은 어떤 사람인가?
>
> *- 김재진, 『나의 치유는 너다』*

역지사지란 무슨 뜻일까?

무슨 일을 할 때 상대방의 처지를 한 번 생각해 보는가?

쉬는 날 은행 업무를 보기 위해 은행에 갔다.

은행에서는 많은 사람이 대기표를 뽑고 의자에 앉아 있었다. 자동인출기가 있지만 통장을 새로 만들어야 해서 번호표를 뽑고 의자에 앉아 있었다. 10분이 지나자 149번 내 번호를 불러서 갔다. 그러자 한 여자 은행원이 인사를 하면서 이름은 많이 들었다며 어떤 분인지 한 번 보고 싶었다고 했다. 나는 감사하다고 말하였다. 알고 보니 대학에서 사회복지 관련 과목을 들었던 제자였다. 많은 학생이 있어 기억을 못 하지만 그래도 나를 기억해 주어서 정말 고맙고, 감사했다.

그런데 갑자기 옆 창구에서는 은행원과 손님이 돈 봉투를 여자 은행원에게 던지면서 화를 냈다. 5만 원권을 교환해 달라고 하는데 없다고 1만 원권 돈다발을 은행원에게 던지면서 화를 내고 계셨다.

고객 만족 강사인 나는 화가 났다.

고객 만족을 위해 최선의 서비스를 다하고 있지만 자기 마음에 들지 않는다고 욕을 하거나 불손한 행동하는 것은 사람으로서 할 도리가 아니라고 생각한다.

비록 마음에 들지 않는다고 하더라도 이렇게 행동을 하지 말고 잠시 쉬면서 순리대로 일을 처리해야 한다. 이런 모습을 지켜보는 청소년들은 무엇을 배울까 하는 걱정이 들었다. 이것이 바로 이 사회의 문제라고 생각한다. 자기만 생각하고 타인을 무시하는 경향이야말로 바뀌어야 할 행동이다. 사람들은 화가 나면 먼저 상대방에게 화를 내고 그 분위기를 엉망으로 만든 다음 이야기를 하려고 한다. 왜 상대방의 기분을 나쁘게 하는지 모르겠다. 화를 내지 않고도 할 수 있는 일이 있는데도 불구하고 상대방을 무시하며 화를 내는지 모르겠다.

그것은 잘못된 생각이다.

화가 나면 선은 이렇고 후는 이렇게 되었음을 따져서 순리대로 문제를 해결해야 함에도 무조건 자기의 입장만 생각하는 게 올바르지 못하다는 것을 알지 못한다. 역지사지라는 말을 한 번 생각해 보면 그렇지 않을 것이다.

역지사지(易地思之)는 직역하면 "처지를 바꾸어서 그것을 생각하라"이다. 다른 사람의 관점에서 헤아려보라는 말이다. 역지사지란 내 마음이 타인의 마음과 같아야 한다. 내가 배고픈데 저 사람은 얼마나 배고플까? 내가 힘든데 저 사람은 얼마나 힘들까? 이처럼 남의 처지를 생각해 보는 것이다.

일하는 과정에서 직장에서 상사와 부하 직원 간의 업무처리 과정에서 상사가 일방적인 지시를 할 때는 부하 직원 마음의 입장을 한 번 생각해 본 다음 부하의 관점에서 전달하고자 하는 말을 내뱉는 것이 중요하다. 내가 상사이기 때문에 내 말대로 해야 한다는 잘못된 생각, 그것이 바로 상대방에게 큰 상처를 주기 때문이다.

이제는 과거와 다르다.

직장에서 어떤 상사는 고집을 부린 적이 있다. 모르면 직원들에게 물어보아야 함에도 상대방을 무시하는 상사도 있다. 작은 말에도 상대방이 기분 나쁘게 생각할 수 있다. 그것이 화근이 되어 큰 문제에 이르게 되는 일도 있다. 나도 실수를 할 때가 있다. 조심하려고 하지만 그렇지 못할 때도 있어 나름 반성을 할 때도 많다. 사람은 완벽할 수는 없는 것이다. 늘 실수를 하면서 고쳐가는 것이다.

한 번 내뱉으면 그 말을 수습하기 어렵다. 그 말에 대해 또 다른 사람은 마음의 상처를 받을 수 있다. 가정에서도 가장인 아버지가 아내와 아이들에게 훈계하는 과정에서도 지금 당장 화가 난다고 폭력적이거나 감정적인 말을 일방적으로 쏟아 낸다면 그 말을 듣고 있는 가족은 아버지가 위엄 있다고 생각하지 않는다. 부모에 대해 반항심을 갖는 아이들이 부모에게서 벗어나기 위해 가출하거나 친구들과 어울려 다니다가 범죄를 저지른 경우도 종종 볼 수 있었다.

누구나 자기가 하는 말에 대한 책임을 지는 행동을 해야 할 것이다. 올바른 행동이 따르지 않는 말을 허언이라고 한다. 내뱉은 말 한마디가 얼마나 무서운 것인가를 알아야 한다. 행동이 뒷받침되지 않을 것이라면 차라리 침묵하는 편이 좋다.

살면서 우리는 타인의 감정을 잊고 지낸다.

그래서 요즘 들어 가정에서의 폭력 문제가 심각해지고 학교에서는 학교폭력이 발생하고 있다. 상대방의 처지에서 조금이나 생각하고 말을 한다면 이런 폭력은 없을 것이다. 가정에서도 가족 구성원들과의 대화에 있어서도 조금은 양보하고 배려하는 마음으로 상대방과 대화가 필요하디. 1:2:3 법칙이 있다. 1번 말하고 2번 생각하고 3번 맞장구치는 법칙이다.

　나도 말을 하다 보면 상대방의 처지를 생각하지 못하는 경우가 많이 발생하여 그것이 결국 다툼으로 이어지기도 한 적이 있다. 말은 작게 하고 상대방의 말을 잘 들어주는 것이 좋으며 상대방의 말에 "그래", "그렇구나", "좋아" 등으로 맞장구치는 습관이 필요하다. 나는 직장에서 후배들에게 이러쿵저러쿵 말을 잘 하지 않는 편이다. 모두가 성인이기 때문에 혹 나이 먹은 사람이 하는 말이 잔소리라는 생각을 할 수 있다는 생각이 들어 되도록 말을 조심히 하며 자제하는 편이다.

　많은 사람이 3:2:1 반대 법칙으로 살아가고 있다. 자기 주장은 3이고 맞장구치는 것은 2이고 상대방이 말하는 것은 1로 생각하고 있다. 대화에서 가장 중요한 것은 내가 말을 적게 하고 요점만 간략하게 하고 내 의견에 상대방의 말을 잘 들어주며 맞장구도 더욱 열심히 쳐 주는 것이 중요하다. 이렇게 살 수 있다면 정말 행복한 삶이 될 것이다.

　나는 아들에게 가끔 이렇게 부탁을 한다.

　"친구들과 생활하면서 너의 주장도 중요하지만, 친구의 입장을 항상 생각해야 해. 학교에서도 선생님의 말씀에 토 달지 말고. 혹시, 잘못하여 선생님이 훈육한다면 긍정적인 자세로 받아들이고 그래도 의견을 제시하고 싶을 때는 시간이 흐른 다음 선생님을 찾아 정중한 자세로 질문을 하면 된다. 화가 난다고 선생님께 대들면 안 된다."

집에서도 부모님과 대화하는 도중 화가 난다고 벌떡 일어나서 방으로 들어가면 안 된다. 끝까지 자리를 지키는 것이 중요하며 대화의 법칙을 준수하는 것이 가장 중요하다. 부모들도 대화의 법칙을 준수해야 한다. 화가 난다고 일방적으로 하면 안 된다.

행복이 무엇인지를 일깨워 주신 행복 지도사 김용진 교수님의 행복 철학을 늘 생각하면서 살아가고 있다. 나도 김용진 교수님을 생각하면 새로운 행복에 관한 학문을 많은 사람에게 널리 알리면서 살아가고 싶다는 생각을 갖고 있다. 행복을 공부하면서 정말 힘들었던 점은 안 쓰던 머리를 쓰면서 공부하는 것이었다. 하지만 공부할 때는 몰랐던 것을 이제야 깨닫곤 한다. 그럴 땐 나름 행복감에 빠져 있기도 하다. 진정한 행복이 무엇인지를 조금이나마 깨닫고 그것을 실천하려고 노력한다. 매사에 부정적인 생각을 떨쳐 버리고 긍정적인 생각을 하고 생활하다 보면 정말 그렇게 변할 수 있다는 피그말리온 효과를 나는 경험하였다.

피그말리온 효과는 성공하기 어려운 일이라도 실패를 두려워하지 않고 긍정적인 자세로 임하는 열망이 꿈을 이룰 수 있음을 의미한다. 다른 사람의 기대나 관심, 또는 자신의 믿음이 자기 암시 효과를 나타내 좋은 결과로 나타나는 현상이라고 할 수 있다. 이것이 바로 피그말리온 효과이다.

옛 속담에 "못 올라갈 나무는 올려다보지도 말라"라는 말이 있다. 현실을 직시하고 무리한 도전을 하지 말고 현명하게 대처하라, 이런 뜻이 담겨 있다. 한편 "열 번 찍어 안 넘어가는 나무 없다"라는 속담이 있기도 하다. 긍정적인 마음으로 무장하면 기대 이상의 결과를 얻을 수도 있다.

내가 살면서 매사에 긍정적인 생각을 하고 서로를 이해하고 서로를 배려하고 존중하면서 살아가는 것이 진정한 삶이다. 우리는 이런 작은 것을 소홀히 하면서 큰 것을 얻으려 한다. 작은 것부터 지켜가면서 큰 것을 얻기 위해 실천하는 그런 자세가 필요하다.

어느 날 아들과 저녁밥을 함께 먹던 중 아들에게 질문했다.

"아들, 이번 학교 반장에 도전하니?"

그러자 아들이 이렇게 말했다.

"아빠, 이번 반장선거에 남자 2명 여자 1명이 나왔는데 거기서 나까지 나가면 남자 3명 대 여자 1명이다 보니 여자가 반장이 될 확률이 높아. 그래서 나는 기권했어. 그리고 쉬는 시간에 남자 친구 2명을 불러서 '너희 두 명이 나가면 표가 나누어지니까 한 명은 반장 하고 한 명은 부반장을 해'라고 코치했어."

그러자 한 친구가 다른 친구에게 "그럼 네가 반장을 해. 내가 부반장을 할게"라고 했단다. 그렇게 남 대 여 반장선거를 했고 남자가 반장이 되었다고 한다. 한편으로 우리 아들도 반장에 출마했으면 될 수 있었을 텐데 하는 나의 욕심을 한 번 가져 보았지만, 아들 생각도 일리가 있었다. 서로 배려하고 이해해 주었다는 점에서 우리 아들도 이제는 남을 위해 무엇을 해야 하는지를 알고 있다고 하는 생각에 꼭 앞에서 있는 것도 중요하지만 뒤에서 도와주는 것도 아주 훌륭한 일이라는 것을 아들에게 말해 주고 싶다. 기회는 또 오는 것이다. 하지만 친구들을 이해해 주는 것이 더 중요하다는 것을 아들에게 일깨워 주었다.

친구 간의 의리를 지킬 줄 아는 사람이 훌륭한 사람이다. 욕심을 내다 보면 아무것도 할 수 없다. 양보도 가끔은 필요한 것이다. 하지만 아들에게 3학년 때에는 꼭 한 번 도전해 보면 좋겠다고 하자 한 번 도전해 보겠다고 하였다. 아들과 이런 이야기를 나눌 수 있는 것만 해도 나는 아들과 대화의 물꼬를 텄다는 느낌을 받았다.

자녀들과의 대회는 정말로 어렵다는 것에 대해 알아야 한다. 부모가 자녀의 눈높이에서 바라보는 것 또한 어려운 문제다. 작은 것부터 시작해 보면 좋을 것 같다. 함께 운동을 하거나 음식을 먹는 것부터 시작하면서 처음부터 많은 것을 기대하는 것보다는 작은 것이라도 시작이 중요하다는 것을 인식하면 좋을 듯싶다.

👍 내 인생의 버킷리스트

꿈은 머리로 생각하는 게 아니라 가슴으로 느끼고 손으로 적고 발로
실천하는 것이다.

- 존 고다르

나는 무엇을 위해 살고 있을까?
내가 무엇을 하면 행복한 삶을 살아갈 수 있을지 적어 보자.

행복은 타인으로부터 얻는 것이 아니라 나 스스로 만들어내는
것으로 생각한다. 언제 어디서든 스스로 행복을 만들어 낼 수 있
다. 그때가 바로 지금이다. 봉사활동을 하면서 나는 나 자신이 더
욱더 행복하게 살게 됐음을 알게 됐다. 이것은 수년간의 경험을 통
해 얻은 나만의 행복 조건이라고 말할 수 있다. 행복은 마냥 기쁨
속에서만 찾을 수 있다는 생각은 버려야 한다. 힘들고 고된 환경
속에서도 값진 행복을 찾을 수 있다.

내 인생의 아름다운 그림을 그린다는 것은 나 스스로 여러 가지
색을 이용하여 나를 아름답게 표현하는 것이다. 행복한 삶이란 그

냥 주어지는 것이 아니다. 스스로 행복한 삶을 찾기 위해 큰 노력과 인내가 필요하다. 내가 움직일 수 있을 때까지 남을 위해 열심히 봉사활동을 해야 한다고 다짐한다. 봉사활동을 하고 나면 내 인생이 행복해진다. 그리고 스스로 행복을 찾을 수 있어 자신을 새롭게 변화시키게 된다. 이로써 나는 나름 만족감을 느끼며 살아가고 있다.

살면서 나만의 버킷리스트를 작성해 본 적이 있는가?

매년 초가 되면 나만의 버킷리스트를 적어 보기도 한다. 10가지를 작성해 실천해 보려고 노력은 하지만 끝까지 지켜지지 않는다. 가끔은 잘되는 버킷리스트가 있는가 하면 그렇지 못한 것도 있다. 그중 한 가지, 남을 위해 자원봉사활동을 한다는 버킷리스트를 작성했다. 이 세상에 가장 아름다운 것은 남을 위해 봉사하는 것이다. 봉사야말로 나를 크게 성장시키는 원동력이 될 수 있다. 나는 봉사활동을 할 때 한 주 동안 내가 혹시나 남에게 잘못한 일이 있다면 봉사활동을 통해 내 잘못을 씻는다는 생각으로 한다. 남들은 종교 생활을 통해 자기 자신을 반성한다고 하지만 종교가 없는 나는 봉사활동을 통해 땀을 흘리는 과정에서 나 자신을 돌이켜본다.

항상 다니는 정신병원에 봉사활동을 갈 때면 그곳에서 생활하시는 분들과 함께 정을 나누고 웃음을 선물해 준다는 것에서 나는 기쁨을 느낀다. 이것이 나의 첫 번째 버킷리스트이다. 봉사활동 프로그램에서 그분들에게 내 인생의 버킷리스트를 작성해 보고 이를 발표해 보면 마음 한편으로 조금은 짠하게 생각될 때도 있고 그분들의 버킷리스트를 많은 사람 앞에 발표하는 과정에서 웃음이 터져 나온다. 이것이 바로 행복한 순간이다. 10분 정도 생각의 시간을 주면서 크레파스, 색연필을 이용하여 5~10가지를 한 번 작성해 보도록 한다. 중간에 한 분이 손을 번쩍 들면서 "선생님! 10개 이상 적어도 되지요?"라고 물어보셨다. "네, 작성할 수 있을 만큼 적으시면 됩니다"라고 했다. 시간이 다 되어서 이제는 발표의 시간을 가지게 되었다.

그분들이 작성한 내용은 "올해 꼭 퇴원하고 싶다", "영화배우, 가수, 탤런트, 댄스 강사가 되고 싶다", "집에 가서 가족들과 행복하게 살고 싶다", "여자 친구를 만들고 싶다", "전국 여행을 하고 싶다", "화장하고 싶다", "살도 빼고 싶다", "음료수, 빵, 과자, 자장면, 가락국수, 짬뽕, 순댓국을 먹고 싶다"와 같은 것이었다. 그분들의 말을 들으면서 한편으로 마음이 찡했다.

가족이 있어도 자주 찾아오지 않고 먹고 싶어도 마음껏 먹지 못하는 그분들의 심정을 이해할 수 있었다. 하지만 이런 분들의 작은 소망을 들어보면 나는 얼마나 행복한 삶을 살고 있는지 모르면

시 살고 있었다는 걸 깨닫게 되어 스스로 반성의 시간을 가져 보기도 한다. 그것뿐만 아니다. 이곳에 대해 잘 알지 못하는 사람들은 이런 상황을 이해하지 못하며 살아가고 있다. 그분들은 하루하루 한편으로는 고통 속에서 힘겨운 삶을 살아가고 있을지도 모른다. 이루 말할 수 없을 만큼 힘든 환경에서 살아가고 있지만 이곳에서 나가 가족의 품에서 행복하게 살고 싶어 하는 그 소원이 하루빨리 이루어졌으면 좋겠다.

인생의 모든 것이 내 것이고 한 번뿐인 시간을 우리는 너무나 낭비하면서 보내고 있지는 않은가? 오늘 이 시간도 정말 소중한 시간임을 명심해야 한다. 그러기 위해서는 헛되이 보내서는 안 될 것이다. 남이 보기에 화려하지 않고 작지만 내가 중요한 일이라고 생각하면 그것 역시 소중한 일이다. 살아가면서 무엇이 정답인지 알 수는 없다. 하지만 남을 위해 최선을 다해 봉사하는 것만큼 행복한 일이 없다.

나 스스로 나를 평가하면서 살아가는 것 또한 중요한 일이다. 그러기 위해서는 나만의 버킷리스트를 스스로 작성해 보는 습관이 필요하다. 생각하고 글로 옮긴다면 실천할 수 있는 확률이 높은데 생각만 하고 실천하지 않으면 아무런 의미가 없다. 사람들은 살면서 인생의 정답을 찾으려고 노력하고 있다. 그러나 개개인의 삶에 있어 정답은 각자의 몫이다.

개개인의 삶의 정답이 다르다고 핀잔줄 필요는 없다. 그리고 인생의 정답을 스스로 만들어 놓고 그 정답에 다가가기 위해 노력하고 있는 사람도 있다. 하지만 정답보다는 오답이 가끔은 편할 때도 있을 것이다. 모두가 정답에 맞춰 살아간다면 우리는 서글픈 세상에 살고 있다고 할 수 있다.

나는 우리 아이들이 무엇이 되고 싶어 하는지, 어떤 일을 재미있게 할 수 있는지를 좀 고민하면 좋겠다. '남들과 같이 똑같은 교실에서 똑같은 공부를 하는 것이 과연 행복한 삶일까?'라는 질문을 해 보기도 한다. 우리 아이들이 원하는 것이 무엇인가를 부모인 내가 생각해 봐야 할 것이다. 그러기 위해서는 그 나이에 맞는 경험이 중요하다.

바쁘다는 핑계로 자녀들과 함께해 본 것이 무엇이 있을까? 딸들을 키울 때는 여행도 많이 가고 해 보고 싶은 것도 많이 해 보았는데 세월이 갈수록 아들에게는 많이 해 주지 못해 늘 미안하다. 유치원이나 학교에 의존하고 정작 부모로서는 역할을 하지 못했다. 어느덧 아들이 성장하여 부모보다는 또래 친구들을 더 의존하는 나이가 되어 버렸다. 부모보다는 또래 친구들과 재미있는 시간을 보내는 것도 중요하다. 하지만 부모로서 가끔은 아들이 무슨 일을 하고 있는지, 무슨 생각을 하고 있는지 알아보고 싶다.

초등학교 지학년 때에는 부모님 따라 잘 다니던 아이들이 고학년이 되면서 혼자 있고 싶어 하고 친구들과 어울려 놀고 싶어 한다. 한편으로는 아들을 관리할 필요가 없어 편했지만 그래도 아들과 함께하고 시간을 보내지 못하는 데 대한 아쉬움도 매우 크다.

어느 날 우리 부부는 제주도 여행을 한 적이 있다. 그때 밤늦은 시간 전화가 걸려 왔다. 담당 지구대였다. 아들 친구들이 집에 놀러 왔는데 책상 서랍 속에 넣어 둔 수갑을 가지고 놀다가 수갑 열쇠가 없어 119에 전화를 한 것이었다. 그래서 담당 지구대 경찰관이 출동했었다. 너무 당황스러웠다. 화가 나기도 하였지만, 한편으로는 어릴 때 친구들과 잊지 못할 추억거리라 생각했다. 다행히 소방서에서 수갑을 절단하여 해피엔딩으로 끝났다. 수갑을 채우고 놀다가 풀리지 않아 얼마나 당황했을까 싶기도 했는데 현명하게 도움을 요청한 아이들의 생각이 대견하기도 했다.

이것 또한 아이들의 재미있는 추억거리였다. 이런 일을 들으면 그 나이에 맞는 추억이 먼 훗날 재미있는 이야기가 될 것이라는 생각이 든다. 수갑을 차 보면서 한편으로 스스로 체험 교육을 하였다고 나름대로 생각해 본다. 수갑의 기능이 무엇인지 아이들이 알았으면 좋겠다.

착하고 부모님 말씀에 거역하지 않고 부모님께 걱정 끼치지 않아 부모님을 힘들게 한 적이 없는 나로서는 기억할 만한 추억 거리가 없다. 여행을 마치고 집에 와서 아들에게 말을 했다. 이것 또한 장난이지만 상황 대처를 잘했다고, 무슨 어려움이 닥치면 누구의 도움을 받을 수 있는지를 순간 판단하는 것도 중요한 일이라고 말이다.

그다음 주말 아들과 함께 적십자 봉사활동을 할 기회가 있었다. 쉬는 날 봉사활동을 간다는 것은 쉬운 일이 아니다. 하지만 아들과 자주 했던 일이라 일찍 잠에서 깨어나 따라나섰다. 자연보호 캠페인을 하면서 나는 아들과 이야기를 나누었다. 짧은 시간을 이용해 아들의 일상을 묻고 무슨 문제가 있는지를 이야기했다. 아들 역시 그 순간에는 나밖에 없으므로 나의 질문에 답을 했다. 이런 순간을 자주 만들어 서로 이야기를 나누면 좋을 것 같다.

부모의 역할은 순간순간 포착을 잘하는 것이 중요하다.
마음먹고 자녀들과 대화를 하기 위해 치킨과 피자를 사 들고 가면 자녀들은 이미 약속이 되어 집에 없을 수도 있다. 꼭 시간과 장소를 정해서 자녀들과 대화를 하기보다는 작은 시간이라도 함께할 수 있는 동기를 만들어 보는 것이 중요하다. 그 시간 중에 가장 좋았던 것은 아들과 함께 봉사활동을 함께하는 것이었다. 이동하는 차 안에서 짧은 대화를 시도해 보면 좋다.

부모의 작은 관심 속에 우리 아들은 큰 인물로 자랄 수 있다는 것을 명심하면 오늘부터 좋은 부모가 되기 위해 노력해야 한다. 자녀를 올바르게 키우기 위해서는 부모의 노력이 필요하다. 그러기 위해서는 화목한 가정생활을 할 수 있도록 도와주는 것이 중요하다. 우리가 예쁜 꽃을 피우기 위해서는 적당한 물과 햇빛 그리고 통풍이 필요하듯 가정에서도 이런 조건이 필요하다.

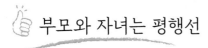 부모와 자녀는 평행선

한 마리의 독수리가 하늘 높이 날려면 그 전에 몇 번이고 세찬 고공(高
空)의 바람 속에서 나는 연습을 해야 한다. 아무리 독수리라 할지라도
날기 위한 연습을 하지 않았다면 아마 위를 기어 다녔을 것이다.

- 피카

부모와 자녀는 어떤 위치에 서 있을까?

이른 아침에는 안개가 자욱하고 왕래하는 사람도 없는 한적한
가운데 우뚝 서서 생각하는 사람이 있다. 무엇이 그를 이른 아침
부터 찬바람을 맞으면서 혼자서 고민하게 하였는가? 가족의 품에
서 멀리 도망치고 싶은 그 마음은 어떤 마음일까? 아버지, 할머니
와 함께 살아가는 아주 소박한 가정에서 단지 부러워할 것이 있다
면 어머니가 안 계신다는 것이고, 그 외에는 아무것도 없는데 나
는 왜 집을 나가고 싶은 생각을 하는 걸까? 힘든 몸을 이끌고 어렵
게 혼자 외톨이가 되어 집에서 할 수 있는 유일한 것은 게임을 하
는 것이다.

집을 나간 한 사람의 고백을 들었다. 초등학교 4학년 때 길을 가는데 버스와 교통사고로 머리를 다친 이후 지적장애 2급을 받고 지금 힘들게 생활하고 있다면서 내게 마음속에 담아둔 아픈 상처의 이야기를 살며시 들려주었다.

내 인생은 교통사고로 인하여 이렇게 많이 변했다면서 '왜 하필 내가 그때 그 도로를 건너갔을까?' 하는 생각에 무척이나 힘들어했었다. 그 뒤로부터 가족과 힘든 상황은 이루 말할 수 없었다. 학교에 다녀도 친구들에게 왕따를 당하면서 누구에게도 말 못 한 사연들이 너무도 많이 있다면서 가출하게 된 사연을 말했다.

"나는 요즘에 아버지와 갈등이 있어요. 아버지는 나를 무시해요. 그리고 나를 이해해 주지 않아요. 또, 하나밖에 없는 누나도 나를 이해해 주지 않고 있어요. 그리고 나는 게임을 아주 좋아합니다. 하지만 게임을 오래 하다 보니 늦은 밤에도 혼자 게임을 해요. 아침에 일찍 일어나지 못하다 보니 아버지와의 갈등만 커지고 있어요." 그는 친구를 만나고 오겠다고 한 뒤 무작정 집을 뛰쳐나왔다고 하였다.

"막상 집을 나와 보니 갈 데가 없었어요. 현금 75만 원이 있어 그것을 가지고 2주 동안 생활했고 과거에 제가 살았던 곳으로 찾아가 원룸을 하나 구해 놓고 직업소개소를 통해 낮에는 노동하고 밤에는 피시방에서 게임을 하면서 생활했어요"라고 말을 하였다. 추운 겨울에 가스 불도 들어오지 않는 냉방을 보고 가출한 당사자 아버지가 단숨에 데리고 왔다고 했다. 이것이 세상 모든 부모님의 마음이다. 내 자식이 아프고 힘들면 곁에 있어 주고 싶고 맛있는 음식을 함께 먹고 싶어 하는 것이 부모의 마음인데 우리 자식들은 그것을 모르고 본인의 처지에서만 생각하고 부모의 입장은 전혀 생각하지 않는다.

그래서 부모와 자식 간의 관계는 평행선이 아닌 한쪽으로 기울어져 있다. 이렇게 된 이유는 누구의 잘못일까? 한 번쯤 서로의 입장보다는 상대방의 처지를 생각해 보면 어떨까 하는 생각을 해 본다.

아버지와의 갈등 때문에 마음이 아팠다고 했다. 세상 모든 부모님은 오직 자식 잘되기만을 바랄 뿐이다. 아버지의 마음을 조금만 이해해 준다면 쉽게 풀 수 있는 문제인데 아직은 아버지의 마음을 이해하는 데 시간이 좀 걸릴 수 있다. 자식이 가출하는 것은 무슨 사연이 있겠지만 가출보다는 대화를 통해 서로의 입장을 좁혀 갈 수 있다면 부모와 자식 간의 관계는 한쪽으로 기울지 않는 평행선이 될 것이다.

집을 나가 보니 따뜻한 방이 그립고, 할머니가 해 주신 맛있는 밥이 생각났다고 했다. 그런데 집에 연락하기는 싫고 연락을 하면 아버지와의 마찰이 생겨 또 다른 곳으로 떠나고 싶어질 것 같았다고 했다. 그래서 몇 번을 망설였지만 결국 연락하지 못했다고 했다. 그렇다 보니 아버지께서 가출인 신고를 하게 되어 나와 인연이 되었다며, 자기 인생에서 나처럼 상대방을 이해해 주는 사람은 처음 보았다고 했다. 자기 아버지도 나처럼 인자했으면 좋겠다고 했다. 사실 이런 상황에서 화를 내지 않을 아버지는 없을 것이다. 하지만 화를 낸다고 그 상황이 좋아지지 않는다. 그렇다면 어떻게 해야 할까? 서로 고민을 해 보아야 한다.

나도 내 자식이 이렇게 가출하고 사고를 치면 냉정하게 대처하기는 사실 어려울 것이다. 청소년 관련 업무를 하다 보니 나도 상대방을 이해하려고 노력을 많이 한다. 내 아들에게도 무슨 일이 발생하면 머리로 생각하고 마음으로 표현을 해야 하는데 이성적으로 대처하기는 어려운 상황일 것이다. 하지만 나는 노력은 하고 있다. 가능하면 아들을 이해하려고 노력한다. 그렇게 하다 보니 아들도 무슨 일이 있으면 살며시 다가와 "아버지, 사실 이런 일이 있는데 어떻게 하면 좋을까요?"라고 질문을 하곤 한다. 그러면 나는 잘 이해할 수 있도록 설명과 조언을 해 주기도 한다. 작은 일이라도 서로의 입장을 한 번 생각해 본다면 무슨 일이든 화부터 내지 않고 이해하려고 노력을 할 수 있다.

사실 이 아이는 진정한 친구가 하나도 없다며 자기를 이용해서 무슨 일을 하려고 하는 친구나 형들만 있다고 했다. 그는 그럴 때마다 그들을 위해 희생양이 되기도 했다고 하였다.

"사실 2년 전 평상시 알고 지내는 형과 몇 번을 만났고 잘못한 일이 있어 경찰서에 잡혀간 적이 있었어요." 그는 어느 날 아는 형이 밤에 어디로 나오라고 하여 아무 의심 없이 밤에 나간 적이 있다고 했다. 그때 그 형은 그를 데리고 커다란 창고로 갔고 창고 밖에서 망을 보고 있다가 누가 오면 소리를 지르라고 하였다. 그때까지 아무런 생각을 하지 못하고 이 일이 나쁜 일인지도 몰랐다. 나중에 알고 보니 형은 쌀이 저장된 창고의 쌀을 밖으로 꺼내어 차에 싣고 있었다. 차에 가득 싣고 그를 태워 다른 곳으로 이동한 다음 어느 길에 내려두고 가 버렸다는 것이다.

며칠 뒤 경찰관이 그의 집에 찾아와 전에 있었던 이야기를 꺼냈다. 그는 모른다고 했다. 사실 그때 형이 가면서 누가 와서 오늘 밤에 있었던 일에 관해서 물으면 절대 모른다고 하라고 시켰기 때문이다. 몇 번을 물어도 그는 모른다고 했다. 그리고 다시 며칠 뒤 또 경찰이 찾아와 또다시 물었다. 사실 그때 함께 했던 형이 경찰서에 잡혀 왔다면서 그에게 말을 하라고 했다. 그래도 그는 아무것도 모른다고 했다. 그러자 경찰서로 같이 가자고 하여 아버지와 함께 경찰서로 갔다. 그곳에 그 형이 있었다. 그는 그제야 그때 일을 모두 말했다고 한다.

"아무것도 모르고 형의 말만 듣고 결국 나는 나쁜 놈이 되었지요. 그 뒤 아버지와의 갈등은 더 심해졌고 아버지는 내가 하는 일에 대해 모두 불신했어요. 그래서 참다못해 아버지와 싸우고 그냥 집을 뛰쳐나갔던 거예요."

나는 이 친구를 찾기 위해 대도시 피시방을 다 뒤졌다. 추운 겨울 날씨에도 찾아야겠다고 생각하고 피시방과 편의점 일대를 수색하고 전단을 배부했다. 실종 업무를 하면서 참으로 많은 사람을 상대했다. 찾겠다는 마음을 갖고 관련된 자료를 모두 동원했다. 이 친구는 가출 당시 현금이 있었다고 했다. 나는 이 친구 아버지에게 통장을 들고 나갔는지 물었다. 아버지는 통장은 가지고 나가지 않았고 현금 카드가 있을 거라고 했다. 나는 이 친구 아버지에게 그러시면 잘 알고 있는 금융기관의 도움을 받으시라고 했다. 담당 금융기관에 현금 카드 인출 내용을 좀 뽑아 달라고 하자 기관에서는 협조 공문이 없으면 해 줄 수 없다고 했다. 그래서 공문을 만들어 접수를 시켰다.

약 1시간 뒤 해당 기관에서 연락이 왔다. 오늘 새벽 3시 30분경에 어느 지점 편의점에서 현금인출기를 사용하여 현금 3천 원을 찾은 기록이 있다고 했다. 그래서 그 지점으로 찾아갔다. 그런데 그 지점은 문이 닫혀 있었다. 그리고 다시 이 친구 아버지에게 말을 했다. 현금 3천 원밖에 없었다. 혹시 누가 돈을 보내 줄 만한 사람은 없는지 다시 물었다. 그러자 아버지는 "아 참! 매월 20일이면 장애 수당이 나옵니다. 오늘이 바로 장애 수당이 나오는 날입니다"라고 했다. "그럼 몇 시에 찾을 수 있는 건가요?"라고 묻자 오후 1시 이후에 찾을 수 있다고 하였다.

그래서 금융기관 측에 부탁했다. 통장 인출 관련 지급 정지를 좀 해달라고 했다. 그러면서 다시 카드 사용 내용을 확인해 달라고 했다. 그러자 약 30분 전에 K지점에서 현금 4만 원을 찾아간 것이 확인됐다. 나는 신속하게 K지점에 가서 업주의 도움을 받고 CCTV 판독을 했다. 그 시간에 한 남자가 현금 지급기에서 돈을 찾고 담배 한 갑을 구매한 흔적을 찾아냈다.

여러 가지를 추리한 끝에 이 친구는 분명히 주변에서 생활하는 것이 분명하다고 생각하고 주변 피시방을 집중 방문하여 신고 협조를 구했다. 밤 8시 30분, 모르는 번호로 나에게 전화가 왔다. 낮에 왔다 간 그 사람이 지금 가게에서 담배를 구매한 후 건물 3층에 있는 피시방으로 올라가는 것을 보았다는 제보였다. 업주에게 감사하다고 말하고 전화기를 끊었다. 밤이라 직접 현장에 갈 수 없어 그 지역의 파출소 직원에게 도움을 요청했다.

약 10분 뒤 전화가 왔다. "가출청소년이 맞습니다." 혹시나 해서 "군복 잠바가 있나요?" 여쭈어보니 "네, 군복 잠바가 의자에 걸쳐 있었습니다"리는 답변을 들었다. 신원을 확인한 결과 가출청소년이 맞다고 하면서 사무실까지 모시고 가겠다고 했다. 나는 즉시 가출인의 아버지에게 연락했다. 아버지는 정말로 감사하다고 하시면서 "이 은혜 무엇으로 갚을까요?"라며 여러 번 감사의 표현을 하였다. "조심히 가셔서 아드님을 데리고 오십시오. 집에 데리고 오시거든 저에게 전화 좀 주십시오"라고 말하고 끊었다. 그날 밤 11시 40분쯤 따르릉 전화가 왔다. 아들 잘 데리고 왔다며 정말로 고맙다고 했다.

추운 날씨에 다른 지역까지 가서 힘들게 찾아다녔지만 찾지 못하고 돌아와서 한편으로 속상했는데 밤에 이런 좋은 소식을 들으니 힘들었던 생각이 모두 사라졌다. 얼마 안 있으면 이곳을 떠나는데 이 사람을 꼭 찾아 주고 싶은 생각에 나름대로 마음의 빚을 갖고 있었는데 이렇게 해결되니 마음이 흐뭇하였다. 무엇을 이렇게 해냈다는 생각은 참으로 행복하다. 그리고 다른 사람에게 행복의 맛을 안겨주었다는 점에 나름대로 행복했다. 그날 밤, 참으로 행복한 시간이었다.

철학자 키르케고르는 "부정적 감정 역시 욕망의 한 형태이며 따라서 생의 에너지다"라고 말했다. 삶의 완성을 위해 불안은 필수 요소라는 것이다. 그는 인간이 불안하기 때문에 절망할 수도 있지만 불안하기 때문에 도약할 수도 있는 것이라고 했다.

부모의 사랑을 제대로 받지 못해 유년 시절을 행복하게 보내지 못한 한 사람의 가슴 아픈 사연을 듣는 순간 나는 참으로 마음 아팠다. 부모님이 내 곁에 계신 것만으로 행복했다. 비록 경제적으로 풍족하게 해 주지 못했지만, 곁에서 지켜봐 주고 걱정해 주시는 부모님이 있기에 나는 잘 자랄 수 있었다. 나도 자식들에게 든든한 부모가 되어 주겠다.

한 사람을 상담하는 것은 참으로 어렵고 힘든 과정이다.

그 사람의 마음을 달래주기도 하며 한편으로 야단을 치기도 해야 한다. 그러기 위해서는 나 자신의 큰 노력이 필요하다. 상담에 있어 가장 중요한 것은 상대방의 말을 잘 들어 주는 것이다. 그러기 위해서는 그 사람과의 공감이 필요하다. 상대방이 나를 믿고 자기의 마음속에 있는 부정적인 감정을 밖으로 꺼낼 수 있도록 안정감을 심어 주는 것이 필요하다. 그 과정이 끝나면 편하게 들어주는 것이다. 들어주는 것도 중요하지만 상담자의 고민을 어떻게 풀어줄지 고민하는 것도 필요하다. 3시간을 넘게 이야기를 듣고 나 스스로 나 자신을 힐링하게 되었다.

그 사람을 통해 나도 행복해졌다.

상담자와 몇 번을 만나 상담을 계속해야 하는데 다른 곳으로 발

령이 나 마무리를 하지 못한 점이 참으로 아쉬웠다. 그러던 어느 날 그 내담자로부터 전화가 걸려 왔다. 목소리는 참으로 밝아 보였다. 안부 인사를 한 뒤 그 사람의 목소리에 힘과 열정이 넘치고 있다는 것을 소화기를 통해 느끼게 되었다. "아버지가 저를 믿어 주었어요. 그리고 저도 이제 일을 다시 시작했어요. 월급 타면 한 번 갈게요" 하면서 전화를 끊었다.

부모와 자녀는 어느 쪽으로도 기울지 않은 평행선에서 시작해야 한다. 부모니까 모든 것을 부모 마음대로 한다는 생각은 하지 말아야 한다. 자녀의 위치에서 최선을 다하는 삶을 살아가려고 하지만 그렇지 못해 속상해하고 있다는 것을 알고 있어야 한다. 존경받는 아버지가 되기 위해 자녀의 마음을 이해하려고 노력하는 것도 중요하지만 자녀의 이야기 상대가 되어 주는 것이 더 중요하다. 행복한 가정에서 좋은 추억거리를 만들고 건강한 사람으로 성장하는 것이 중요하다.

자녀의 잘못에 대해 부모는 일방적으로 훈육하는 것이 부모의 역할이라고 생각하지만 가끔은 한발 물러설 줄 아는 부모도 필요하다. 그러기 위해서는 자녀를 잘 지켜봐 주는 것도 필요하다. 내 자식이 다른 사람의 자식보다 좀 뒤진다고 해서 강제적으로 끌고 간다는 것은 어리석은 행동이다. 자녀 스스로 생각하고 해 나갈 수 있도록 도와주는 것이 부모의 역할이라고 생각한다. 그러기 위해서는 자녀의 성장 과정에 맞는 놀이문화를 함께하는 것이 중요하다.

콜레트는 이렇게 말했다. "희망은 비용이 전혀 들지 않는다." 진정으로 희망의 눈을 뜨면 희망이 우리에게 선물하는 놀라운 기적 앞에 서게 될 것이다. 삶에서 이보다 더 귀한 공짜가 어디 있겠는가? 나는 이 사람이 불행 속에서 희망에 차고 행복해지기를 마음속으로 빌어 본다.

이 아이와 평생 함께해야 한다고 생각하면 아버지의 어깨는 너무나 무거운 짐을 짊어지고 가는 것이 사실이다. 뒤에서 아버지의 등을 바라본다면 그 어떤 아이들도 아버지의 말을 거역하지 못할 것이다. 축 처진 아버지의 어깨를 보면 왠지 모르게 내 아버지가 불쌍하게 보이고, 남 앞에서 초라하게 보일 수 있다. 나는 아버지의 어깨를 활짝 펴 드리고 싶다. 아버지는 나에게 있어 가장 소중한 분이니까. 그런 아버지의 등 뒤에서 아버지를 한 번 껴안아 주고 싶다. 자식도 아버지를 사랑하고 아버지도 자식을 사랑하면서 살아간다면 이것이 진정한 부모와 자식 간의 행복이다.

나는 아들이 아버지의 마음을 헤아려주고 아버지도 자식을 이해해 주는 그런 아름다운 관계가 되었으면 한다. 이렇게 서로를 위해주고 감싸 준다면 아버지와 아들의 관계는 평행선에서 서로를 바라보게 될 것이고 행복해질 것이다. 세상의 모든 아버지여! 내 자식의 어두운 면만 보지 말고 환하게 빛나는 그 모습만 보면서 살아가면 좋을 것이다. 아들은 나에게 있어 가장 소중한 사람이라고 생각한다면, 아들 역시 아버지를 이 세상에서 가장 존경하는 그런 분으로 남게 될 것이다.

세상 모든 자녀여!

힘들고 괴로워도 자식 앞에서는 당당하게 서고 싶은 것이 바로 부모의 마음이다. 그 아름다운 마음이 부모와 자식의 관계에서 영원하였으면 좋겠다. 자녀와 함께 걸어 본 적이 있는가? 나란히 걸어보면 어느새 내 아이가 이렇게 성장했구나 하는 생각도 가져 본다. 한편으로 든든하다는 생각도 든다.

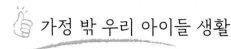

가정 밖 우리 아이들 생활

남의 착한 것을 보고서 나의 착한 것을 찾고, 남의 악한 것을 보고서
나의 악한 것을 찾을 것이니 이처럼 함으로써 바야흐로 유익함이 있을
것이니라.

- 『명심보감』 『정기』 편 中 성리서

새벽에 길거리를 헤매는 아이가 있다.

그 아이는 왜 새벽의 이슬을 맞고 다닐까?

처음에 만났을 때는 참으로 다정하게 대해 주었다. 처음이라 나
로서는 많은 관심을 보였다. 가끔 학교를 찾아가 이야기도 하고 둘
이 만나 식사도 하면서 나름대로 그 아이와 잘 지냈다. 그러던 어
느 날 이 아이가 또 사무실로 왔다. 이 아이는 과거 잘못한 일로
경찰서에 자주 잡혀온 사실이 있었다. 한 번의 실수는 용서할 수
있지만 두 번의 실수는 용서받기가 어려웠다. 이번에도 또 남의 물
건을 훔쳤다고 하였다. 처음에는 아이의 호기심이라고 생각할 수
있어 그럴 수 있겠다고 하면서 아이를 이해했다. 하지만 두 번째

이런 잘못을 했다. 어떻게 해야 할지 막막하였다. 니는 왜 그런 거냐는 질문을 하였다.

　나는 이 아이를 위해 어떤 지도를 해야 할까? 나름대로 고민을 했다. 옛 속담에 바늘 도둑이 소도둑이 된다는 말이 있다. 알고 보니 이 아이의 가정환경을 살펴보면 가정에서의 돌볼 수 있는 환경이 아니었다. 부모님 그리고 아들만 7명이 있었다. 이 아이 위에 큰형은 군대도 가지 않고 직장도 없이 빈둥빈둥 놀고 있고, 둘째 형은 21살인데 벌써 여자와 동거를 하고 있다고 했다. 그리고 이 아이는 중3인데 아래 동생은 지적장애가 있는 초등학교 3학년이다. 학습장애가 있는 초등학교 1학년 남동생도 한글을 알지 못하고 친구들에 비해 많은 어려움을 갖고 있다. 끝으로 4살 동생은 집에서 생활하고 있다.

　아버지는 열심히 살아보려고 이 집 저 집 다니면서 농사일을 하고 있지만, 아버지의 그런 노력에 비해 자식들은 정말 못된 행동만 하고 있어 학교에서나 동네에서도 이 집 하면 고개를 절레절레 흔들 정도의 힘든 환경이다. 그런데도 자식들을 포기하지 않고 바쁜 일정에도 학교에서 부르면 학교에 가서 잘못했다고 하시고, 경찰에서 부르면 또 방문해서 잘못했다고 하면서 고개를 숙이신 부모님이 무슨 죄인가? 반면 어머니는 그렇지 않다. 가정에서의 교육은 도저히 이루어지지 않고 있다. 아이들 때문에 일하고 학교도 찾아

다니며 참으로 힘든 생활을 하고 계신 아버지는 건물 한쪽에서 담배만 피우고 계신다.

뒤늦게 알고 보니 이 아이와 동생이 함께 사는 동네 주민의 집에 들어가 컴퓨터, 자전거, 돈 등을 훔쳐 나온 적이 한두 번이 아니라고 했다. 그때마다 동네 주민들이 용서해 주었다고 했다. 한편으로 생각해 보면 용서가 마냥 해결책이 아니다. 처음 이 아이들이 한 행동에 대해 잘 지도했으면 이 아이는 이렇게 되지 않을 텐데 동네에서 살다 보니 아버지 얼굴 보고 용서해 주었을 것이다. 처음 잘못하였을 때 바른 지도가 있었다면 이렇게 되지는 않았을 것으로 생각한다. 누구나 실수는 할 수 있다. 하지만 그 실수가 반복되어서는 안 될 것이다. 그런데 이 아이들은 용서가 무엇인지도 모르고 우선 당장 벌을 받지 않으면 된다는 생각을 하고 있을지도 모르겠다. 이런 상황에서는 좀 더 일찍 환경을 바꿔 주었으면 이렇게 되지는 않았을 것이다. 우리 사회에 이런 아이들을 위해 많은 제도가 있는데 활용을 하지 못한 점이 아쉽다.

학교, 행정기관, 지역사회, 경찰이 개입하여 아이들의 환경을 바꿔 주었다면 새로운 삶을 살 수 있었을 것이다. 환경을 좀 일찍 개선해 주었다면 이 가정이 이렇게 되지 않았을 것이다. 지역사회의 많은 기관과 협의하면 좋은 방안이 나올 수 있을 텐데 누가 앞장서서 추진하는 사람이 없어 아쉬웠다. 지금 나는 아이들을 상담할 때 이 아이의 성격과 그리고 학교, 지역사회에서의 활동 그리고 가정에서의 관심 등을 고려하여 이 아이가 사회에서 생활할 수 있도록 지역사회에 연계하려고 노력하고 있다. 그런 사례도 많았지만 사실 누가 앞장서기는 어려운 것이 현실이다. 이런 문제를 해결하기 위해서는 우리나라 청소년 제도가 조금은 개선되어야 할 것이다.

어느 날 학교에 가 보니 이 아이는 혼자서 공을 차고 있었다. 다른 아이들은 수업하고 있는데 이 아이 혼자 운동장에서 공을 교실 방향으로 힘껏 차고 있었다. 교무실에 가서 선생님에게 여쭈었다. "왜 저 아이는 혼자 공을 차고 있나요?" 그러자 선생님께서 이렇게 말을 했다. "말도 마세요, 도저히 저 아이를 지도할 수 없어요. 수업 시간에 수업 참여하라고 하면 공부하기 싫다고 나가 버려요. 조금이라도 지도하려고 하면 온종일 교실에 들어오지 않아요. 다른 아이들을 위해서 그 아이를 그냥 놔두는 겁니다." 교사에게도 이제는 말을 할 수 없다. 아이의 잘못된 행동을 수정해 주기 위해서 교사가 있는 것인데 아이가 싫다고 그냥 두는 것은 올바른 교사가 아니라고 생각한다. 한두 번 노력해보지 않았을 것이다. 결국 교사가 한 아이 때문에 다른 아이들에게 피해를 줄 수 있어 잠시 놔둘 수밖에 없다는 것이 이해가 된다.

이번에는 터미널에 들어가 버스표 100장을 훔쳤다. 버스를 타고 다니기 위해서였다. 전에는 담배를 100갑 정도 훔쳤다. 점차 이 아이의 잘못된 행동은 갈수록 과감해졌다. 새벽 시간에 드라이버를 이용하여 창문을 열고 들어가 물건을 훔쳤다고 했다. 누가 이런 방법을 가르쳐 주었을까? 친구들과 재미있게 지내도 부족할 시간인데도 불구하고 이 아이는 이런 일만 생각하니 참으로 가슴이 아프다. 아이의 잘못으로 또 아버지를 불렀다.

아버지의 얼굴은 수심이 가득 차 있었다. 아버지로서 어떻게 할수가 없었나 보다. 그렇다고 아들을 때린다고 해결되지 않는다는 것을 알고 있는 아버지는 픽픽하다며 눈물을 흘리셨다. 나도 그 자리에서 울고 계신 아버지의 모습을 보니 가슴에서 무엇인가 치밀어 올라오는 것을 간신히 참았다. 부모의 마음을 이렇게 아프게 한 이 아이를 한 번 때려 주고 싶었다. 하지만 그럴 수 없었다.

이 아이를 상담했다. "너는 왜 이런 행동을 하니? 잊을 만하면 또 잡혀 오는데 도대체 왜 나쁜 행동을 하는 거니?"라고 묻자 그 아이는 이렇게 대답을 했다. "무엇인가 훔치려 생각하면 그것을 훔치지 않고는 안 돼요." 자신도 왜 그런지 모르겠다고 했다. 참으로 기가 막힐 노릇이다. 그렇다고 마냥 용서할 수는 없다. 처벌을 받아야 한다고 말을 했다. 사실 나는 이 아이를 상담할 때 상담의 기초인 것을 무시하였다. 먼저 아이의 심정을 이해해야 하는데 나의 목적에만 초점을 맞추어 아이를 추궁하였다. 나도 결국은 다른 사람과 다를 바 없는 사람인 것을 인정하게 되어 버렸다.

하지만 이런 상담은 옳지 않은 방법이다.

이 아이를 만나 아이의 이런 행동에 대해 자세히 살펴보아야 할 것이다. 왜 아이가 이런 행동을 할까? 무엇이 문제일까? 아이의 눈높이에서 한 번 더 생각해 보면 답이 나오지 않을까? 그런데 무조건 내 입장에서 질문하고 답을 찾으려고 했던 것이 잘못된 행동이었다.

이 아이를 위해 나는 물론이고 상담센터와 학교를 동원하여 이 아이가 여름방학 잘 보내도록 하는 프로젝트를 실시하기로 마음먹었다. 여름방학 한 달 중 일주일 동안 우리 사무실에 출근하여 나와 상담하고, 또 일주일은 정신보건센터에서 심리 상담을 받고, 또 일주일은 상담센터에서 상담하는 것이었다. 학교 측에서는 약간의 비용을 지급해 주기로 했다. 우리는 이 아이를 위해 정말 좋은 프로젝트를 추진키로 했다. 한 달 동안 우리의 프로젝트를 잘 따라 준다면 이 아이가 새롭게 변화될 것이라 굳게 믿었다. 첫 일주일은 내가 담당했다.

월요일 아침, 출근을 하여 제일 먼저 이 아이 아버지에게 전화했다. 아이가 버스를 타고 갔다고 했다. 10시가 되니 아이가 사무실 문을 열고 들어왔다. 나는 너무나 반가웠다. 과자와 음료수를 주면서 아이와 이야기를 나누었다. 나름대로 일주일 동안 맞춤형 게

획을 세웠다.

첫날은 간단한 상담과 마음 치유를 위해 오전에는 사무실에서, 오후에는 가까운 공원에 가서 상담하기, 둘째 날은 오전 직업 상담하고 오후에는 영화 보기, 셋째 날은 오전에 진로 탐색하고 오후에 봉사활동, 넷째 날은 오전에 등산하고 오후에 직업탐색에 맞는 현장 견학, 다섯째 날은 오전에 체험활동을 하고 오후에 일주일 동안 했던 일 마무리 및 식사하기로 계획을 세웠다.

월요일 첫날에는 내가 계획한 대로 잘 이행했다. 둘째 날 오전 10시가 되었는데 이 아이가 오지 않았다. 나는 좀 늦을 수 있다고 생각하고 기다렸다. 30분이 지나도 오지 않았다. 나는 이 아이의 아버지에게 전화했다. 아버지는 버스를 타고 가는 것을 보았다고 했다. 나는 아버지의 말을 믿고 기다렸다. 10시 40분이 되자 이 아이가 문을 열고 들어왔다.

나는 왜 약속 시각을 지키지 않았냐고 물었다. 그러자 걸어왔다면서 핑계를 댔다. 내일부터 시간 맞춰 오라고 했다. 오전에 직업 상담을 하였지만, 이 아이는 별 관심이 없었다. 하고 싶은 일에 관해 이야기를 나눴다. 하지만 이 아이는 미래 직업에 관해 전혀 관심이 없었다. 직업을 찾는 이유 중 한 가지는 바로 찾는 것이다. 내가 관심 갖고 있는 일이 무엇인지 잘 생각해 보라고 했지만 아이는 도대체 관심이 없었다. 여러 가지 직업에 관해 이야기해 주고 인터넷으로 직업을 한 번 찾아보면서 이야기를 나누었다. 점심을 먹고 30분 더 자유의 시간을 주었다. 만나야 할 시간에 오지 않았다. 10분 20분 30분을 기다렸지만 오지 않았다. 사무실 주변에 혹시 있는지 혼자 찾아 나섰다. 그래도 그 아이를 찾지 못했다. 시내 전체를 찾아보았지만 찾을 수가 없었다.

혹시나 해서 그 아이 집을 찾아가다가 무더운 여름 날씨에 초등학교 운동장에서 혼자 공을 차면서 놀고 있는 아이를 발견하고 불렀다. 아이는 나를 보자 운동장 울타리 밖으로 도망쳐 버렸다. 아이를 쫓아 달려갔지만 어디로 사라지고 말았다. 아이를 찾기 위해 중학교에 가서 찾아보았지만, 그곳에도 없었다. 여름이라 들에 자란 커다란 옥수수나무 사이로 숨었는지 보이지 않았고 그래서 학교 주변을 찾아보았지만 결국 찾지 못하고 돌아왔다. 내일은 오겠지 하면서 아버지에게는 연락하지 않았다.

다음 날 아침, 나는 이 아이를 기다렸다. 열 시가 되어도 오지 않았다. 열두 시가 되어도 오지 않았다. 점심을 먹고 오후 다섯 시가 지나도 오지 않았다. 아이의 아버지에게 전화했다. 혹시 아이가 집에 있는지 물었다. 아버지는 어제저녁에 집을 나가 들어오지 않았다고 했다. 아버지는 걱정도 하지 않는 느낌을 받았다. 가출이 한두 번이 아니었다. 다음 날에도 오지 않았다. 다시 아버지에게 전화해 보니 집에 안 들어왔다고 했다. 나에게 주어진 마지막 날에도 오지 않았다. 그리고 집에도 들어가지 않았다.

상담 선생님과 학교 선생님에게 전화했다. 일주일 동안 있었던 이야기를 다 해 주었더니 선생님들도 몹시 화가 난다고 했다. "혹시 다음 주에는 우리 프로그램에 참여할지 모르니 기다려 봅시다." 주말을 보내고 월요일 출근을 해서 상담 선생님으로부터 전화가 왔다. 아이가 오지 않았다고 했다. 나는 오지 않을 아이라는 것을 알면서도 좀 더 기다려 보라고 했다. 오후에 다시 전화가 왔다. 끝내 오지 않았다고 했다. 둘째 주 금요일에 상담 선생님으로부터 전화가 왔다. 집에도 들어오지 않는다고 했다. 우리의 프로젝트는 이렇게 끝나고 말았다. 그리고 나는 다른 부서로 옮기게 되었다.

아이의 상황을 뒤로한 채 지내고 있는데 어느 날 문을 열고 들어온 한 아이를 보았다. 자세히 보니 그 아이였다. 다른 동료들은 "너 또 이번에 무엇을 훔쳐 잡혀 왔니?"라고 물었다. "이번에는 버스를 털었어요." 참으로 기가 막힐 노릇이었다. 한 달 동안 소식이 없다가 이번에는 버스 문을 열고 들어가 현금과 버스표를 훔쳤다는 것이다. 도대체 이 아이를 어떻게 하면 좋을까? 끝내 이 아이는 또 죄를 짓고 말았다.

결국, 학교에서 나가 사회에서는 혼자 생활하다가 잘못을 저지르고 말았다. 이 아이를 위해 주변 많은 사람들이 도움을 주려고 하였지만 결국 실패로 돌아갔다. 이 아이는 정녕 소년원에 가야만 해결될까? 스스로 변화하지 않으면 결국 소년원에 가야 한다. 왜 이렇게 변화되지 않을까? 이 아이는 훔치고 싶으면 훔쳐야만 마음이 편하다고 했다. 이것은 잘못된 생각이다. 스스로 고쳐야 한다는 생각을 가져야 하는데 그렇지 못하고 있다. 어떻게 하면 좋을까? 아이의 가정환경으로 보면 도저히 해결할 수 없는 상황이다. 그렇다고 그냥 버려두면 아이의 생활은 절망 속에서 빠져나오지 못할 것이다. 그래서 이 아이의 마음을 열 수 있는 방법을 찾아보기 위해 큰 노력을 하였다.

우선 이 아이는 심리 상담과 동시에 스스로 자존감을 찾도록 지도해 줄 필요가 있다. 이 아이는 자존감이 너무 낮아서 하고자 하는 의욕이 부족하고 다른 사람들과 함께 어울리지 못하고 있다. 그래서 친구들과 함께하는 집단 상담을 통해 친구들의 마음을 헤아릴 수 있도록 친교의 시간을 만들어 주어야 한다. 또, 무엇인가 훔치겠다는 마음이 사라지도록 주변 친구들의 도움을 받기로 하였다. 그래서 결국은 부모님과 아이가 함께 상담을 받도록 하였다.

부모님은 상담을 통해 아이에 관한 관심과 인내심을 기르도록 하였다. 아이가 잘못했다고 해도 우리는 이 아이를 버려서는 안 된다. 이 아이의 손을 잡고 함께 가야 할 필요가 있다. 아이 스스로 바뀔 수 있도록 가정과 학교 그리고 이 사회가 함께 이 아이를 도와주어야 한다.

우리는 살아가면서 착한 사람과 착한 일에 대해 듣기를 좋아하고 남의 잘못한 일을 들으면 전달하지 말고 도움을 주어야 한다. 친구를 사귀는 데 가장 중요한 것은 친구의 모든 것을 이해해 주는 것이다. 그리고 내가 그 친구에게 피해를 주지 않는지 생각을 해 보아야 한다. 정말 이런 가정에서의 아버지의 심정은 어떨까? 자식 농사가 제일 중요한데 자식 모두가 이렇게 부모님을 힘들게 하고 있어 사는 것이 힘들다고 하소연을 하셨다. 여러 아이를 만나 보았지만, 무엇이 잘못된 행동인지를 모르는 아이들에게는 부모와 분리 조치가 필요하다. 각자의 교육 방법을 달리해야 할 것이며, 학교와 가정 그리고 사회에서의 관심이 필요하다.

가정 밖에서 생활하는 청소년들이 많이 있지만, 주변인의 관심 부족으로 이 아이들이 더 위험한 장난과 잘못된 행동을 한다. 세상의 모든 사람은 우리 청소년들의 올바른 생활을 위해 서로의 관심이 필요하다. 가정 밖에 돌아다니는 청소년들이 내 자식이라는 생각을 하고 조금만 관심을 두고 지켜봐 준다면 이런 청소년들이 발생하지 않을 것이다.

처음 잘못했을 때 정확하게 인지시켜 주었다면 이렇게 되지는 않았을 것이다. 이 아이가 이런 잘못을 했을 때 주변 사람들의 동정심 때문에 봐주는 것이 오히려 이 아이들에게 큰 악영향을 미쳤다고 볼 수 있다. 세상의 모든 아이는 착한 영혼을 갖고 있지만, 누군가의 관심이 부족하여 비행하는 아이들로 나타난다. 이런 사회 환경에서 자라 힘들게 생활하거나 학교에 부적응한 학생들에 대한 사회적 관심이 필요하다. 이들이 쉴 수 있는 쉼터 등을 마련하여 잠시나마 가정에서 나와 마음의 안전을 찾을 수 있는 제도적인 장치가 마련되어야 할 것이다. 몇 년 뒤 이 아이는 결국 경찰서 유치장에 수용되었다. 그것도 남의 물건을 훔친 내용이다. 무엇이 이 아이의 인생을 이렇게 만들었을까?

세상 모든 부모는 자식이 잘못된 길로 가기를 원하지 않는다. 노심초사하면서 오직 자식 걱정뿐이다.

자녀를 이렇게 키우면 어떨까요

자기 앞길에 어떠한 운명이 기다리고 있는가를 묻지 말고 앞으로 나가라! 그리고 대담하게 자기의 운명에 직면하라! 이것은 옛말이지만 거기에는 인생의 풍파를 넘어가는 묘법이 있다. 운명을 겁내는 사람은 운명에 먹히고, 운명에 부딪히는 사람은 운명이 길을 비킨다.

- 비스마르크

자녀를 어떻게 키우면 좋을까요?

정답은 있을까요?

아니면 없을까요?

아들을 키우면서 많은 것을 기대하는 것은 부모로서 당연한 일이다. 자식에 대해 기대를 하지 않는 부모는 아무도 없을 것이다. 우리 자식이 최고이며 우리 자식이 천재라는 소리를 하면서 자식을 위해 온 정성을 다해 키우시는 우리 부모님의 마음이야 한결같이 똑같을 것이다. 비가 오면 젖을까, 바람 불면 날아갈까 늘 마음

졸이며 자식 잘되기만을 빌고 또 빌어 주신 분은 바로 부모님이다.

우리 부모님도 자식을 낳아 키우시면서 많은 정성을 다 주었다고 생각하지만, 지금의 내가 셋 아이의 부모가 되고 보니 늘 걱정이 되고 마음이 놓이지 않아 저녁에는 꼭 가족 모두 단체 문자로 대화하며 서로의 안부를 묻는다. 아프지는 않은지, 혹시 다른 사람으로 인해 힘들어하지는 않는지 마음 졸이며 살아가는 것이 바로 부모의 마음이 아닐까 싶다.

아이들이 집에 온다면 무엇이 먹고 싶은지 물어보기도 하고 집에 오면 많은 것을 해 주고 싶은 것이 부모의 마음이다. 내가 부모로부터 받은 사랑이 눈으로는 알 수 없지만 늘 바쁘게 살아온 우리 부모님의 마음속 사랑은 하늘, 아니 바다보다 넓고 깊을 것이다. 자식 많이 낳아 키우면서 어느 자식 차별 없이 키우신 우리 부모님께 다시 한 번 감사의 말을 하고 싶지만 이제 내 곁을 떠나 저 머나먼 곳에서 우리 자식들 잘 살고 있는지 지켜보고 계실 부모님께 감사하다는 말을 전하고 싶다.

이렇게 소중하게 키운 자식들에 대해 시간이 흐를수록 실망감을 하나하나 느끼면서 부모와 자식 간의 갈등이 시작된다. 갈등이 고조되면 부모와 자식의 인연을 끊을 정도의 심각한 가정 문제이며, 나아가서 사회문제로 변화되고 있다. 서로의 마음을 헤아리지 못하고 욕심을 부리면서 살아가는 이 세상에서 부모님을 공경하면서 모셔야 하는데도 그렇지 못하는 사회적 문제에 대해 다시금 생각해 볼 필요가 있다.

가끔 자식이 마치 부모의 소유물인 양 부모 마음대로 하려는 경향이 있다. 자식은 부모의 소유물이 아닌 한 인격체임을 알아야 한다. 한 남자와 여자가 서로 만나 남편과 아내로 이어지면서 서로 사랑의 결실인 소중한 자식이 태어나 가족을 이루면서 행복한 가정생활을 하게 된다. 그러면서 부모와 자식 간의 행복한 시간을 보내면서 부모는 자식의 성장 과정을 보면서 날마다 행복에 젖어 있다.

자식은 소유물이 아니라 함께 살아가는 인격체로 서로 존중해야 한다. 부모는 자식의 몸을 만들어 주었다고 모든 것을 부모의 뜻대로 하는 것은 오히려 부모와의 갈등을 더 심각하게 만드는 과정이라 볼 수 있다.

부모는 자식의 몸을 만들어 주었으므로 자식을 양육하는 것은 당연한 일이다. 나도 부모의 몸을 빌려 이렇게 성장하면서 부모님의 뜻을 헤아리지 못한 점이 아쉽다. 부모님에 대해 극진한 효도를 하지 못하고 살아왔다. 효도란 물질적으로 봉양하는 것도 있지만 정신적으로 편안하게 해 주는 것 역시 진정한 효도라고 할 수 있다. 그런데 지금의 우리 사회에서는 물질이 우선시되고 있어 안타깝게 생각할 때도 있다. 꼭 무슨 날이면 찾아가 돈 봉투를 건네는 자식이 있는가 하면 그것도 하지 못하는 자식도 있다. 물론 바쁜 일상에서 살다 보니 미처 챙기지 못하며 살 수도 있을 것이다. 하지만 부모님을 생각하면 늘 마음이 아픈 것은 사실이다.

살아생전 자주 찾아뵙고 맛있는 음식을 함께 먹기도 하며 서로의 얼굴을 살펴보는 것이 진정한 효도라 생각한다. 자주 전화하고 찾아가서 무엇이 불편한 것이 있는지를 살펴 주는 것이 진정한 효도지만 그것 또한 어려울 따름이다.

자식을 키우는 과정에서 자식의 감정을 무시하고 부모의 기준에 의해 하지는 않았는지 자식에 대한 인격존중보다는 강요를 하면서 자식을 키워 온 부모님도 없지는 않을 것이다. 자녀 교육에 관한 많은 공부를 하였지만, 부모와 자식 간의 관계는 평행선이 아닌 상하 간의 관계로 바뀌고 말았다. 자식의 생각, 느낌, 꿈도 부모가 결정하고 자식은 그 결정에 따라 살아가는 것이 과연 행복한 삶이라 할 수 있을까? 과거의 나를 생각하면 착하게 학교 다니고 직장 구해서 가정 꾸려가는 것이 부모님의 최대 관심 사항이었을 것이다. 대학을 어디 가야 하는지, 직장을 어떻게 구해야 하는지, 자식의 아내는 어떻게 구해야 하는지에 대한 부모님이 하나부터 열까지 가르쳐 주지 않았다.

하지만 지금의 부모님은 하나서부터 열까지 참견을 하고 싶어 한다. 그것 또한 부모와 자녀 간의 갈등이 시작되는 일이다. 자식을 키울 때는 잘되라고 키울 것이다. 부모라서 모든 것을 해 주어야 한다는 생각을 버려야 한다. 소가 목이 말라 냇가로 끌고 갈 수는 있지만, 냇가에서 소가 물을 먹지 않는다고 억지로 먹인다면 소가 반응을 하여 위협을 줄 수 있을 것이다. 곁에서 다른 길로 가지는 않는지 지켜봐 주는 것이 필요하다. 가는 길이 잘못되면 바르게 인도해 주는 것이 부모의 역할이라 생각된다.

우리 부모님은 오직 자식을 위해서 열심히 일했고 자식을 위해 조금이나마 보탬이 되기 위해 아침부터 저녁까지 일하고 봄, 여름, 가을, 겨울 1년 4계절 쉴 틈 없이 바쁜 삶을 살고 돌아가셨다. 그런 과정에서 자식의 미래에 대해 얼마나 관심을 두고 있었을까? 지금에 와서 생각하면 부모님은 내가 살아가는 데 겉으로는 많은 도움을 주지는 못했지만, 부모님 나름대로는 든든한 바람막이가 되어 주셨다. 학창 시절 늦은 밤이면 마을 입구에서 나를 기다려 주셨던 우리 어머니, 비가 오면 우산을 들고 기다려 주신 어머니, 이제는 그 어머니를 볼 수 없어 고향의 산소에 가면 어머니 묘소 앞에 우두커니 바라보는 것이 전부다. 자식을 위해 그때 당시 부모로서의 최선을 다해 주신 부모님께 다시 한 번 고맙다고 말하고 싶다.

나를 돌이켜보면 착하게 학교 다니고 나름대로 대학을 선정하여 학교를 마치고 직장을 구한 다음 결혼을 하여 아이를 낳고 지금의 삶을 살아가고 있다. 그 과정에서 부모는 곁에서 소리 없이 지켜봐 주는 존재였다. 그런데 요즘의 우리 아이들을 보면 내가 살았던 과거의 인생과는 비교할 수 없다. 이렇게 말을 하면 그 시절에 그럴 수밖에 없다고 말을 한다. 맞는 말이다. 그 시절에는 그것이 최선이고 그것이 다인 줄만 알았다. 하지만 시대가 변화되는 만큼 부모님의 생각과 행동이 달라져야 한다. 자식을 의심하고 믿지 못한다면 그 자식이 부모를 어떻게 믿고 따를 수 있을까? 서로 신뢰하고 믿음을 심어준다면 더할 나위 없는 부모와 자식 관계가 될 것이다.

그런데 가끔은 기성세대와 신세대 간의 비교를 통해 갈등을 빚고 있는 것이 사실이다. 부모님의 세대는 부모님의 몫이고 자녀들의 세대는 자녀들의 몫이다. 부모님의 삶에 자녀들의 삶을 끼워 넣기 위해 자녀에게 생각과 행동을 강요하는 것은 더더욱 하지 말아야 한다.

자식에 대한 진심 어린 사랑이 필요하다. 자식이 성공하기 위해서는 자식에 대한 무작정 강요보다는 자식이 원하는 것이 무엇인지를 관찰하며 자식의 미래를 자식과 함께 다양한 방법을 통해 탐색하고 의논하는 것이 중요하다. 자식의 미래는 부모님이 만들어 준다는 부모도 있다. 하지만 부모가 만들어 주는 것도 한계가 있을 뿐 모든 것을 완벽하게 해 줄 수는 없는 일이다. 자녀 문제 그리고 갈등을 해소하기 위해서는 자녀에 대한 이해가 필요하다. 그리고 자녀를 내 자녀로 키워야 하는데 남의 자녀로 키우려는 부모님들이 있다. 이런 문제 속에서 자녀와의 갈등이 더 심각해지고 있다.

자녀의 성장을 위해 곁에서 지켜봐 주고 더우면 커다란 나무가 되어 그늘이 되어 주며 비가 오면 비 가림이 되어 주는 그림자 같은 부모가 필요하다. 공부에 대한 압박감 때문에 아이들이 부모의 곁을 떠나는 일이 많이 있다. 늘어나는 학교 폭력 및 부모와의 갈등 문제가 심각하다고 볼 수 있다. 우리 집에 아들이 한 명 있다. 누나들과 많은 이야기를 나누다 보니 일찍 철들은 것 같은 아들이 있다. 요즘 들어 아이에게 크게 강요는 하지 않는다. 딸들을 키울 때는 부모인 내 의지대로 키우려고 했다. 그런 나의 행동이 아이들의 인생에 힘들지 않았을지 나름대로 생각해 보았지만, 아이들이 성장하는 과정에서 가치관이나 생각들이 나름대로 정립되지 않아 부모의 관심이 필요한 나머지 가끔은 강제적으로 아이들의 의사를 무시하고 내 의도대로 한 적도 있었다. 하지만 지금의 아들에게는 강요보다는 스스로 결정을 내리도록 하는 편이다.

초등학교 1학년 때에는 학교에서 하는 방과 후 수업을 모두 다하겠다고 했다. 다른 아이들은 하지 않겠다고 하여 부모님이 걱정을 많이 했는데 우리 아이는 너무 많이 하겠다고 하여 오히려 걱정

되었다. 시간이 중복되어서 하지 못해 결국 내가 개입을 한 적이 있다.

방과 후 수업 과목으로 영어, 독서 논술, 미술, 로봇 과학, 공예 이렇게 5과목을 일주일에 다 소화를 했다. 그러다 보니 시간이 없어 빠지는 일도 있어 2학년에 올라와서는 과목을 줄여 주었다. 3학년 때에는 영어, 로봇 과학, 태권도, 피아노를 배우고 있다. 내가 하라고 하지는 않았다. 아이가 관심이 있어 스스로 결정을 내렸다. 학교 방과 후 수업에는 영어와 로봇 과학을 하고 학교 수업이 끝나 집에 오면 곧바로 태권도 학원을 간다. 태권도 학원 수업을 마치고 4시 30분이 되면 집에서 학습지를 풀고 간식 먹고 5시에 아파트 상가에 있는 피아노 학원을 가고 6시에 친구들과 아파트에서 놀고 6시 30분이면 집에 돌아온다.

어떻게 보면 아이를 많이 가르친다고 하지만 저학년 때에는 될 수 있으면 많이 놀게 하고, 예체능에 대한 기본 학습이 필요하다는 나름대로의 교육 철학을 갖고 있다. 집에 돌아오면 식사하고 TV를 본 뒤에 책 읽기를 시키고 있다. 부모로서 강요라고 생각되는 것은 오직 책 읽는 것이다. 책 속에 모든 진리가 담겨 있다는 것에 대해 아이와 함께 많은 대화를 한다. 아직은 어려서 동화책 위주의 책을 읽지만 서서히 두꺼운 책으로 바꿔 줘야 한다고 생각한다. 책 읽는 습관을 길러주는 것이 부모의 역할이다. 아이와 부모가 함께해야만 아이의 올바른 습관이 형성된다.

아들을 위해 공부를 하고 아이를 상대로 실험을 해 보면서 아이의 성장을 나름대로 살펴본다. 직업에 대해서도 많은 이야기를 나누면서 아이의 관심 사항이 무엇인지를 파악하고 새로운 직업군에 대해서는 아이와 많은 대화를 가지려고 노력하고 있다. 부모의 역할은 아이의 생각 범위를 크게 가질 수 있도록 곁에서 많은 정보를 제공하고 대화를 통해 아이 스스로 결정하게 부모는 곁에서 지켜봐 주고 필요하면 조언을 해 주어야 한다. 아직은 착하게 잘 자라고 있지만 이제 고학년이 되므로 아이의 변화 상태에 대해 더욱더 관심이 필요하다. 사춘기가 시작될 때에 대비하여 아버지와의 관계 형성을 잘하는 것이 중요하다.

사춘기가 시작되는 초등학교 6학년에서 중학교 1학년 때에는 아들과 함께 공중목욕탕을 한 번도 가지 못했다. 그렇게 사정을 하고 달래 보아도 따라가지 않았다. 중학교 2학년 되어서야 사춘기가 지나갔는지 나와 목욕탕을 갔다. 목욕탕에서 아들이 성장한 모습을 보니 한편으로 마음이 뿌듯하였다. 등을 밀어주고 탕에서 아들의 관심 사항에 관해 이야기를 나누었다. 아직은 순수하고 철없는 사춘기 아이라는 것을 알게 되었다.

부모와 자녀와의 관계는 묶어 둔다고 해결되는 것은 아니다. 세상은 늘 변하기 때문에 흘러간 것들은 보내고 새로운 것을 맞이하는 건강한 태도가 필요하다. 한 가지가 늘 다른 한 가지를 대신하는 법이다. 오래된 것, 필요 없는 것을 없애고 공백을 만들어야 한다. 그 공간 안에서 새롭고 짜릿한 것들에 다가서야 한다.

자녀의 올바른 성장을 위해서는 원하는 것이 무엇인지, 얻고 싶어 하는 것이 무엇인지, 자녀에게 필요 없는 것이 있는지를 살펴주는 것이 필요하다. 자녀들이 내 품에서 영원히 있는 것이 아니라 성장하면 내 품에서 멀리 떠난다는 것을 일찍 알고 있어야 한다.

부모와 자식과의 관계는 딱 붙어 있는 자석의 양극과 음극이 아님을 알아야 한다. 날아갈 듯 몸과 마음이 가벼워지는 것은 물론이고 문득 새로운 것들이 자석처럼 끌려옴을 느낄 때까지 지켜봐주고 격려해 주며 아낌없는 사랑을 베풀어야 한다. 잠깐의 실수로 자녀에게 상처 주는 말을 해서는 안 된다. 자녀의 올바른 성장을 위해서는 부모가 더 많이 공부해야 한다. 화가 난다고 화 난 그대로 자녀를 꾸짖는 일이 바로 자녀의 마음에 큰 상처를 안겨주는 것이다.

세상에 가장 소중한 것은 바로 내 자식이라는 것을 항상 느끼며 살아야 할 것이다. 오늘도 내 자식의 행복을 위해 이 아빠는 힘차게 뛸 것이다.

부모와 자식과의 관계는 떼려야 뗄 수 없는 관계임을 서로 알아야 한다. 부모는 자식을 믿어 주고 지켜봐 주면서 길이 아니면 올바른 길을 걸을 수 있도록 도와주는 것이 필요하다. 오늘도 우리 자식들의 건강과 행복을 위해 마음속으로 빌어 본다.

아프니, 아버지도 아프다

> 글을 읽는 것은 집안을 일으키는 근본이요, 도리를 따르는 것은 집안을 보존하는 근본이다. 근검은 집안을 다스리는 근본이요, 온화하고 유순한 것은 집안을 정제하는 근본이다.
>
> *- 「명심보감」 「입교」 편*

자식이 아프면 부모의 마음은 찢어지듯 힘들고 괴롭다.

내 나이 이제 쉰 중반이다. 쉰이란 나이를 물어보면 대부분 사람은 인생의 절반을 살았다고 생각한다. 그리고 얼마 있지 않으면 노인이라는 호칭을 듣는다고 생각하니 해 놓은 것 없이 늙음이란 것을 맞이한다는 것은 참으로 서글픈 일이다. 노인을 생각하면 나의 어머니가 생각난다. 나의 어머니는 아흔넷이라는 나이에도 홀로 잘 살다가 돌아가셨다. 나의 작은 소망이자 욕심을 말하라고 한다면 '나는 어머님보다 더 오래 잘 살아야 하겠다'라는 것이다. 하지만 이것 또한 나의 욕심이 아닐까 생각해 본다. 그러기 위해서는 내가 무엇을 하며 어떻게 의미 있는 삶을 살아가야 할지를 고민해 보아야 한다. 아무것도 하지 않고 세월만 늘리는 것은 무의미한 삶이다. 정말 보람 있는 일을 스스로 찾으면서 행복을 느끼며 살아가는 것이 진정한 삶이 아닐까 생각한다.

내가 평소에 하는 말이 있다.

미래는 알지 못하지만 지금, 이 순간을 생각해서 '내 인생의 종착점은 102살'이라는 것이다. 그러면 많은 사람은 "왜 102살이지? 너무 오래 살아서 남에게 피해를 주면 어떡해?"라고 나에게 질문한다. 나는 내 인생의 철학 아닌 철학을 갖고 있다. 100살까지 나는 열심히 일을 즐기면서 행복하게 살고 싶다. 그 일이 경제적으로 얼마나 이익이 있든 없든 크게 중요하지 않다. 의미 있는 생활이라고 생각하기 때문이다.

이렇게 100살까지 정말 의미 있는 삶을 살고 추가로 주어지는 2년을 내 인생의 정리 기간으로 삼아 느긋하게 관조하며 정리하고 싶다. 그래서 욕심 아닌 욕심으로 102살까지 살아야겠다고 생각하고 그 끈을 놓치지 않기 위해 오늘도 나름대로 생각을 하고 있다.

그런데 이 모든 것이 내가 좋아서 하는 만큼 남에게 피해는 주지 않아야 한다고 생각한다. 그러기 위해서 어떻게 해야 할까? 모든 일에 있어 긍정적인 자세가 필요하다. 그리고 남을 대할 때도 항상 따뜻하게 대하고 마음에 상처를 주는 말과 행동은 해서는 안 될 것이다. 이것이 내가 추구하는 인생철학이다.

남을 척지는 행동을 하지 않고 사는 것이다. 그래서 날마다 나름대로 조심하면서 살아가고 있다. 사람의 나이는 숫자에 불과하지만 무의미한 인생을 살고 싶지는 않기 때문이다. 명예와 명성보다는 "그 사람과 함께 살 수 있어서 그리고 그 사람과 함께해서 행복했다"라는 말을 듣고 싶을 따름이다.

존경받는 사람으로 기억하기 위해서는 어떻게 해야 할까? 나의 인생을 더욱더 열심히 살아가도록 삶의 목표와 계획이 있어야 한다. 비록 60이든 70이든 80이든 내 나이를 보장받지 못한다고 하더라도 후회는 하지 말아야 한다. 하지만 주어지는 나이까지는 최선을 다해 살아야 한다는 것이 내 철학이다. 내 인생의 아름다운 삶의 결말은 이렇게 이루어지기를 소원한다.

즉, 이 세상에 태어나 일평생을 살면서 타인에게 피해를 주지 않았을 뿐 아니라 이웃들에게 행복한 웃음을 안겨주고 싶은 생각이다. 그리고 이 세상을 떠나 뒷사람으로 평가받는 것이다. 정말 그렇게 되기를 간절히 기대하며 매일매일 살아가고 있다. 이러한 삶의 원칙은 가속화될 것이다.

나는 지금 행복하다고 당당하게 말할 수 있을까? 지금의 내 나이 쉰 중반이 넘은 나이다. 내 인생 중간 지점에서 생각해 보니 불행 속에서 살았다고는 생각되지 않는다. 나는 행복한 삶을 살아왔다고 생각한다. 우선 출생부터가 행복이었다. 부유한 가정은 아니지만, 자식들을 굶기지 않기 위해 최선의 노력을 하신 부모님의 귀한 아들로 태어난 것이 정말로 행복하다.

우리 가정은 행복했다. 막내로 태어나 누님과 형님으로부터 사랑을 많이 받고 자랐다. 내가 하는 일에 대한 아낌없는 격려와 지지 덕분에 나쁜 길로 가지 않고 내 삶에 충실하며 살아왔다. 나는 바람이 불면 날아갈까, 비 오면 젖을까 귀하게 키워 주신 부모 아래에서 자라면서 소중한 가족과 주변 사람들을 만나며 살아왔다. 하나하나 행복의 삶의 돌단을 쌓아 올리듯 살아온 시간은 참으로 의미가 크고 소중하다.

나는 0이라는 기준을 두고 왼쪽은 마이너스(-) 오른쪽은 플러스(+)인 수직선에서 9라는 숫자에 지금의 내 행복 점을 찍을 수 있다. 비록 경제적으로 많은 돈은 없지만 내 곁에 소중한 분들이 많이 있다는 것이 행복이다. 살다 보면 조금 서운하고 부족했던 일들이 적지 않았지만 그래도 나름 행복한 삶을 살고 있다. 그것 또한 나의 몫인 만큼 부족한 부분을 채우기 위해 노력하면서 살아가다 보면 결국 좋은 일이 있을 것이다. 10이 되기 위해서 최선을 다하면서 노력해야겠다. 그런 과정에서 아픔이 찾아올지 모르지만, 그 순간도 참고 견디며 살아야겠다.

공자는 『논어』 「위정(爲政)」 편에서 다음과 같이 말했다.

"나는 열다섯에 학문에 뜻을 두었고 서른 살에 섰으
며 마흔 살에 미혹되지 않았고 쉰 살에 천명을 알았으
며 예순 살에 귀가 순했고 일흔 살에 마음이 하고자 하
는 바를 따랐지만, 법도에 넘지 않았다."

이렇게 공자는 자신의 일생을 돌아보고 학문을 심화한 과정을
논하였다. 공자의 이 말로부터, 15세를 학문에 뜻을 갖는 지학(志
學), 30세를 인생 목표를 세우는 이립(而立), 40세를 경험을 토대로
가볍게 처신하거나 흔들림이 없는 불혹(不惑), 50세를 하늘의 순리
가 무엇인지를 분별하는 지천명(知天命), 60세를 세상만사를 수긍
할 수 있는 이순(耳順), 70세를 자연의 질서를 순응하는 종심(從心)
의 단계라고 하였다.

그렇다면 나는 공자의 이론으로 보자면 지금 지천명의 시점에
와 있다. 즉, 하늘의 뜻을 분별하고 따라야 하는 시기다. 그러므로
이제부터 남은 인생을 내가 가진 사명을 위해 열심히 살아가야 한
다. '힘든 50대'라는 말이 있다. 자녀들을 키우고 가족을 부양하는
데 가장 큰 노력이 들어가는 시기다. 그러나 비록 자녀를 성장시키

는 데 힘이 들지언정 그것이 내 가정을 꾸려나가는 일이고 당연히 따라야 할 부모의 역할이다. 그런 과정에서 고단함보다는 즐거움을 느끼는 것이 바로 참 행복이라고 생각한다.

과거에는 두 딸이 대학생이었다. 대학등록금과 용돈 그리고 생활비와 책값도 보태 주어야 했다. 나 자신을 위한 씀씀이를 절약하면서 아이들에게 부모의 역할을 감당하려고 노력한다. 이런 모든 것이 그때는 힘이 들었지만, 지금에 와서는 당연하다는 것이다. 자식이기 때문에 하는 것이다. 하지만 그것 또한 부모가 짊어지고 가야 하는 행복한 짐이라고 생각한다. 그렇게 생각하니 지천명이요, 지천명에 순응하니 마음이 한결 가벼워진다.

등에 무거운 짐이 올라가 있다고 한들 무엇이 힘들랴. 내 소중한 가족을 위해 그 무거운 짐을 짊어지고 가니 무겁지 않다. 내가 이렇게 열심히 사는 것이 결국 소중한 가족이 있다는 것 때문이기도 하다. 말은 이렇게 하지만 힘이 든 것은 사실이다. 힘들다고 날마다 한숨만 쉬고 있다 한들 나에게 무슨 또 다른 일이 생기는 것도 아니다. 내 자식들이 행복한 미래를 준비하고 있다는 것에 만족하면서 오늘 이 순간에도 감사하며 행복하게 살려고 노력하고 있다. 이것이 가족의 힘이다.

아이들은 각자 나름대로 열심히 학교에 다녔다. 또 친구들과도 잘 지내며 의미 있는 대학 생활을 잘 보내며 학교 임원 활동도 하면서 바쁘게 생활하고 있다. 아빠가 보기에 정말 대견스럽고 자랑스러웠다. 남들은 하지 않겠다고 하면서 혼자 편한 것이 최고라고 생각하는 아이들보다는 우리 자식들은 다른 면이 있다. 과 대표를 하면서 친구들을 잘 사귀고 친구들과 잘 적응하면서 나름대로 학교 시절을 잘 보내고 있으니 항상 감사하다. 나도 학창 시절에 용돈이 없어 불편했던 적이 있었다.

그 시절을 생각하면 자녀들에게 좀 넉넉한 용돈을 주고 싶은 생각이다. 그래서 가끔 아내 몰래 딸들에게 주는 용돈도 아빠의 행복이다. 딸들은 엄마 몰래 아빠한테 받는 용돈에 감사하다고 하면서 내 휴대전화기로 "아빠, 사랑해. 열심히 공부할게"라고 문자를 보내기도 하였다. 나는 그 문자에 힘찬 발걸음으로 내 가정을 위해 최선을 다하는 하루를 살았다.

하지만 내 마음 한편에는 가족이라는 구성원 속에서 걱정이라는 근심 아닌 근심을 가끔 했다. 홀로 살고 계신 아흔 살의 어머님이 마음속에 자리를 차지하고 있기 때문이다. 연락이 되지 않으면 걱정이 된다. 혼자 걸어가시다가 혹시라도 쓰러지지는 않으셨나, 간밤에 무슨 일은 없었을까, 늘 걱정을 하였다.

꿈이 좋지 않은 날에는 아침 일찍 전화를 드려 보지만 전화를 받지 않으면 걱정이 앞선다. 겉으로는 아프다고 하시지만, 속으로는 강하신 나의 어머님이 살아계셔서 나는 정말로 행복하다. 내마음 같으면 내 인생 다하는 날까지 함께 있어 주셨으면 하는 생각이지만 이것 또한 나의 지나친 욕심이라고 생각하고 마음을 비우면서 살아가기로 했다.

어느 날 서재를 청소하면서 책장에 꽂혀 있는 시집을 하나 발견했다. 시를 읽으면 항상 마음이 따뜻해지는 시인이 있다. 바로 이해인 님이다. 시를 읽는데 「어머니」라는 시가 있어 책장에 기대어 읽어 내려갔다. 나의 어머니를 연상케 하는 멋진 시에 한동안 푹 잠겼던 적이 있었다.

> 당신의 이름에선 색색의 웃음 칠한
> 시골집 안마당의 분꽃 향기가 난다
> 안으로 주름진 한숨의 세월에도 바다가 넘실대는
> 남빛 치마폭 사랑 남루한 옷을 걸친
> 나의 오늘이 그 안에 누워 있다
> 기워 주신 꽃 골무 속에 소복하게 담겨 있는
> 유년(幼年)의 추억 당신의 가리마같이
> 한 갈래로 난 길을 똑바로 걸어가면
> 나의 연두 갑사 저고리에 끝동을 다는 다사로운 손길
> 까만 씨알 품은 어머니의 향기가 바람에 흩어진다

힘들게 살아오면서 자신보다 자식 9남매를 소중히 여기신 아흔 살이 넘으신 어머니! 나는 어머니를 생각하면 늘 마음이 아프다. 이 마음은 세상의 모든 자식의 마음이 아닐까 생각한다. 머리는 백발이고 이마에는 세월의 주름이 가득하다. 그리고 얼굴에는 세월의 흔적을 알려 주는 검버섯이 매년 훈장처럼 늘어나고 있다. 허리는 굽어 지팡이 없이는 움직일 수 없는 어머님이 혼자 생활하고 있다는 모습을 지켜보면 항상 마음이 아프다. 함께 모시지 못해 미안하였다. 혼자 집에 사는 것이 편하다고 하시며 시골집에 살겠다고 하신 어머님의 마음을 왜 모를까? 자식들에게 피해를 주지 않으려는 그 마음이야말로 정말 가슴이 아프다. 위암 판정을 받고 금방이라도 우리 곁을 떠날 것만 같았지만 공기 좋고 물 맑은 고향에서 살다 보니 어머니의 건강은 날로 호전되었다.

푸른 파도가 넘실대는 바다의 조그마한 섬에 몸을 기대고 살고 계신다. 어머니가 사는 집은 뒤에서 높지 않은 포근한 산이 감싸 있고 앞으로 푸른 바다를 바라보고 있다. 그곳에서 고향의 정취를 느끼면서 살아가고 계신다. 그 바다에서 김을 뜯고 바지락, 고막을 캐면서 자식을 키우신 우리 어머니! 그렇게 고생하시면서 사셨던 내 부모님을 생각하면 더욱더 열심히 살아야겠다는 생각이 든다.

살다 보면 강산이 10년 되면 변한다고 하는데 홀로 살아온 시절을 생각해 보면 어느덧 강산이 두 번 바뀌고 세 번 바뀌려는 문턱에서 혼자 긴 세월을 살고 계신 우리 어머님! 하지만 어머니 곁에는 누님들이 있다는 점에 너무나 감사하다. 누님이 요양보호사 일을 하면서 아침, 저녁으로 친정에 와서 혼자 살고 계신 친정어머님을 돌봐 주고 있다. 고마운 누님이다. 이토록 어머님을 극진히 돌봐 주신 누님 덕분에 우리 형제들은 누님에게 항상 고마워하고 있다. 이것도 또 한 가지 행복이리라.

얼마 전 아내는 어르신 섬김이 업무를 하게 되었다. 일주일에 12명 어르신 댁을 찾아가 가사 일과 건강 체크 및 생활에 도움을 드리고 있지만, 많이 힘들어하고 있다. 하지만 시골에서 혼자 생활하고 계신 어르신들을 찾아가 보살피면서 많은 것을 느끼고 있다고 했다. 그러면서 친정 부모님과 시어머니가 혼자 생활하고 있다는 점에 대해 가슴 아파하고 있다. 처음 하는 일이라 운전도 오랫동안 해서 다리가 아프다고 하면서 몹시 힘들어하고 있다. 한 분만 보는 것이 아니라 12명의 어르신을 돌보는데 한 분 한 분 모두가 성격이 다르고 환경이 다르다며 힘들어했다.

어느 날 아내가 퇴근하면서 몹시 화가 나서 들어왔다.

이 일을 시작한 지 얼마 되지 않아 먼저 하시는 분들이 시키는 대로 일을 하고 있어 몸과 마음이 지쳐 있는데 그날따라 한 집의 어르신 댁이 너무나 지저분해서 혼자 그 집을 정리하기가 어려워

평소 잘 알고 지내는 언니를 모시고 함께 가서 집안 정리정돈을 해 주었다면서 핸드폰으로 사진까지 찍어 와서 보여 주었다. 오히려 우리 집 살림살이보다 더 깨끗하게 정리정돈해 주었다. 혼자 생활하고 계신 할아버지께서 살림한다는 것을 보지 않아도 알 수 있다. 부엌 살림살이며 방 그리고 집 곳곳이 이루 말할 수 없을 정도로 지저분했단다. 그런데 서울에 사는 며느리에게 전화가 와서 받게 됐고, 자기가 알아서 음식도 해 드리고 청소도 해 드리는데 더 많은 걸 요구해서 너무나도 화가 났다고 했다.

자주 찾아오지 않은 며느리가 이런 일을 한다고 해서 자기를 무시하는 말을 하더라는 것이다. 그 며느리가 시아버지에서 전화해 일을 도우러 왔던 내 아내를 바꿔 달라고 하여 아내가 전화를 받아 보니 집 안 청소와 살림살이를 다 해 달라고 말을 했다는 것이다. 홀시아버지의 생활을 한 번 상상해 보면 많이 손이 가는데 이 일을 아내더러 해 달라고 하니 아내는 속으로 화가 많이 났다고 했다.

평소 아내는 밖에서 일어난 일에 대해 잘 이야기하지 않는 편이다. 그런데 이번 일에 대해 몹시 화가 난 모양이다. 사실 그만두라고 하고 싶지만 시작한 지 얼마 되지 않아 나는 아내를 위로했다. "세상에 살면서 별의별 사람이 다 있지. 이 일도 시작한 지 얼마 되지 않아서 그러니 이해하고 며느리에게 이렇게 말을 하도록 해 봐요." 아내는 무슨 말을 어떻게 하냐고 물었다. 나는 아내에게 이렇게 말을 했다. "며느님! 아버님은 국가에서 무료 지원 서비스를 받고 있습니다. 저는 짧은 시간만 와서 아버님의 건강 상태를 확인하고 간단한 가사 도우미 등을 해 드리고 있습니다. 며느님께서 요청하시는 부분을 충족하려면 가족이 경비를 부담하는 요양보호사를 채용하는 것이 좋습니다. 제가 할 수 있는 일은 해 드리도록 하겠습니다."

부모를 모시지 않는 자녀들에게 이러쿵저러쿵한들 결국 홀 시아버님만 나쁜 사람이 되기에 그냥 그녀의 말은 무시하라고 했다.

아내는 혹시라도 며느리가 다시 전화 올 것을 대비하여 답변을 연습했다고 했다. 그런데 전화는 오지 않고 아내가 일하는 기관에 전화하여 이러쿵저러쿵 이야기했다고 연락이 왔다. 그래서 아내는 무척 화가 났다고 했다. 며느리 시집살이까지 해야 하느냐며 쉽게 화가 가시지 않았다. 그러나 내 아내는 국가에서 하는 서비스라고 무작정 해 달라는 그 집 며느리 때문이 아니라 홀로 살고 계신 연로하신 시아버지의 처지를 생각하고 좀 더 따뜻하게 모시겠다고 했다.

시골 어머님도 요양보호 등급을 받아 요양보호사가 와서 잠깐잠깐 돌봐 주고 있는데 우리는 그분이 너무나도 고맙다. 말 한마디라도 조심하며 명절에는 작은 성의도 전달하곤 한다. 그러나 이 세상은 모두가 다 내 맘 같지가 않은 것 같다. 이렇게 한동안 아내는 많이 힘들어하기도 했지만, 지금은 씩씩하게 잘 다니고 있다. 내가 해 줄 수 있는 말은 세상에 살다 보면 이보다 더 많은 일이 있다는 위로 아닌 위로였다.

그 일로 나는 아내에게 한 가지 충고를 했다. 무슨 일을 하기 전에는 사전 상황을 사진 촬영을 하고 일을 끝마치면 다시 사진 촬영을 해 두라고 했다. 아내도 그렇게 하겠다고 했다. 나도 많은 민원인을 상대하고 있지만 다양한 민원인들도 참으로 많이 있다. 똑같은 서비스를 제공하면서 어떤 민원은 고맙다고 하면서 감사 인사까지 하는 민원이 있는가 하면, 그렇지 않은 민원도 많이 있다. 그럴 때마다 나 자신을 돌아보곤 한다. 내가 부족했기 때문에 그 민원인이 흡족하게 만족을 하지 못했다며 자기반성의 시간을 가져 보기도 한다.

올해 초에 있었던 일이다. 시골 땅에 나무를 심겠다고 나무를 사서 가져갔다. 그런데 나무 심을 밭에 그 마을에 살고 계신 지인이 작물을 심었다. 그래서 그만 나무 심을 시기를 놓쳤다. 농작물 수확이 끝났다고 어머님께서 연락하셔서 근무를 마치고 다음 날 혼자 차를 타고 시골에 갔다. 시골에 가던 중 몸 상태가 좋지 않았다. 열도 나고 힘이 쭉 빠지는 기분이 들었다. 점심을 급히 먹었는지 체를 하였다. 그날 근무를 마치고 쉬지 않고 오전에 강의를 마치고 급히 밥을 먹었던 것이 화근이었다.

 힘든 운전을 하고 집에 도착해 보니 어머님이 계시지 않았다. 방에서 혼자 잠을 자고 있는데 해가 져서야 어머님이 오셨다. 심심해서 마을 노인정에서 놀다가 왔다고 하셨다. 어머님은 무척 반가워하셨다. "연락이라도 하고 오지. 그러면 반찬이라도 만들어 놨을 텐데" 하면서 자식을 위해 무엇인가 해 줄 생각만 하고 계셨다.

 해가 져서 어머님을 모시고 나무를 심으러 갔다. 컨디션이 좋지 않았지만 해야 할 일이기에 힘든 몸을 이끌고 나무를 심었다. 심고 나니 뿌듯했다. 이 나무가 잘 자라주면 10년 뒤 퇴직하고 시골에 와서 이 나무 열매를 수확하면서 쉬고 싶다는 생각을 가져 보았다. 하지만 심고 나니 물이 없어 걱정이 이만저만이 아니었다. 제발 비라도 많이 내려 이 나무의 뿌리가 잘 내렸으면 하는 바람이라고 소원을 빌었다. 그리고 제발 그날 밤에 비라도 내렸으면 좋겠다고 했다. 그리고 어머님을 모시고 집으로 내려갔다. 몸을 씻고 곧장 방으로 들어와 누웠다. 잠시 후 어머님이 오셔서 내가 누워 있자 어디가 아프냐고 물었다. 괜찮다고 했지만, 허리의 통증 때문에 몹시 아팠다. 그러자 가까이 와서는 나의 허리 부위를 주물러 주셨다. 최근 들어 허리가 좋지 않았다고 하니 어머님께서는 크게 걱정을 하셨다.

"아프지 마라! 몸 관리도 하면서 일을 해야 한다."

당신 몸도 챙기기 어려운 어머님 앞에 나도 모르게 아프다고 하면서 방에 누워 있는 것이 어머님에게 걱정거리를 안겨 드렸다는 생각이 들었다. 하지만 허리가 너무 아파 염치없지만, 그냥 모른 척하면서 따뜻한 방에 누워 있었다. 내가 아프다고 저녁밥을 먹지 않았는데 어머님도 저녁 생각이 없다고 하시면서 같이 굶으셨다. 힘들어도 어머님과 함께 식사해야 하는데 어머님 앞이라고 해서 쉰 중반의 막내아들이 어리광을 피웠다.

어머님의 지나온 세월의 역사에 비하여 내가 사는 지금은 아무 것도 아닌데 나는 힘들다고 어머님께 어리광을 피웠다. 어머님의 거친 손으로 내 허리를 주물러 주었는데 금방 나은 것 같은 생각이 들었다. 나도 모르게 어머님이 내 몸을 만져주면서 마음속으로 우리 아들 아프지 않게 해 달라고 자식이 아프면 부모 마음도 아프다고 생각했을 것이다. 누워 있을 때는 어머님의 따뜻한 손길을 느꼈는데 잠에서 깨어보니 어머님은 한쪽에서 주무시고 계셨다. 간밤에 어머님이 내 허리를 주물러 주어서인지 아침에는 통증이 많이 사라진 느낌을 받았다. 어머님이 일어날까 봐 그대로 잠자리에서 일어나지 않았다.

그런데 그만 핸드폰 알람 소리에 어머님이 일어나셨다. 나도 그

때 일어난 척을 했다. 어머님은 제일 먼저 하신 말씀이 바로 몸은 좀 어떠냐는 것이었다. 간밤에 끙끙 앓아 걱정했다고 하셨다. 나는 어머님께 괜한 걱정을 하셨다고 했지만 한편으로 마음이 불편했다. 하지만 내 어머니이기 때문에 아파도 편했다. 그리고 어머님은 부엌으로 가서 무언가를 준비하고 계셨다. 허리 굽은 몸을 이끌고 부엌에서 양파를 썰어 넣고 맛있는 된장국을 끓이고 계셨다. 어렸을 때 먹어 본 그 된장국 냄새가 나의 식욕을 확 끄집어 당겼다.

어머님과 함께 된장국을 상에 올려놓고 아침 식사를 맛있게 먹었다. 어머님이 주시는 밥은 너무나 구수하고 정성이 가득 찬 밥상이었다. 식사량을 줄여야 하는데 시골만 오면 밥 두 공기가 기본이 되어 버렸다. 시골에 내려오면 하룻밤 자거나 그날 바로 가곤 했다. 어머님은 하루 더 자고 내일 가라고 했다. 아무것도 해 드리지 못한 자식인데 뭐가 그립고 아쉬운지 나를 잡고 싶어 하신 어머님! 그것은 바로 외로움이 아닐까 생각한다.

혼자 이 큰 집에 아무도 오가는 사람도 없이 사시고 마을 노인정에 가지 않으면 유일한 친구는 TV뿐이다. 그래서인지 한 번 내려가면 꼭 좀 더 쉬었다가 가라고 하신다. 다음 휴가 때에는 며칠 어머님과 함께 편히 쉬어 가겠다고 하고 어머님을 뒤로하고 고향을 떠나 집으로 왔다.

나도 자식을 키우다 보니 자식들이 아프면 너무나 마음이 아프다. 하지만 우리 자식들에게 고맙게 생각한다. 지금까지 자라면서 크게 아프지 않아 너무 감사할 따름이다. 모두가 건강하고 잘 먹는 우리 아이들을 보면 뭐든지 잘해 주고 싶어 한다. 이제는 딸아이들은 성인으로 자라 취직하여 자기 나름대로 최선을 다해 열심히 사는 모습이 너무나 고맙다. 내 소중한 자식들아. 아프지 말고 건강하게 살아다오. 너희들이 아프면 아빠, 엄마의 마음은 매우 속상하단다.

윌리엄 셰익스피어는 이렇게 말했다. "불행을 치유하는 약, 그것은 희망 이외는 없다." 희망이 있다는 것은 행복하다는 것이다.

올 어버이날에는 두 딸에게 선물을 받았다. 그리고 처가에 갔다. 두 딸들은 외할아버지, 외할머니에게 깜짝 이벤트를 하였다. 서울에서 떡 케이크를 주문하여 외할아버지, 외할머니에게 드리면서 "어릴 때 잘 키워주셔서 감사합니다" 하면서 사진도 찍고 용돈도 드리니 장인어른 장모님이 흐뭇해하셨다. 나는 추석, 설, 어버이날에는 외할아버지, 외할머니에게 조금이나마 용돈을 드리라고 시켰다. 우리 딸들이 취직 후부터 잘해주고 있어 너무나 고맙고 대견하다.

월급도 일부는 아내에게 보내면서 남은 돈을 가지고 생활하면서도 힘이 들지만 그래도 저축을 한다는 점에서 대견하다. 요즈음 젊은 친구들은 월급을 받으면 혼자 쓰기가 바쁘다고 한다. 월급 받아 명품 가방, 신발 구매에 정신이 없는데 내 딸들은 그렇지 않아 정말 고맙게 생각한다. 오늘도 중요하지만 내일 또한 중요하다는 것을 인지한다면 그렇게 돈을 함부로 사용하지 않고 계획 있게 사용할 것이다.

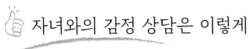
자녀와의 감정 상담은 이렇게

> 나 자신을 지배할 줄 아는 사람만이 남을 지배할 수 있다. 나 자신을
> 지배하려면 무엇보다도 침착해야 한다. 어떤 때 부닥치더라도 흥분하
> 지 말고 침착하라! 그러면 그대는 모든 사람을 지배하게 되리라.
>
> - 생쥐스트

당신의 아이를 어떻게 상담하고 있습니까?

아이의 활동이 최근 들어 너무 많아지고 있다는 것을 느끼고 있다. 학년이 올라갈 때마다 만나는 친구들도 많아지면서 학업에 대한 시간을 많이 빼앗기는 것이 사실이다. 그럴수록 부모는 자녀에 대한 걱정을 많이 하게 되는 것은 사실이다. 그러다 보니 어린 자녀와의 갈등이 자주 발생하기도 한다. 그 원인이 바로 학업, 또래 친구들과의 관계에 대한 갈등 문제라고 할 수 있고, 부모가 바쁘다는 핑계로 아이 혼자 있는 시간이 많다 보니 당연히 또래 친구들과 어울리는 시간은 많을 수밖에 없다.

사회가 변화되면서 많은 것들이 빠르게 움직이고 있는 것은 사실이다. 그렇다 보니 부모와 자녀의 관계 형성이 잘 이루어지지 못한 데서 오는 문제라고 볼 수 있다. 아이의 잘못에 대해 부모가 자녀에게 마구 화를 내거나 자기 감정대로 하는 행동들이 일상에서 반복되고 있다. 밤늦게 돌아다니는 자녀에 대해서는 무어라고 할까? 늦게 들어왔다고 혼내야 할까, 그렇지 않으면 그냥 두어야 할까? 가끔은 부모의 역할을 잘 수행하지 못한 사례로 자녀를 폭행하는 일로 경찰서에 신고되기도 한 적도 있다.

갈등의 근원은 어디인지 찾아보면 간단한 일이지만 우리는 그 근원을 찾기보다는 우선 당장 눈앞에 이루어지는 일에 대해 문제를 풀려고 하고 있다. 현재의 문제보다는 미래 어떤 문제가 예상되는지를 신중히 생각해 보면 다르게 판단할 것이다. 가출한 아이가 왜 집 밖에서 생활하는지를 찾아보면 이런저런 문제가 나올 수 있을 것이다.

가정불화의 문제로 가정폭력이 발생하거나 맞벌이 생활로 인해 부모가 집에 늦게 귀가하게 되면 아이들은 친구들과 밖에서 어울려 다니며 늦게 들어오기도 하고, 비행에 빠져 집에 귀가하지 않을 수도 있다. 이때 부모와 자녀 간의 갈등이 시작될 수 있다. 그럴 때마다 부모가 순간의 감정을 통제하지 못하면 또 다른 문제가 발생하기도 한다. 사랑하는 사람일수록 마음에 상처를 받을 수 있다는 것을 우리는 알면서도 그렇게 하지 못하고 있다. 그렇게 후회를 하면서 살아간다.

사람들은 바쁘다는 핑계 아닌 핑계를 대기도 한다. 자녀를 방임하는 것, 부모에게 효도하지 못하는 것, 작은 일에 신경 쓰지 못하는 것이 바쁘다는 핑계로 구렁이 담 넘어가듯 넘어가곤 한다.

우리 부부는 둘 다 일이 있어서 아이들이 주로 집에 많이 있었다. 어릴 때는 형제들과 잘 어울리면서 잘 자라지만 이제는 성인이 되어 모두 집을 나가고 지금은 늦둥이 아들만 집에 혼자 있으며 게임도 하면서 시간을 보내고 있다. 그리고 자기가 해야 하는 일도 알아서 잘해 걱정은 하지 않지만 그래도 부모의 마음은 그렇지 않다.

퇴근하고 집에 들어가면 아들은 책상에 앉아 게임을 하곤 한다. 처음에는 게임을 한다고 큰소리도 쳤지만 그럴 때마다 화가 나는 것이 나였다. 어른의 눈으로 보는 것이 다는 아니다. 아이들은 부모로부터 야단을 맞지 않으려고 자기 일을 다 한 다음 게임을 하지만 그렇지 않고 게임에 몰두하는 아이들 때문에 부모와 갈등이 고조되기도 한다. 어른들의 눈높이에서는 자기 할 일도 하지 않고 마냥 게임만 하는 줄 알고 화를 내면서 아이들과 대화를 단절하고 있다.

한 번은 아들에게 또 게임만 하느냐고 말을 한 적이 있다. 그러자 아들은 오늘 공부는 다 하고 놀고 있다고 하면서 문을 닫고 말았다. 그리고 그 뒤부터는 아이가 게임을 하고 있으면 내 눈을 다른 곳으로 돌리곤 한다. 그리고 한참 뒤 아들 방에 들어가 "오늘은 무슨 공부 했니? 학교생활은 어땠어?" 이런저런 이야기를 하곤 하였다. 가끔은 부모는 자식을 믿기도 하고 속아 넘어가기도 하는 것이 필요하다.

혼자 있다 보니 친구들과 게임을 하는 시간을 많이 가지면서 게임을 할 때 언어가 거칠고 큰 소리를 내는 모습을 보고 아들을 불렀다. "아들, 지금 누구와 말했어?"라고 물으면 친구들에게 하였다고 했다. "그런데 왜 욕을 하는 거야? 욕하지 않으면 안 되니?"라고 묻자 "욕하지 않았어요"라고 그랬다. "아빠가 들어보면 그것이 모두가 언어폭력인데 너는 어떻게 생각하니"라고 물으면 아들은 "아빠, 우리 친구들과 하는 말이에요"라고 했다. "친구들 사이에 그런 과격한 욕을 하면 되겠니? 앞으로 그런 욕 같은 언어는 사용하지 않았으면 좋겠다"라고 하면 "네" 하고 대답은 하지만 다음 날 또 마찬가지다. 이런 세상에서 아이들은 어떻게 잘 자랄 수 있을까? 걱정해 보지만 지금 아이들의 세계에서 사용되는 언어라고 하니 지켜볼 수밖에 없다.

나는 아이들을 키울 때 자유롭게 키우는 편이다. 스스로 자기의 일을 하도록 곁에서 지켜보았다. 이런 나를 곁에서 지켜본 사람들은 자녀들에게 너무 무관심한 게 아니냐고 한 적도 있었다. 나는 내 자녀들에 대해서는 많은 관심을 두고 있다. 하지만 자녀들을 힘들게 하면서까지 극성부리는 부모가 되고 싶지는 않다.

아이들을 이렇게 양육하다 보니 아이의 친구 엄마들은 우리 부부에게 이렇게 말을 했다. 아이가 친구들과 잘 놀고 지내는 것은 좋지만 부모가 잔소리 등을 하지 않는다는 이유로 자녀를 방임하면서 키운다고 말이다. 나는 이렇게 말을 하면서 넘어가기도 한다. 야생마처럼 키워야 사회에 잘 적응한다고 말이다. 이것 또한 나의 변명이라 할 수 있다. 그렇게 자란 지 벌써 15살이 되었다. 이제는 혼자 밥도 차려 먹고, 라면도 끓여 먹기도 하고 간단한 음식도 만들어 먹는다. 배가 고프면 무엇이든 찾아 먹을 줄 아는 아이가 되어 있었다.

이 세상에서 소중하지 않은 자식은 한 명도 없다. 하지만 마음은 오직 자식만을 생각하고 있는데 그렇지 못하는 것에 대해 한편으로 가슴 아프다. 하지만 우리 아이는 그렇다고 나쁜 행동을 하지는 않는다. 제 할 일을 해 놓고 가서 신나게 놀고 있는 모습을 보면 한편으로 대견하다고 생각해 본다. 부모의 욕심에 자녀의 작은 감정을 다치게 하는 것 또한 좋지 못한 행동이 아닐까 생각해 본다. 아이 스스로 할 수 있는 부분에 대해서는 스스로 할 수 있도록 지켜봐 주는 것이 필요하다.

요즈음 자녀 주변에 맴도는 헬리콥터 맘들이 많이 있다고 한다. 내 아이 주변에 무슨 문제는 일어나지 않는지 너무 걱정을 많이 한 나머지 아이들 주변을 떠나지 못한 부모들이 너무 많이 있어 참으로 걱정되기도 한다. 하나부터 열까지 부모가 다 챙겨주는 것도 좋지만 그것 또한 아이의 감정을 다치게 할 수 있다는 것을 부모들은 모르면서 살아가곤 한다.

부모는 자녀의 감정을 있는 그대로 자연스럽게 이해하고 받아 주어야 한다. 감정을 표현하는 방식인 행동에는 명확한 한계를 두고 그 안에서 좀 더 바람직한 방향으로 이끌어주는 것이 필요하다. 감정은 자연스러운 삶의 일부이다. 추운 날도 있고 더운 날도 있고 비 오는 날도 있으며 해가 쨍쨍 비추는 날도 있듯이 여러 가지 감정도 자연스러운 삶의 한 부분이다.

감정 상담은 일방적으로 어른의 말을 따르게 하는 것이 아니라 아이 스스로 문제 상황을 좀 더 넓게 보고 더 바람직하게 대처할 수 있는 방법을 만들어 주는 것이 더 중요하다. 아이가 숙제하면서 스스로 할 수 있도록 도와주면서 어려운 문제를 부모와 상의할 수 있는 부모의 여유로움이 필요하다. 저학년 때에는 부모가 숙제를 다 해 주지만 고학년에 올라갈수록 친구랑 같이 하거나 혼자 하는 경우가 더 많이 있다. 부모는 아이 곁에서 이유를 갖고 시켜 봐 주는 것이 필요하다. 부모의 의사대로 행동하는 것은 아이의 마음을 다치게 할 수 있다는 것을 알아야 한다.

나는 퇴근해서 돌아오면 아이와 함께 공부하였다. 아이는 나름 대로 숙제를 해 놓고 "아빠 다 했어요" 한다. 그럼 나는 당연히 이 렇게 말을 했다. "그럼 책 한 권 읽어야지?" 아이는 책을 꺼내 신속 하게 읽고는 빨리 내 방에서 나가려고 한다. 부모는 오랫동안 책상 에 앉아 책을 많이 읽기를 바라지만 아이의 생각은 다르다는 것을 알고 있다. 그렇다고 내가 아이에게 화를 내거나 큰 소리로 말을 한다면 아이 마음에 상처를 줄 수 있다. 아이는 나름대로 제 할 일 을 다 했기 때문에 휴식을 취하고 싶다는 것이다. 부모의 눈에서 보지 말고 아이의 눈에서 보는 습관을 길러야 한다. 큰 것에 대해 소중함을 느끼는 그것보다는 작은 것에 상처를 받을 수 있다는 것 에 대해 스스로 깨달아야 한다. 이것이 바로 상대방을 이해하고 존중해 주는 것이다.

아이 스스로 할 수 있는 분위기를 만들어 주는 것이 중요하지만 그렇지 못하면 부모의 도움이 필요하다. 아이를 위해서라도 집에 오면 TV 보는 것을 자제하고 아빠도 공부하는 모습을 아이에게 보 여 주고 일찍 집에 들어와 아이들과 함께하는 모습이 필요하다. 물 론 사회생활을 하다 보면 늦게 들어오는 시간도 있지만 그래도 아이가 부모의 사랑이 필요할 때에는 아이의 곁에 있어 주는 것이 중요하다.

어릴 때 아빠가 책을 보는 모습을 보면 아이도 따라서 한다고 하는 말도 있다. 아이의 눈은 정확하다. 아빠의 바르지 못한 행동을 보고 자란 아이가 성장해서 바르지 못한 행동을 하는 것은 당연한 일이다.

바르지 못한 청소년들을 보면 부모의 잘못이 크다고 생각한다. 늦은 시간 술 먹는 나쁜 행동을 곁에서 지켜보는 아이들은 자라면서 그것을 그대로 답습을 한다고 해도 틀린 말은 아니다. 물론 처음부터 부모가 아이의 행동에 대해 방관만 하지 않았을 것이다. 아이의 잦은 잘못으로 가끔은 부모가 양육을 포기하는 때도 있지만 그것은 잘못된 행동이다. 부모는 아이가 잘못된 일이 무엇인지 그리고 왜 그런 행동을 했는지를 함께 찾아보고 해결하는 것이 중요하다. 아이가 말썽을 부린다고 부모의 역할을 포기한다는 것은 잘못된 행동이다. 요즘 들어 자식이 부모 말을 잘 듣지 않는 일도 있지만 그렇다고 부모가 포기해 버린다면 그들 또한 자식을 버리는 행동이다. 그럴수록 부모의 강인함을 보여 주어야 한다.

사회적 문제 중 하나인 청소년들의 비행 문제 또한 풀기 힘든 과제임은 틀림없다. 대통령도 청소년들의 비행 문제를 해결하기 위해 큰 노력을 하고 있지만, 그것은 결코 쉬운 일이 아니다.

성격은 내적 요인과 외적 요인으로 구분된다. 한 개인이 선천적인 영향을 받고 환경에 적응하면서 비교적 일관성 있게 나타나는 개인의 독특한 행동 및 사고 양식이다. 한 개체만이 갖는 천부적 특성, 개체의 항상성 유지 기능에 따라 적응하려는 행동치 등을 포괄하는 개념이라 할 수 있다.

아이의 성장에는 유전적인 요인과 환경적인 요인이 영향을 미친다. 유전적인 요인은 개인이 출생부터 지니는 체격, 기질, 지능, 신체적 특질, 생리적 구조, 운동 능력이 있다. 환경적 요인으로는 가정환경, 학교, 사회 또는 문화가 있다. 가정 환경요인으로는 부모의 특성과 양육방식, 부모의 모형화가 있으며 그 외에도 가정의 크기와 형태, 사회·경제적 배경, 형제 수, 출생 순위, 형제 관계, 부부 사이의 관계, 가정의 전체적 분위기가 있다.

자녀 양육 중 인과응보적인 양육 방식을 취하면 아이는 의존심이 강하며 독립심이 없고 신경질적으로 자란다. 반면에 통제적이고 권위적인 양육 방식을 취하면 순종적이고 책임감이 강하며 예의는 바르나 매사에 자신이 없고 자발성이 부족한 소극적인 성격을 형성시킨다. 또, 학교에서는 청소년 비행과 관련하여 또래 집단의 영향이 크기 때문에 또래 집단에 대한 부모의 관심이 필요하다. 마지막으로 사회·문화적으로는 자녀가 살아가는 시대와 자녀가 속한 사회·문화가 지니는 규범은 개인의 성격 형성에 큰 영향을 미친다. 자녀의 양육과 상담에서는 유전적인 요인과 환경적인 요인이 중요하기 때문에 부모의 역할이 더 중요하다.

아이의 올바른 성장을 위해서는 부모의 바른 행동이 꼭 필요하다. 아이와 함께하는 시간, 아이를 위한 교육 등이 절실히 요구되며, 내 아이를 올바르게 교육하고 싶다면 부모가 먼저 바뀌어야 한다. 가정이 바로 서야만 학교 교육 그리고 사회화 교육이 잘 이루어지는 것이다.

힘이 들수록 부모의 역할을 잘해야 하며, 가정에서는 부모의 위치가 바로 서야 하고, 자식은 부모를 공경하고 부모는 자식을 애정으로 키워나가는 것이 중요하다. 자녀에 대한 올바른 상담은 자녀의 처지에서 생각해 보는 것이 중요하다. 부모이기에 모든 것이 옳다고는 할 수 없다. 부모도 가끔은 자녀들 앞에서 실수할 수 있다는 것을 명심하고 다시는 그 실수가 반복되지 않도록 하여야 한다.

화가 난다고 화난 목소리로 자녀를 훈육하는 것은 바람직하지 못한 행동이다. 자녀를 올바르게 지도하기 위해서는 서로에게 존중과 배려가 필요하다. 그러기 위해서는 부모와 자식 간의 관계는 상하 관계가 아닌 서로 존중하는 관계라는 것을 알아야 한다. 상대방을 존중한다면 모든 것이 쉽게 풀릴 수 있다. 오늘부터 아버지의 위치가 어디인지, 자식의 위치가 어디인지를 찾아보는 좋은 시간이 되었으면 한다. 부모와 자식은 머리에서 생각하고 가슴으로 이해하고 입으로 표현하고 손발로 행동하는 것이다.

자식을 위한 감정 상담은 상대의 눈을 보며 상대의 마음은 어떤지 그리고 상대의 생각을 천천히 느껴 보는 것이다.

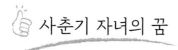 사춘기 자녀의 꿈

사랑스러운 눈을 갖고 싶으면 사람들에게서 좋은 점을 보아라. 아름다운 입술을 갖고 싶으면 친절한 말을 하라. 날씬한 몸매를 갖고 싶으면 너의 음식을 배고픈 사람에게 나누어라. 아름다운 머리카락을 갖고 싶으면 하루에 한 번 어린이가 손가락으로 너의 머리를 쓰다듬게 하라.

- 오드리 헵번

사춘기 자녀에 대해 얼마나 알고 있을까?

사춘기는 청소년기를 알리는 지표로 생물학적인 생식능력을 갖추게 됨으로써 성인으로의 발달이 시작되는 것을 의미한다. 사춘기는 청소년기의 일부분이기에 사춘기가 끝나더라도 청소년기는 계속된다. 사춘기의 나이는 11세부터 성인의 법정 나이인 20세까지로 사회적 성인의 책임 및 지위, 역할을 지니지 못한 시기라고 할 수 있다.

청소년 시기는 성행동 발달에 중요한 시기이며 청소년 시기에 올바른 성 역할과 성적 정체성을 갖지 않는다면 잘못된 성적인 행동을 할 수 있다. 청소년 시기에 건전한 성 의식을 발달시키는 것이 중요하다. 사춘기는 성장이 가속화되는 성장 급등기로 생식기관, 신장, 체중, 근육, 골격, 사고, 얼굴 등 전반에 걸쳐 변화가 일어나는 시기이다. 또, 성적 성숙은 제2차 성징의 변화로 시작된다.

이 시기의 심리적 특성을 보면 신체적 성장과 성적 성숙으로 인해 청소년들은 신체적 매력과 신체상에 관심을 끌게 되고, 또래 친구, 대중매체의 기준과 기대를 반영한다. 또, 조숙과 만숙에 대한 청소년들의 지각도 사회·문화적 기대나 편견에 의해 영향을 받기도 한다. 그리고 행동적 특성을 보면 사춘기 시기에는 공격성과 충동성이 증가하는 것으로 이 시기의 청소년들은 가리지 않고 거친 행동이나 욕설을 퍼붓기도 하고 언제든지 싸울 태세를 갖추고 있다는 것을 알아야 한다.

서구 문화 속에서 청소년은 전통적으로 10대라는 용어와 동일시되어 사용됐다. 프랑스에서는 레드 부솔(불평, 불만 주의자), 일본에서는 신인류, 우리나라에서는 미성년, 젊은이, 신세대 등 매우 다양하게 불리고 있었다. 우리가 잘 알고 있는 X세대라는 말의 유래는 캐나다의 더글라스 쿠플랜드(Douglas Coupland)의 장편소설에서 시작되었다. 국내에서는 X세대라는 용어가 1993년 11월 23일 방송 3사의 전파를 통해 처음으로 일제히 안방에 침투한 아모레에서 내놓은 신세대 화장품 '트윈엑스'라는 새로운 광고를 통해 알려졌다.

Y세대는 보험회사 푸르덴셜사가 미국 청소년들을 대상으로 벌인 지역사회 봉사활동 실태조사 보고서에 처음으로 사용했다. 유행에 민감하고 편협한 소비성을 지닌 세대여서 기업의 마케팅 전략 차원에서 X세대라는 말을 버리고 Y세대라는 새로운 이름이 붙여졌다.

Z세대란 알파벳의 마지막 글자인 Z를 사용하여 20세기 마지막 세대라는 뜻을 담고 있다. Z세대는 X와 Y 다음 세대로 소비시장에 막대한 영향을 끼치는 8~14세의 어린이와 청소년 사이의 연령층을 말한다. Z세대의 특징은 인터넷을 사용해 이메일과 실시간 채팅으로 친구들과 대화하며, 인터넷 게임과 랩 음악을 좋아하며 헐렁한 힙합 의상을 즐겨 입었던 시대이다. Z세대에 함유하기 위해서 어른들도 Z세대의 의상을 따라 입기도 하였다. 지금 가정의 장롱에 진열된 옷을 한 번 찾아보면 유행에 따라가는 의상들도 있을 것이다.

N세대란 넷 제너레이션(Net Generation)을 줄인 것으로, 인터넷이라는 말로 그들을 대표할 수 있다. 나이를 기준으로 할 때는 20세를 전후한 신세대를 지칭한다. 미국의 저명한 미래학자 돈 탭스콧(Don Tapscott)은 『세대의 무서운 아이들』이라는 책을 통해서 N세대의 특성을 10가지로 규정하였다. 극단적인 독립심, 감성적·지적 개방성, 포용성, 자유로운 표현과 강한 주장, 혁신, 성숙하기 위한

열정, 탐구심, 성급함, 기억적 이익에 대한 민감성, 사실 확인과 신뢰이다.

또, M세대는 이동통신의 발달로 움직이면서 이메일을 주고받는 세대로 휴대전화기로 전자우편을 보내고, 주식 시세도 알아보는 등 모바일 컴퓨팅을 활용한다는 뜻에서 일부 학자나 전문가들이 이렇게 부르기 시작했다. C세대는 컴퓨터 보급으로 사이버에 익숙해진 신세대를 가리키는 말이다. G세대는 푸른색을 뜻하는 Green과 세계화를 뜻하는 Global의 영어 첫 문자에서 따 온 것으로 건강하고 적극적이며 세계화한 미래 지향적인 젊은 세대를 나타낸다.

W세대는 2002년 한일 월드컵을 통하여 나타난 세대이다. W의 정체성을 규정하기는 쉽지 않다. W세대는 응원할 때는 열심히 응원하고, 응원이 끝난 다음에는 쓰레기를 스스로 치우고, 우리 팀만 응원해 주는 것이 아니고, 잘 싸운 상대 팀도 응원해 주었다. 참으로 아름다운 스포츠맨 정신이다.

P세대는 참여, 열정, 힘에서 따 온 것이다. 그런데 사회에 대한 적극적 참여와 열정, 힘을 겸비하고 있다는 P세대는 이전 세대의 상징들과는 조금은 다른 특징을 가지고 있다. X세대는 자유분방한 가치관을 따르고 있고, N세대와 M세대, Z세대는 인터넷, 컴퓨

터, 휴대전화, 유행과 대중문화에 대한 선호도를 갖고 있고, C세대는 마니아적 특성을 주요 특징으로 한다는 면에서 특정 연령층에 한정할 수밖에 없다. U세대는 휴대전화나 인터넷으로 언제, 어디서나 정보를 공유하면서 서로의 존재를 확인하고, 또 이를 통해 삶의 가치를 찾는다는 측면에서 유비쿼터스 세대를 의미한다. 최근에는 일부 기성세대들도 동참하고 있지만 아직은 10~20대가 주를 이루고 있다. U세대의 상당수는 결혼에 얽매이지 않고, 사랑에 있어서 당당하고 큰 목소리를 낸다. 그럴 뿐만 아니라 U세대는 월드컵 때 광화문 응원, 촛불시위, 대선과 총선 등을 거치면서 젊고 패기만만하며, 겁 없는 신세대의 이미지를 넘어서 정치 현실과 사회 현실의 문제 제기와 함께 변화의 주역으로 등장하였다. 이뿐 아니다. 디지털 노마드, Na세대, 유비노마드세대, NeoW세대도 있다.

사춘기 자녀들의 고민은 이뿐만이 아니다. 학업 및 진로 문제는 청소년기의 가장 큰 고민 중 하나로 모든 청소년이 직면하고 해결해야 하는 중요한 과제이다. 나는 청소년들의 진로에 관심을 많이 두고 있다. 에니어그램, MBTI 공부를 한 적이 있다. MBTI를 공부할 때 내 아이를 검사해 보았다. 우리나라에서는 초등학생 4학년부터 가능한 MMTIC가 있고, 중학교 이상부터 가능한 MBTI로 나누어 실시할 수 있다. 이해력이 조금 부족하면 낮은 단계에서 실시해도 된다. 초등학교 4학년 때 MMTIC을 검사해 보고 6학년 때 MBTI를 검사해 본 결과 ENTP의 성격이 나왔다.

MBTI 검사는 융의 심리유형 이론을 근거로 캐서린 브릭스 외 이사벨 마이어스, 피터 마이어스까지 3대에 걸쳐 70년 동안 연구·개발된 비진단성 성격유형 검사이다. 사람들을 4가지 척도에 근거하여 16가지 성격유형으로 분류하고 있다. 에너지의 방향이 외향과 내향을 구분하고 인식기능을 감각과 직관, 판단기능을 사고와 감정 그리고 생활양식을 판단과 인식으로 구분한다.[1]

아들을 검사한 결과 ENFP 스파크형의 성격이 나왔다. 우리 가족 모두 검사한 결과 아내는 ESFJ 친선 도모형, 큰딸은 ESFP 사교적인 유형, 작은딸은 ENFP 스파크형, 나는 ENTP 수완 좋은 활동가형으로 나타났다. 우리 가족의 에너지 방향은 모두 외향형이면서 내향적인 성격을 지니고 있다.

아들의 성격은 활발하고 상상력이 뛰어나며 넉살도 좋고 친구들과 어울려 노는 것을 좋아한다. 어린이집에 다닐 때 우리 부부가 바쁘면 장인어른께서 좀 봐 주시기도 하였다. 3살 먹은 아들은 장인어른께서 어린이집에서 배운 것을 한번 해보라고 하면 "누워서 식은 죽 먹기예요"라는 말을 했다고 한다. 장인, 장모님께서는 그 말씀 하시면서 웃었다고 하였다. 뜻을 알고 그런 말을 하였는지 모르지만 아들이 어릴 때 어휘력은 상당히 풍부했고 말을 잘하며 어른스러웠다.

---

1) 김정택·심혜숙 공저, 『16가지 성격유형의 특성』, 어세스타, 2007.

어릴 때는 몰랐는데 자라면서 아이는 논리적으로 자기 의견을 주장하고 자신의 잘못되는 행동이나 말에 대해 끝까지 자기주장을 항변하기도 하였다. 그래서 초등학교 다닐 때는 3월 반장을 제일 먼저 하였다. 그리고 5학년 때는 전교 부회장을 했고 6학년 때는 전교 어린이회장까지도 하였다. 중학교에 와서는 이제는 하기 싫다고 하지만 3학년 때에는 전교 학생회장을 한 번 하겠다고 했다.

아들이 하겠다고 하니 한편으로 기분이 좋았다. 무엇이든 긍정적으로 생각하는 아들이 대견스러웠다. 'No'라는 말보다는 'Yes'라는 긍정적인 생각을 하고 살아갈 수만 있다면 정말로 걱정할 게 없다.

친구 관계에서는 놀기를 좋아하고 친구들과 잘 어울리며 친구들을 많이 데리고 집에 오는 경우가 많았다. 그래도 우리 부부는 아들 친구들이 금요일 저녁에 오면 토요일, 일요일 오후에 각자의 집으로 갈 때까지 음식을 해 주기도 하였다. 그런 와중에서도 나의 교육 철학을 자녀들에게 안내해 주기로 하였다. 잘못된 행동이 어른이 되어서는 쉽게 고칠 수 없으며, 많은 것을 후회하기도 한다. 살아가면서 무엇이든 해야 한다. 그리고 도전 정신이 필요하다. 힘들다고 포기하지 말고 지금은 힘들고 귀찮지만, 이 시기를 넘기면 내가 행복해질 수 있다는 것이다. 그래서 나는 조금 일찍 배우고 그것을 현실에서 적용하는 그런 사람이 되고 싶다. 남들이 다 한 다음 따라서 하기는 싫다. 항상 새로운 것에 도전하고 싶은 것이

나의 교육 철학이다.

아들이 중학교에 입학해서는 "아빠 내 직업을 찾았어요"라고 했다. "그래, 무슨 일을 하면서 살 거니?"라고 묻자 "체육 선생님이 될 거예요"라고 했다. "왜 체육 선생님이 되고 싶니?"라고 물어보니 "선생님 중에 체육 선생님이 그나마 좀 편할 것 같아서요"라는 것이다. 그래, 무엇이 되든 지금 하겠다는 것이 중요하다. 꿈이 없는 것보다는 있는 것에 대해 감사한 마음으로 지지해 주었다.

1학년을 마치고 2학년이 되어 아들은 나에게 "아빠, 직업이 바뀌었는데요"라고 했다. "그래 무엇으로 바뀌었니?"라고 묻자 아들은 "강력 형사가 되고 싶어요. 그러기 위해선 경찰대학을 가고 싶어요. 그래서 국어, 영어, 수학이 중요하다고 해서 열심히 해보려고요"라고 했다. 그래서 열심히 해 보라고 했다. 언제 또 꿈이 바뀔지 모르지만 나름대로 생각을 해 보고 하겠다고 한다면 도와주는 것이 부모의 마음이라 생각한다. 무슨 일을 하든 재미있고 가치 있는 일을 하여야 한다고 나는 생각한다. 아들이 자라서 직업을 선택할 때는 한 개의 직업으로 평생 살 수는 없다. 처음 선택한 직업에서 유사한 직업으로 바뀌어 갈 수 있는 능력을 길러야 할 것이다.

내 부모는 내가 어떤 일을 하면서 살았으면 좋을지 고민은 해 보았을까? 아니, 생각할 여유도 없이 하루하루를 살아가는 것이 바쁘고 힘들었을 것이다. 하지만 내가 선택하고 결정한 직업인 만큼 마음으로 걱정하면서 살았을 것이다. 어머니가 살아생전 교통사고 나거나, 다치는 모습을 볼 때 늘 전화를 해 걱정을 하셨다. 부모는 말로 표현을 하지 않지만, 마음속으로 항상 자식 걱정을 하며 사셨을 것이다. 그 마음 덕분에 내가 지금 이 자리에 살고 있지 않나 생각한다. 나도 내 자식에게 이런 마음이지만 그래도 말로 표현을 해 주고, 직업을 선택할 수 있도록 많은 정보를 제공하고 함께 이야기를 나누며 직업을 선택할 수 있도록 도와주어야겠다고 생각하고 있다.

사춘기 자녀를 키우고 있는 우리 아버지의 마음은 아무 탈 없이 이 시기를 잘 넘어가기를 바랄 뿐이다. 혹시 친구들과 어울려 다니면서 비행을 하지 않는지, 늦게 들어오면 혹시 무슨 일이 일어나지 않았는지 근심, 걱정을 하면서 살고 있다. 이런 근심, 걱정을 하지 않고 살 수 있도록 자식들이 부모의 마음을 이해하고 일찍 귀가하고 착하게 자라 주었으면 좋겠다. 나는 아직 내 자식의 올바른 행동에 항상 감사하면서 살고 있다.

제2부

사춘기
자녀와 동행

가족을 위한 작은 배려

> 가장 행복한 순간일 때 사실은 바로 그 옆 가장 가까이에 불행이 엎드려 있다. 가장 불행한 순간이야말로 행복이 깃들 수 있는 하나의 터전이다. 행복에 치우칠 때 곧 불행이 가까이 있고, 불행에 치우칠 때 또한 행복이 가까이 있는 것이다.
>
> - 노자

사과를 깎을 때 칼로 '탁' 치는 이유는 무엇일까?

병원에서 주사를 맞을 때 간호사가 손으로 엉덩이를 '탁' 때리는 이유는 무슨 의미일까? 그건 상대방이 놀라지 말라는 작은 배려, 지금 주사를 놓을 거라는 신호라 할 수 있다.

나는 내 가족과 이웃 그리고 직장에서 함께하는 사람에게 얼마나 배려를 하며 살고 있을까? 세상에 가족을 배려하지 못하면서 힘들게 사는 한 가정이 있다. 철모르는 학창 시절에 둘은 사랑의 의미를 일찍 알고 서로 사귀었을까, 아니면 어른들을 보고 아무런 생각 없이 서로 좋아했을까? 계획도 없이 그냥 서로를 좋아했고 그러다가 아빠, 엄마가 되는 일도 있을 것이다. 참으로 힘들게 살 았던 사람을 만난 적이 있다.

그 당시 아빠는 공익 요원이며 엄마는 아무런 일도 하지 않고 집 에서 생활하고 있었다. 집도 부모님의 집에 7명이 함께 생활하고 있었고 부모는 자식과의 관계가 원만하지 않아 직장 근처에서 살 고 있었다. 아들은 학창 시절부터 자살 시도를 해와서 자해 흔적 이 목과 손 부위에 세월의 흔적만큼 심각했다.

세월이 흘러 몇 년이 흐른 뒤 나에게 연락이 왔다. 남편이 아내 를 때렸다는 내용이었다. 유흥주점에서 아내는 지나가는 여자와 시비가 붙어 여자의 얼굴에 상처를 입혔다고 하였다. 그리고 며칠 뒤 새벽 4시 아내로부터 칼에 찔렸다. 또, 며칠 뒤 길거리에서 남편 이 아내를 때린다고 지나가는 사람이 신고했다. 도대체 몇 년 뒤 이 가정에 얼마나 아픈 상처만을 안고 살고 있었을까? 이렇게 상 처투성이인 이 가정에는 도대체 무슨 사연이 있기에 이렇게 힘든 삶을 살아야만 할까?

이 사람을 처음 만난 것은 그가 고2 때이다. 새벽 3시 편의점 앞 에서 지나가는 사람과 싸운 뒤 자기 자신을 통제하지 못하고 병을 깨어 자기 목을 자해하고 가족에게 연락하여도 연락이 되지 않아 병원에 후송 조치한 다음 가족과 통화가 되어 한참 뒤 어머니만 오셨다. 그 이후 5년 뒤의 모습이 바로 이 모습이었다. 전혀 변화되지 않은 모습이었다. 5년의 세월이 지난 후 이 가정은 정말 힘든 가정환경 속에서 4살 아들 그리고 2살 딸이 태어나 4명이 한 가정을 이루며 살고 있었다. 최근 내가 처리한 사건만 해도 두 달 사이에 4건의 가정폭력 사건인데 5년 동안 이 가정의 생활이 어떠했을까? 두 달 사이 이런 일이 발생했는데 과거 4년 동안의 생활에 관해 이야기를 들어보니 상상도 할 수 없을 정도의 힘든 생활을 살았다고 하였다.

내가 집에 가서 보니 아내의 얼굴은 엉망이었다. 여기저기 상처투성이였다. 머리는 한 줌 빠져 바닥에 뒹굴고 있으며 방안에는 여기저기 가정 살림살이가 흩트러져 있었으며 부모님은 계시지 않았다. 정말로 이 가정의 상태는 심하게 표현하면 눈으로 볼 수 없을 정도였다. 깨진 병 조각, 엎어진 밥상, 엉망이 되어 버린 화장대. 그 상황에서도 아이는 엄마를 찾아다니다가 깨진 유리 조각에 발이 찔려 피가 흐르고 있었다. 나는 화장지를 이용하여 아이의 발을 닦아주면서 아이의 엄마를 병원에 후송한 뒤 쉼터로 안내하려 했지만 가지 않겠다고 했다. 유일하게 연락하고 지내던 친정어머니와 연락이 되었지만, 친정어머니도 이제는 관여하지 않겠다고 하면서 오지는 않겠다고 하였다. 얼마나 힘들었으면 하나밖에 없는 핏줄인 딸의 전화도 끊어 버릴까? 이해는 되지만 지금 상황이 급하다고 하여도 오지 않겠다고 하였다.

남편도 갈 곳이 없는 상황이었지만 어렵게 삼촌과 연락이 되어 삼촌에게 인계하고 집에는 아내와 아이만 두게 되었다. 생각만 해도 참으로 힘든 가정이었다. 책임질 준비도 되지 않는 상태에서 부모, 남편이 되어버려 힘겨운 삶을 살아간다는 것이 이들 부모로서는 엄청 어려운 일이었다. 도대체 누가 누구를 보호할 수 있을까? 자식으로 해야 할 도리도 못 하고, 부모 역할도 제대로 하지 못한 이 가정을 어떻게 하면 좋을까? 답답한 심정이었다.

배려라고는 찾아볼 수 없을 정도의 이 가정의 아픈 상처야말로 참으로 가슴 아프다. 왜 이 두 사람은 어린 나이에 서로 만나 아무런 계획 없이 아이를 낳아 키우고 있을까? 직업도 없이 어머니로부터 생활비를 얻어 살아가고 있는 이 부부의 삶은 과연 어떻게 될 것인가? 너무 답답하였다. 이 부부도 문제이지만 불쌍한 아이들의 아픈 상처는 어떻게 보상받을 수 있을까? 이 아이들의 정서적인 안정이 필요하다. 어린 나이에 부모로부터 사랑을 받고 자라도 부족한 시기에 이런 환경 속에서 어린 나이에 마음의 상처를 받고 자란 아이들의 미래는 어떻게 될까?

이 이이들에게 가장 우선시되어야 하는 것은 아이의 정서적 지원을 위해 관계기관의 도움을 받는 것이었다. 그런데 그것마저 하지 않겠다는 어머니의 태도는 무지함이 극치를 달리고 있었다. 아무것도 하지 못하면서 아이들을 키우겠다고 하는 것은 잘못된 생각이다. 이 가정을 그대로 놔두는 것이 좋은지, 이 가정을 해체해야 하는지 도저히 알 수가 없다. 내가 할 수 있다면 이들 부부에 대한 정신적, 육체적으로 힘든 상황을 해결하기 위해서는 주변인의 도움이 필요하다. 이 부부와 아이들을 분리하여 정서적으로 치유해야 한다고 생각한다.

그리고 어느 정도 가정이 안정되면 엄마와 아이들의 정서적인 지원이 필요하고, 부부의 인연이 끊어지지 않는다면 부부로서의 예절과 자녀의 양육에 대한 교육이 절실하게 요구되어야 한다. 서로에 대한 예의와 자녀 양육에 필요한 기본적인 소양이 꼭 이루어져야 한다. 아무런 계획 없이 하는 결혼은 한 번쯤 생각해 보아야 할 것이다. 그래서 요즈음 청춘 남녀들이 결혼에 대해 깊이 생각하느라 결혼을 쉽게 결정하지 못하는 것도 이해는 된다.

내가 이 가정을 위해 마지막으로 해 줄 수 있는 말은 아이의 엄마로 살고 싶으면 엄마로서의 새로운 삶을 찾으라는 말이었다. 남편 폭행을 참고 산다는 것은 옳지 않은 생각이다. 그리고 세상에 모든 사람이 이 부부처럼 서로에게 상처를 주면서 살지는 않는다. 다른 부부의 삶을 보고 배우면서 살아야 한다. 처음 사랑할 때처럼 그러기 위해서는 서로에 대한 배려와 존경하는 연습이 필요하다. 지금부터 첫 단추부터 잘 끼워야 한다. 비록 마음의 상처를 받았지만 포기하지 말고 스스로 치유할 수 있는 방법을 찾아야 한다. 위기가 기회라는 말이 있다. 아직은 젊다는 것을 기회로 삼고 새롭게 출발해야 한다. 하지만 반복되는 불행을 하지 말아야 한다.

이 젊은 사람들은 아무것도 모르고 한순간 가출로 만나 통제할 수 없는 행동들에 돌이킬 수 없는 상처만 남기고 살아가고 있었다. 이렇게 안타까운 부부의 세계를 볼 때 너무나 가슴이 아팠다. 이렇게 되기까지는 본인들의 잘못도 있었을 것이고 부모님의 관심 부족도 원인이 되었을 것이다.

우리도 마찬가지다. 결혼을 하였지만 가끔은 싸우기도 하면서 살아가고 있다. 하지만 결혼할 나이가 돼서 서로를 책임질 수 있다는 신념이 있어야 결혼을 하는 것이다. 그렇게 믿을 수 있는 과정이 중요하다. 결혼은 상대방의 잘못에 대해 용서하고, 서로를 배려하면서 아껴주는 마음이 필요하다. 결혼율보다 이혼율이 높으면 이 사회는 어떤 사회로 변할까? 정말 결혼율이 늘고 이혼율이 낮은 그런 행복한 세상에서 서로를 아끼고 살아갔으면 한다.

남을 배려하는 것은 자기 자신을 낮추고 상대방을 존중해 주는 것이다. 작은 일을 소중히 여기며 서로의 아픔을 감싸주고 함께 이겨내는 것이 바로 배려다. 가정에서의 가족으로 살면서 가장 중요한 덕목은 바로 배려.

우리는 살아가면서 상대방을 배려하는 마음이 부족한 것은 사실이다. 살아가면서 내 생각만 하고 상대의 생각은 뒷전일 때가 많이 있다. 나 자신을 사랑하고 나를 믿음으로써 상대를 신뢰하게 되고 배려하는 마음도 생기는 것 같다. 자기 자신도 믿지 못하고 사랑하지 않으면 상대방도 신뢰할 수 없다.

작은 도시에 있는 작은 대학 입학 허가서를 받고도 학비를 마련하기 위해서 일자리를 찾아 나선 한 청년이 동네에서 가까운 곳에 있는 온실 재배 농장의 현장 감독이 그 사정을 듣고서 그곳에다 일자리를 마련해 주었다. 농장의 인부들은 점심시간이 되면 농장 한편에 있는 커다란 나무 아래에 둘러앉아서 점심을 먹었지만, 형편이 어려워서 점심을 싸 오지 못한 그는 조금 떨어진 다른 나무 그늘 밑에서 점심시간을 보내고 있었다.

그런데 그때 현장 감독의 투덜거리는 소리가 들렸다. "젠장, 이놈의 마누라가 나를 코끼리로 아나? 이렇게 많은 걸 어떻게 다 먹으라고 싸준 거야? 이봐! 누구 이 샌드위치와 케이크 좀 먹어 줄 사람 없어?" 그리하여 현장 감독이 내미는 샌드위치와 케이크로 배를 채울 수 있었다. 현장 감독의 불평 섞인 하소연은 매일 이어졌고 그 덕분에 그는 점심때마다 맛있는 식사를 할 수 있었다. 봉급날 그는 급료를 받기 위해 사무실로 들어갔고, 급료를 받고 나오면서, 그곳의 경리 직원에게 "현장 감독님께 감사의 말씀을 전해주십시오. 그리고 감독님 부인의 샌드위치도 정말로 맛이 있었다고 전해 주십시오"라고 했다. 그러자 경리 직원은 놀란 눈으로 이렇게 되물었다. "부인이라니요? 감독님의 부인은 5년 전에 돌아가셨는데요."

감독님은 혼자 살고 계신다고 했다. 부인을 그리워하면서. 진정한 배려, 그것은 내가 하는 일을 자랑하거나 나타내지 않기에 상대방을 불쾌하거나 부담스럽게 만들지 않는다. 그래서 그 감동은 오랫동안 잊히지 않는 것이다.

배려라는 것은 아주 작은 일에서부터 시작되는 것이다. 운전할 때 상대방을 위한 작은 배려를 잘 지키고 있는가? 앞차의 잘못으로 급제동하거나 교차로에서 사고가 발생할 때 과연 얼마나 상대방을 배려하는가? 대부분 사람이 상대방의 입장에서가 아니라 내 입장에서의 감정표현을 한다.

친구가 나에게 페이스북으로 동영상 한 편을 보내왔다. 외국에서 신호를 기다리고 있는 사람들 가운데 목발을 짚고 다니는 장애인이 손에는 사과가 들린 봉지를 들고 건널목 앞에서 신호를 기다리고 있었다. 잠시 후 보행 등 신호가 바뀌면서 많은 사람은 자기의 갈 길을 힘차게 걸어가고 있었다. 목발을 짚은 장애인도 그들의 대열에 끼어 건널목을 걷고 있었다.

모든 사람이 건널목 중간을 넘어가는데 이 장애인은 남보다 뒤처졌고 손에 들고 있는 사과 봉지가 땅에 떨어져 사과가 이리저리 굴러가고 있었다. 장애인은 아무것도 할 수 없었다. 건널목 한복판에서 잠시 멈췄다 도로 위를 굴러가는 사과를 본 뒤 미련을 남기고 걷고 있었는데 갑자기 건널목 불이 꺼지면서 신호대기하고 있는 차 안에서 운전자들이 한 명 두 명 창문을 열고 자기 앞에 떨어져 뒹굴고 있는 사과를 주워서 사과 봉지를 다 넣어 건네 주었다. 그리고 한 발 한 발 건널목을 걸어갔다.

건널목을 통과하자 그때야 신호등 불이 들어왔다. 알고 보니 건너편에서 신호기를 조작하는 경찰관이 그 모습을 보고 신호등을 멈췄다. 서로를 배려하는 마음이 없었다면 현장에 있던 수많은 운전자는 화를 내거나 큰소리를 치며 경찰을 비난했을 것이다.

그러나 어려울수록 상대방을 배려해야겠다는 작은 마음이 이토록 큰 실천을 만든 것이다. 나는 과연 이런 상황에 부닥쳐 있다면 자동차 시동을 끄고 이렇게 했을까? 나 혼자 이런 행동을 한다면 과연 다른 사람들은 나를 도와줄 수 있을까? 그 동영상을 보면서 그 나라 사람들의 행복한 모습을 보니 나도 덩달아 행복감을 느꼈다.

작은 배려는 나로부터 시작된다. 내가 좀 바쁘다고 과속을 하면 사고가 발생하고, 내가 화가 난다고 해서 화를 내면 상대방의 기분을 상하게 할 것이다. 조금 늦게 가고, 조금 처진다고 해서 내가 실패한 삶을 살아가는 것은 아니다. 누군가가 나를 밀치고 먼저 갔다면 그 사람 역시 마음은 불편할 것이다. 공동체 생활에서 너 나 할 것 없이 나의 입장만 내세우는 사람보다는 다른 사람의 행동과 생각을 믿어 주는 그런 삶이 진정한 삶이 아닐까 생각된다.

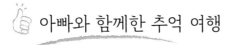# 아빠와 함께한 추억 여행

진정한 여행이란? 새로운 풍경을 바라보는 것이 아니라, 새로운 눈을 가지는 데 있다.

- 마르셀 프루스트

여행은 이 세상에 가장 소중한 공부다.

아버지와 아들의 관계는 가까이하면 할수록 행복해지는 관계다. 어릴 때 아버지는 아들의 우상이 되기도 하며, 아버지처럼 닮고 싶어 하기도 한다. 아버지가 하시는 모든 일은 크게 보이고 자랑스러웠다. 하지만 모든 가정이 똑같지는 않은 것이다. 가정의 어려운 사정으로 아버지가 아들을 학대하는 일도 있고, 부모가 자식을 버리는 일에 대해 우리가 상상도 할 수 없을 정도의 힘겨운 가정들이 많이 있다.

어렸을 때 나의 아버지에 대한 추억은 술과 담배를 피우는 모습이다. 자식을 한 번도 때리지 않는 아버지의 그 모습을 보면서 나도 자라서 어른이 되면 소중한 내 자식을 때리지 않겠다고 다짐을 한 적이 있다. 하지만 내가 부모가 되어 보니 아버지로부터 느낀 감정은 사라지고 자식을 이겨야 한다는 생각이 먼저 앞서기도 한다. 그래서 자식과 소통이 아닌 불통의 관계 속에서 살아가고 있는 것은 사실이다. 이 어려운 문제를 어떻게 풀어가면서 살아갈 것인지는 세상 모든 부모님의 숙제라고 할 수 있다.

결혼하여 아버지가 되면서 어릴 때는 아이의 모든 행동이 다 예뻐 보이지만 아이가 자라면서 부모 말을 듣지 않을 때는 부모의 고정관념을 버리지 못하고 있다. 내 아들은 열심히 공부해서 훌륭한 사람, 즉 좋은 직장에 취직하여 잘 살아가는 사람이 되기를 바라는 것이 부모의 마음이다. 이렇게 자기 자식에 대한 애틋한 사랑이 너무 크기 때문에 자식과 대화 단절과 부모의 일방적인 지시가 반복되고, 그러다 보니 아들과의 갈등이 생기게 마련이다. 갈등, 참으로 무서운 단어라 할 수 있다. 세상 모든 사람이 살아가면서 갈등의 관계없이 정말 소통이 잘되는 그런 세상에서 살면 얼마나 행복할까? 하지만 살다 보면 그렇지 못할 때도 참으로 많이 있다.

내 아들과 나는 얼마만큼의 대화를 하고 있을까? 하루에 몇 분 동안 대화를 하고 있을까? 부부관계에 있어 대화의 시간은 짧은데 과연 아버지와 아들의 대화 시간은 과연 얼마나 될까? 각자 다르겠지만 그리 길지 않을 것이다. 아버지는 바쁘다는 핑계로 직장에서 늦게 퇴근하고 직장 동료들과 늦은 밤까지 회식하다 보니 아이가 곤히 잠든 늦은 밤에야 들어와 아이 방을 열어보는 아버지가 있는가 하면, 그렇지 않은 아버지도 있다.

나는 어렸을 때 아이들과 참으로 많은 시간을 보내려고 집에서 멀리 떠나지 않았다. 다른 동료들보다 돈을 조금 덜 벌더라도 사랑스러운 내 아이들이 자라는 예쁜 모습을 보면서 아이들 곁에서 아이들의 그늘이 되어 주기도 했다. 지금은 딸 둘이 성장하여 집을 떠나 생활하고 있기에 늘 걱정이 많다. 그래서 딸들과 자주 연락을 주고받으면서 아직은 아버지로서 할 역할에 대해 최선을 다하고 싶은 마음뿐이다. 딸 둘이 자라 집을 떠나고 이제 늦둥이 아들만 집에 있어 오직 그 아들의 올바른 성장을 위해 최선을 다하려고 노력하는 듬직한 아빠가 되고 싶을 따름이다.

아이들이 어릴 때 자주 여행을 다녔지만, 아들과 많은 여행을 하지 못했다. 유치원, 학교에서 가는 캠프, 현장학습에 의존할 따름이었다. 학교에서 가는 캠프는 선생님과 친구들이 함께 가기 때문에 안심하고 자주 보내는 편이다. 부모와 함께 가는 것도 중요하지만 선생님과 친구들이 함께하는 여행이 진정한 여행이라 생각한다. 그러던 어느 날 아이가 더 자라기 전에 아들과의 추억 만들기 프로젝트를 나름대로 계획하고 있었다. 그래서 아들과 단둘이 떠나고 싶지만 가깝게 지낸 지인들에게 아들과 좋은 여행 만들어 주고 싶다 했더니 함께 가자며 적극적으로 동참하여 세 가정이 중국 상해를 가기로 하였다.

아내와 자주 여행을 가 보았지만, 아들과 단둘이 가는 여행은 처음이었다. 평소 아들이 아버지인 나를 잘 따라 주고 의지하고 있지만, 막상 둘이 내 나라가 아닌 해외를 여행을 한다고 하니 한편으로 걱정되기도 하였다. 아들을 제외하고 2명의 지인 아들도 아버지와 둘만의 여행은 처음이었다고 했다.

버스를 타고 인천 국제공항에 도착해 긴 시간 동안 공항의 이곳저곳을 돌아다니면서 아이들에게 산 경험을 시켜 주고, 직접 체험도 해 보면서 이모저모를 살펴보기도 하였다. 드디어 비행기를 타고 중국 상해를 가게 되었다. 비행기 안에서 아버지와 아들이 한자리에서 앉아 밥도 같이 먹고 아버지는 아들들에게 음식을 챙겨주기도 하는 등 아내가 없는 시간을 함께하면서 참으로 좋은 시간이될 수 있음을 깨닫게 되었다. 여행이란 것은 많은 것을 생각할 수있지만 나름대로 대화의 시간을 많이 가질 수 있음을 알게 되어참으로 행복한 시간임을 알게 되었다. 아이들과 함께하는 여행이야말로 내 인생에 있어 중요한 흔적으로 남기고 싶다고 생각하고시작을 하여 중국 상해를 가게 되었다. 아이가 어릴 때는 가족 여행을 자주 하였지만, 아들과 단둘이 색다른 여행을 계획하고 아들에게 무언가 느낄 수 있는 여행이 되게 하자는 것이 이번 여행의생각이었다.

중국 상해 여행을 하면서 많은 여행지를 돌아다니면시 맛있는 음식을 먹었다. 상해의 높은 건물을 보니 우리나라처럼 건물 자체가 다 다른 모습이었다. 디자인이며 도색이며 구조 모두가 다른 모양의 건축 양식이었다. 물론 전 세계 건축가들이 많이 참여했다는 이야기를 들었지만, 눈을 감을 수 없을 정도로 새로운 건축 양식들이 많이 있어 사진 찍기가 바빴다. 나는 이런 모습을 아들에게 보여 주고 싶어 여행을 계획했는지도 모르겠다.

우리나라도 구경거리가 많이 있는데 타국에서의 여행을 잡은 것은 바로 새로운 건축 양식과 그 사람의 문화를 이해하는 데 도움이 되었으면 하는 생각 때문이었다. 시장에 들러 맛있는 현지식을 먹었다. 중국의 공중화장실 질서 문화는 우리가 본받아야 할 문화이다. 우리나라 공중화장실을 보면 기다림이라는 것은 없다. 동남아 여행을 하면 화장실 입구에 정지선이 있다. 처음에는 그 선이 무슨 선인 줄 몰랐다. 그런데 눈치하면 나였다. 모르면 눈치라도 빠르면 먹고는 산다고 하였다. 일부러 화장실 이용하는 데 있어 그 나라 사람 뒤를 따라가 보니 정지선에서 기다리고 있는 것이었다. 우리는 화장실 일을 보고 있으면 그 뒤에 서서 기다리는데 이 나라 사람들은 정지선에서 대기하고 있어서 화장실 일을 보는 나로서는 긴장되지 않아 마음 편히 일을 볼 수 있었다.

그 뒤부터는 나도 화장실을 이용할 때 정지선에 대기하다가 한 사람이 나오면 들어갔다. 바쁜 우리나라에서는 내가 먼저라는 생각을 하고 있으므로 질서라는 것이 좀 부족하다고 했다. 맞는 말이다. 식당에서든 극장에서든 어디든 내가 먼저 가야 한다고 생각하고 있다. 이런 문화 때문에 대형사고가 일어나도 많은 사람이 목숨을 잃은 사례가 많다. 가끔은 빨라야 할 때도 있지만 빠르지 않고도 천천히 움직일 때도 있다는 것을 알고 질서를 지켜 준다면 문화시민이라고 할 수 있다. 공중화장실의 문화뿐만 아니라 우리가 사는 사회에서도 질서 지키는 것이야말로 정말 소중한 일이다.

저녁에는 함께 간 일행들과 오늘 여행에 관해서 이야기를 나누고 힘들었던 점과 즐거웠던 점 그리고 아버지와의 여행에 관해 이야기를 나누었다. 고등학생의 한 아이는 아빠와 처음 여행을 해 보았다고 하면서 엄마와 함께할 때는 엄마가 모든 것을 챙겨주었는데 아빠랑 함께 여행하다 보니 아빠가 날 챙겨주고 내가 아빠를 챙겨주게 되어 더욱더 의미 있는 시간이 되었다고 하였다.

여행 일정은 또 바쁘게 이루어졌다. 긴 강을 보면서 환경이 참으로 깨끗하다는 것을 느꼈다. 많은 사람이 사는 곳이지만 그나마 깨끗함을 느꼈다. 서로 자기가 논 자리는 깨끗이 정리 정돈하는 모습을 보니 나도 모르게 많은 것을 배우게 되어 쉬고 있다가 출발하면 자리를 한 번 더 돌이켜보기도 하였다. 아들과의 행복한 여행이 정말 좋았다. 중학교 2학년 때쯤 아들과 함께 다시 한 번 여행의 계획을 세워 보아아겠다. 내가 아들에게 해 준 만큼 아들도 나중에 아들에게 아빠처럼 서로 여행을 하고 서로 아껴 주며 서로의 공감대를 찾을 수 있도록 먼저 내가 아들에게 일깨워 주는 것이다.

아들아!
아버지는 너와 함께한 여행이 내가 살면서 가장 의미 있는 여행이었다. 소중한 내 아들의 손을 잡고 여행했던 그 시절이 참으로 그립다. 이제는 키가 많이 자라 아빠와 나란히 걸어가는 너의 어깨를 보니 참으로 감사하고 행복하구나! 비록, 아버지가 너에게 많은 것을 다 해 주지 못하지만, 너를 사랑하고 이 세상에서 최고의 아들로 키우고 싶다는 아버지의 마음을 이해해 주길 바란다.

힘들 때 가장 좋은 것은 아들과 함께 여행하는 것이다. 둘만의 시간을 가질 때 이런저런 이야기를 많이 할 수 있다. 나도 아들과 함께 시간을 보내고자 큰 노력을 하고 있고 잘되지는 않지만 나름대로 노력을 하려고 한다. 그래서 학교생활, 또래 친구들과의 이야기를 물으면서 아들의 생각을 들어 볼 수 있다.

아들과 함께하는 방법으로 등산이 참으로 좋은 것 같다. 힘들게 올라가면서 이야기를 하고 쉬면서 또 이야기를 할 수 있어 서로 공감대를 가질 수 있다. 자전거도 좋지만 걸으면서 함께하는 대화가 더 좋다. 이렇게 부모와 자식이 함께할 수 있는 시간을 갖는다면 자녀들의 문제를 조금이나마 해결할 수 있을 것이다. 아버지라면 무엇이든 시도를 해 보아야 할 것이다. 그렇게 하면 아들 역시 아버지의 마음을 조금이나마 이해 할 수 있을 것이다.

포기하지 말고 시도해 보면 반드시 좋은 결과를 얻을 수 있을 것이다. 나는 아들과의 시간을 보내기 위해 아들 친구들과 함께하는 프로그램도 참여하고 싶다. 아버지와 아들이 함께하는 식사, 여행, 등산, 낚시 등 둘만의 시간이 필요하다. 그렇게 하다 보면 아들이 자라 이 아버지와 함께했던 추억을 생각하여 아버지의 친구가 되어 줄 수 있을 것이다.

우리 아들에게는 탁월한 리더십

사람들에게 일을 어떻게 처리해야 하는지 일러 주지 마라. 무엇을 해
야 하는지만 일러 주면 그들은 깜짝 놀랄 독창성을 발휘할 것이다.

- 조지 S. 팬던

자녀에게 리더십이 있다고 생각하고 있는가?

앞에서 이끌어 가는 것보다는 앞 사람이 힘이 들면 뒤에서 조용히
"힘내"라고 말을 걸어 주는 것이 진정한 리더의 자질이다.

누구나 일을 처리하는 자기만의 방식이 있고 다른 사람들이 따
라 주기를 바란다. 나는 운전할 때는 내가 아는 길만 가려고 한다.
이처럼 자기만의 방식과 생각을 다른 사람에게 일방적으로 강요하
는 것은 올바르지 못하다. 그러다가 미처 알지 못했거나 흥미로운
방식과 생각을 발견할 기회조차 찾지 못하는 때도 있다.

내 아들은 자존감이 높다. 그리고 너무 겸손하여 탈이다. 초등
학교 1학년 때부터 6학년까지 반장을 하였다. 그것도 신학기가 시

작되는 3월 반장을 하였다. 새로운 학년이 시작되면 친구들도 어색하지만 그런 와중에도 불구하고 제일 먼저 반장을 하겠다고 손을 들어 반장을 하였다. 모르는 친구들 사이에서 반장을 하겠다고 친구들 앞에 나갔다는 것이 너무 대견스럽고 자랑스럽다. 그런데 얼마나 천연덕스럽게 거짓말을 하던지. 퇴근하여 저녁밥을 먹고 난 뒤 상장을 들고 와서는 아들이 하는 말. "아빠, 엄마 집에 오는데 길가에 떨어져 있어서 주워왔어요." 그래서 우리는 "길에서 주워 오면 안 되지. 집에 오다가 지구대나 파출소에 갔다가 주어야지 왜 집에 가지고 왔어" 하면서 아이의 장난스러운 거짓말에 속아 넘어가기도 하였다. 그때 새 학기 반장 임명장을 보여 주었다. 아들의 이름 석 자가 적혀 있는 것이 우리 부부는 흐뭇하였다. 그래서 아들을 안아 주거나 뽀뽀를 해 주었다.

이 순간 아들이 우리에게 최고로 행복한 선물을 주었다. 또, 상장을 받아 와도 길가에서 주워 왔다고 한다. '아들이 이런 상장을 받았을 때 얼마나 행복했을까?' 하는 생각도 가져 본다. 어렸을 때 상장을 받아 오면 제일 먼저 부모님께 보여 드리고 부모님은 나에게 칭찬을 해 주시던 그 시절이 생각난다. 자식과 부모는 이런 관계 속에서 행복한 순간을 느끼는 것이다.

반장이 중요한 것이 아니다. 누군가의 앞에서 말을 할 수 있다는 자신감 그리고 남을 위해 봉사하겠다는 그 마음이 예쁘다는 것을 잘 알고 있다. 6학년 때에는 전교 어린이 회장에 도전해 보겠다고 하였다. 그런데 상반기에 하라고 하자 아들은 "아빠, 우리 친구가 있는데 그 친구만 자전거가 없어요. 그래서 우리 동아리에 들어오지 못했어요. 그래서 그 친구 아빠가 전교 어린이 회장을 하면 자전거를 사 준다고 했어요"라고 했다. 아들은 자기가 나가면 그 친구가 떨어진다는 것을 알고 자기는 하반기에 나가겠으니 상반기는 이 친구를 밀어주자고 하였다는 것이었다. 나중에서야 알게 된 이야기였다.

아이들도 자기들만의 세계에서의 규칙이 있는 것 같았다. 그런데 어른들은 이런 아이들의 세계를 몰라 주거나 무시하는 일들이 많이 있다. 아들의 지도력은 바로 이런 것이라는 점을 믿고 나는 그 사건 이후부터 아들을 전적으로 믿게 되었다. 부모가 아들을 믿어 주지 않으면 누가 믿어 주겠는가. 가끔 비행 친구들을 만나 면담을 해 보면 모두가 부모들에 대한 불만을 이야기하곤 한다.

아무것도 아닌데 부모님이 자기를 혼내거나 무시하는 경향이 있어 더욱더 부모님을 신뢰하지 못한다고 하였다. 사실 대화의 시간은 길지 않지만 그래도 우리는 누군가 이야기를 하면서 문제점을 찾고 해결하려고 한다. 그러는 과정에서 큰소리로 말하고, 욕이 오가며 더 발전하면 크게 다툼이 된다. 리더는 앞에서 이끌고 가는 것도 중요하지만 뒤에서 밀어주고 잘 따라주고 어려운 사람이 있으면 잘 돌봐 주는 것도 중요하다.

미합중국 16대 대통령 링컨은 미국인들에게 가장 존경받는 인물이다. 그는 인간은 누구나 하나님 앞에서 평등하다는 신념으로 흑인 노예들을 해방함으로써 인류 역사에 불멸의 업적을 남기었다. 그러나 노예 해방을 가져오기 위하여 남북전쟁을 치르며 많은 젊은이의 피의 대가가 있었음은 두말할 필요가 없다. 링컨에게는 4형제가 있었는데, 남북전쟁이 발발하자 큰아들 로버트는 당시 하버드대 재학 중에 군대에 자원 입대하였다. 링컨 대통령은 전쟁터에 있는 아들에게 편지를 썼다.

전선의 아들 로버트에게. 사랑하는 아들 로버트 보아라!

나의 사랑하는 로버트야! 아버지는 대통령으로 나랏일을 맡아보는 것보다 내 아들인 네가 군인으로 싸움터에 나가 있는 것이 더 자랑스럽다. 용감히 싸워다오. 위험한 곳에는 남보다 먼저 나가고, 안전한 곳에는 너의 친구를 보내라. 가엾은 친구들의 목숨을 네 목숨보다 더 소중하게 여기기를 바란다. 나는 네가 겁쟁이가 아닌 줄 잘 알고 있다. 그리고 아버지의 명예를 욕되게 하지 않을 자랑스러운 아들임을 믿고 있다. 이렇게 아들을 믿어 주는 것이 가장 좋은 아버지의 역할이 아닐까 생각해 본다.

나는 아들을 정말 사랑한다.

아들의 냄새도 너무 향긋하다. 지금은 사춘기이지만 그래도 아무 탈 없이 나름대로 자기 일에 최선을 다하는 아들에게 늘 고맙다고 마음속으로 생각하며 남들 앞에서 내 아들을 자랑하곤 한다. 아직은 어리지만 좀 더 크면 부모님의 마음을 알아줄 때가 올 것이다. 아직은 게임을 좋아하고 또래 친구를 좋아하는 사춘기의 철없는 아들이지만 말이다. 이제는 목표 의식을 갖고 생활하면 좋겠다고 자주 말을 하지만 이것 또한 아이에게 잔소리라는 것을 알고 있다. 잔소리 아니 쓴소리라고 생각하고 싶지만, 사춘기 시절에는 그것 또한 힘겨울 수 있다. 사춘기 시기에는 아무 탈 없이 보내기 위해서는 아버지가 눈을 자주 감는 것이 필요하다.

나는 아들 방을 노크할 때는 눈을 먼저 감고 잠시 숨을 멈춘다. 그다음 아들에게 말을 한다. "아들, 밥 먹었니? 게임 조금만 하렴. 그리고 책 좀 읽었으면 좋겠다." 그러면 우리 아들 하는 말. "응." 하지만 자기 일을 하지 않는 것이 아니라 자기 일을 하는데 너무 한쪽으로 치우치는 것이 아버지로서 걱정되는 것은 사실이다. 이 또한 다 지나가니 걱정하지 말라는 말로 마음을 달래면서 살아가고 있다.

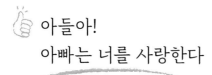

아들아!
아빠는 너를 사랑한다

> 꿈은 머리로 생각하는 게 아니라 가슴으로 느끼고 손으로 적고 발로
> 실천하는 것이다.
>
> *- 존 고다르*

　학교폭력으로 힘들어하는 학생들을 볼 때도 있다. 또래 친구들
사이에서는 아무것도 아닌데 결국 부모님들의 바르지 못한 선택
때문에 내 아이의 소중한 친구들과 관계를 단절시키기도 한다. 친
구들의 관계는 작은 오해에서 시작하지만, 그것을 이해하지 못해
큰 상처를 남기도 한다. 물론 그렇지 않은 문제들도 있다. 하지만
아이들 싸움이 어른 싸움이 되는 일도 많이 보았다. 누구의 잘못
일까? 아이들은 아무런 문제가 없는데 부모들의 욕심 때문에 친구
를 잃는 사례도 있다.

　어느 날 학교에서 전화가 왔다. 아이가 학교폭력을 하였다는 이
야기에 가슴이 떨렸다. '설마! 내 아이가 학교폭력을 하다니 말도
안 돼' 하면서 선생님으로부터 소식을 전해 듣고 가슴이 철렁 내려

않았다. 밥상머리 교육 때 나는 아들에게 항상 말을 한다. 학교폭력을 저지르면 안 된다는 것을 아들도 잘 알고 있다. 다른 것도 아닌 학교폭력에 대해 잔소리 아닌 잔소리를 한다.

평소 밥상머리에서 우리 부부는 요즘 언론에서 보면 학교폭력이 갈수록 심각해지고 있다는 내용의 대화를 하던 중 아들에게 주문하였다. 학교에서 혹시 학교폭력은 있는지 자주 묻는다. 가끔 학교를 가 보면 학생들이 하는 말은 학생들 사이에서의 언어라고 하지만 어른들이 들어서는 언어폭력이라고 해도 과언이 아닐 정도의 강도 있는 대화, 즉 욕이 기본이고 대화는 아주 작게 표현하는 것이 학생들 사이에서 일어나는 상황들이다.

초등학교 시절을 잘 보낸 아들이 새로운 중학교에 입학하여 잘 다니던 중 3월에 동급생에게 욕을 하였다고 학교폭력 신고가 된 사안이 있었다. 중학교 입학을 하고 친구들을 알아가는 시기에 나름대로 친구를 위한다는 그것이 오해되어 학교폭력의 가해자가 되었다. 욕을 했다는 것이다. 어떤 욕을 하였기에 학교폭력으로 신고가 되었을까? 집에 돌아온 아들과 앉아 이야기하던 중 아이는 아무것도 아니라며, 사과했다고 하였다. 그런데 왜 신고가 되었을까? 처음부터 자초지종을 듣게 되었다.

아들은 "아빠, 이것도 언어폭력이에요?" 하면서 말을 하였다. 지금까지 살면서 아들은 학교에서의 있었던 일에 대해서는 단 한 번도 이야기하지 않는 묵직한 아이였다. 알고 보니 친구에게 사과를 하였는데도 불구하고 상대 어머니는 학교폭력 신고를 한 것이었다. 처음에는 속상했는데 상대방의 처지를 생각해 보면 내 자식이 하는 말이 기분 나빴을 수도 있다.

들어보니 체육대회를 앞두고 학년별 축구 시합을 했다고 하였다. 아들은 반에서 골키퍼이고 상대 친구도 자기 반에서 골키퍼를 하면서 서로 얼굴을 알게 되었다고 하였다. 그러던 중 상대 친구가 친구들과 어울리지 못하는 것을 보고 "너 혹시 친구들로부터 학교폭력 당했었어"라고 물었다. 그러자 옆에 있는 친구들이 초등학교 때 학교폭력 당한 적이 있다고 했고 아들은 아무런 생각 없이 그냥 지나치는 말로 "야, 병신아. 축구할 때 상대방 축구공도 잘 막는데 학교폭력을 왜 못 막았니?"라고 말을 하였단다. 하지만 그다음 쉬는 시간에 가서 사과했다고 한다.

그 친구는 괜찮다고 하여 다 끝난 일인 줄 알고 있었다고 하였다. 그런데 상대 친구는 집에 가서 어머니에게 친구가 나에게 병신이라고 욕을 하였다고 하여 그 어머니는 곧장 학교에 전화하여 내 아이가 학교폭력을 당했다고 학교폭력대책위원회를 열어 처벌해 달라고 하였다는 것이다. 이 소리를 듣고 깜짝 놀라 상대 친구의 어머니 연락처를 수소문하여 사과 전화를 하였지만, 어머니는 막무가내로 사과를 받아 주지 않고 원칙대로 치벌해야 한다는 것이었다. 만나서 사과를 드리고 싶었지만, 상대 어머니는 만나 주지도 않고 회피만 하였다.

주말에 피해 친구를 만나 진심 어린 사과를 하고 싶었지만 만나 주지 않아 아무것도 하지 못했다. 같은 부모로서 이렇게까지 해야 하나 생각을 했지만, 피해자 부모의 마음은 달랐다. 물론 내 자식이 중요하다는 것은 나도 알고 있다. 잘못했다면 용서를 구하고 다시는 그런 행동을 하지 못하도록 하는 것이 부모의 역할이 아닐까 하는 생각도 가져 보았지만, 생각의 차이가 있어 결국 화해는 하지 못한 채 학교폭력대책위원회에 넘겨졌다.

나는 어떻게 되었든 피해 부모님과 피해 학생에게 사과하려고 최선의 노력을 했지만, 상대방 어머니는 아무런 소식도 없었다. 그리고 문자를 통해 사과하였지만, 그것마저 들어 주지 않았다. 잘못한 것은 내 자식이기에 사과를 드리고 잘못을 구하려 하였지만 끝내 용서를 받지 못해 아쉬웠다. 나는 아들의 보호자로 입회하였지만, 위원님 모두가 웃는 표정을 지었다. 이런 것을 학교폭력위원회에 올리는 것은 너무하다는 표정이었다.

하지만 상대방의 처지에서 생각해 보면 병신도 아닌데 병신이라고 한 것이 잘못이다. 아이들은 'ㅂㅅ'이라고 모음과 받침을 떼고 말을 하기도 한다. 어른들은 이해가 되지 않는 단어들을 하면서 상대방을 놀리는 것이 바로 학교폭력이다.

학교폭력대책위원회가 열렸다. 어른들이 잘못하면 법정에서 잘잘못을 가리는 검사와 변호사가 있듯 학교에서는 위원들이 양쪽으로 앉아 있고 가운데 가해 학생과 학부모가 벌을 받는 심정으로 앉아 있다. 참으로 비참한 느낌이 들었다. 어쨌든 내 아들이 상대방의 마음에 상처를 주었다는 것이 잘못이라는 것이다. 아들은 그 일이 있은 이후 그 친구와 자주 게임을 했다고 한다. 그 아이는 집에 가서 어머니에게 그 친구가 나쁜 친구는 아니라고 하면서 학교폭력을 취소해 달라고 했다는 것이었다. 그런데 어머니는 아이의 그런 마음도 헤아리지 않고 자기 주장에 의해 결국 두 아이의 마음에 상처를 주고 말았다. 아들은 위원들 앞에서 또박또박 질문에 답을 하였지만 나는 위원님들에게 자식을 올바르게 지도하지 못해 죄송하다고 말을 하는 순간 마음이 울컥했다. 이 어린애가 어른 앞에서 이른 곤욕을 겪었다는 점이 너무 가슴 아팠다. 마지막으로 아들은 친구의 마음을 아프게 한 점 진심으로 잘못했다고 말을 하였다.

그러자 위원님 한 분이 지금은 욕하지 말고 나중에 크면 욕을 하라면서 위로를 해 주었다. 참으로 어이없는 학교폭력대책위원회의 결말이었다. 학교 측에서의 중재 역할은 하지 않는 것이지만 한편으로 서운한 마음이 들기도 하였다.

결국, 교내 봉사 일주일 받아 아들은 매일 아침 일찍 등교하여 학교 내에서 봉사하고, 하교 시간에 1시간 동안 봉사활동을 하였다. 아들은 아무런 일없이 봉사활동을 착실하게 하였다. 나는 아들이 그런 행동에 대해서 다시는 하지 못하도록 하였다. 그리고 봉사활동을 정말로 성실히 했다고 하였다. 그 일로 아들이 잘못될까 봐 노심초사하였는데 학교에서 친구들과 잘 지내고 선생님 말씀을 잘 듣는다는 것에 너무 감사했다.

역지사지(易地思之)라는 말이 있다. 상대방의 처지에서 생각해 보면 모든 것이 이해된다고 했다. 학교폭력은 지속성, 반복성, 반성의 정도가 보이지 않는다면 많은 점수를 줄 수 없지만, 학교폭력대책위원회 위원님들도 피해자 어머니의 입장만 생각하다 보니 가해 학생과 학부모에 관한 이해는 부족했다. 너무 억울하고 공정하지 못한 처분을 하였다고 생각하지만, 재심 청구는 하지 않았다. 처음이고 반복성이 없고 반성의 정도도 컸음에도 불구하고 한 아이에게 너무 가혹한 벌을 주었다는 것에 대해 한 번쯤 역지사지의 뜻을 생각해 보면 어땠을까 하는 생각도 해 보았다.

아무튼, 내 자식이 잘못한 일에 대해 어디에다 원망할 것인가? 부족한 부모의 잘못이라 생각한다. 그 뒤부터 나는 어떤 일이 생기면 내 입장도 중요하지만, 상대방의 입장도 한 번쯤 고려해 본다. 아들에게도 반드시 내 입장만 생각하지 말고 내가 이런 행동과 말을 할 때 상대방이 어떤 반응이 나올지 생각해 보도록 교육했다.

나는 아들에게 한 번도 잘못한 일에 대해 폭행을 한 적은 없다. 말로 타일러 주는 것이 제일이다. 아들이 무엇을 잘못했는지 아이 스스로 알 수 있도록 한 다음 어떻게 하면 이런 일을 반복하지 않을 것인지를 생각하는 것이 중요하다. 자식이 잘못했다고 해서 폭행을 한다면 자식 역시 어른이 되면 그대로 행동할 것이다. 이것은 올바른 행동이 아니다. 요즘 아이들의 지식 수준이 높아서 진심으로 한 말에 대해 스스로 반성을 하기도 한다.

나는 내 아들이 자랑스럽다.

요즘에는 나와 이야기를 자주 한다.

어느 날 학교에서 돌아와 저녁밥을 먹는 과정에서 군인이 되고 싶다고 하여 군인의 종류에 관해 설명해 준 적이 있다.

아들아!
지금 너는 많은 꿈을 꾸면서 살았으면 한다.
오늘은 이것이 되어 보고 싶고, 내일은 저것이 되어 보고 싶어 하는 꿈 많은 소년이 되길 바란다. 그렇게 하다 보면 무슨 일을 해야 하는지를 찾을 수 있을 것이다. 아버지의 말에 잘 순응해 주는 내 아들이 자랑스럽다.

과거 나는 모든 일에 있어 완벽함만을 추구하는 완벽주의자였다. 하지만 시간이 흐를수록 완벽보다는 여유라는 것에 초점을 맞추며 살아가기를 원한다. 옆 사람을 챙겨주는 마음, 상대방을 이해하는 마음, 친구가 힘들면 같이 있어 주는 마음 하지만 친구의 잘못된 행동을 함께하는 것은 결국 옳지 않고 올바른 길로 인도해 주는 그런 멋진 아들이 되어 주길 바란다.

어느 날 아들은 꿈이 바뀌었다고 하면서 체육 선생님이 되겠다고 하지만 앞으로 어떤 꿈들을 꾸면서 오늘 하루도 행복하게 살아가는 내 아들을 보면 아버지는 곁에서 잘 지켜봐 주는 것이 중요하며, 모든 것을 완벽하게 하기 위해 달리는 말에 채찍질하기보다 아낌없는 격려와 사랑을 주는 버팀목 같은 아버지의 역할을 하고 싶다.

나는 지금 아들에게 이렇게 말을 한다.

"아들아, 요즘 힘들지, 하지만 지금, 이 순간이 너에게 있어 가장 행복한 시간이란다. 이 시간이 지나면 모두가 과거가 되는 것이다. 어제 내가 무엇을 했는지, 내일 내가 무엇을 할 것인지 아무도 모른다. 하지만 지금, 이 순간 내가 무엇을 하고 있는지만을 알게 된다면 성공한 것이다. 지금, 이 순간을 정말 의미 있고 최선을 다해 살다 보면 좋은 날이 올 것이다."

봉사는 아이들에게 큰 교육이다

> 개개인은 의식적으로든 무의식적으로든 모두 이런저런 봉사를 한다.
> 의도적으로 봉사활동이라는 습관을 들이다 보면 봉사하고자 하는 욕
> 구가 점차 강해져 자신은 물론 세상 전체를 행복하게 할 것이다.
>
> *- 간디*

행복한 사람은 '쉼'을 갖는 사람이다.

세상 모든 사람의 희망이 있다면 바로 행복하게 살고 싶은 생각일
것이다. 나 역시 그걸 희망하며 살아가는 사람 중의 한 사람이다.

행복은 무엇일까?

눈으로 보고 손으로 만질 수 있는 것이라면 참으로 좋을 텐데 그
럴 수 없다는 것이 안타깝다. 하지만 모든 사람이 행복을 눈으로
보고 손으로 만지면서 살아갈 수 있다면 또 다른 문제에 직면할
수 있을 것이다. 느끼고 체험하지 못하면서 우리는 행복을 찾기 위
해 오늘도 열심히 살아가고 있는 것이 사실이다.

어렸을 때 학교 나무 그늘에 친구들과 앉아 세 잎 클로버 속에서 네 잎 클로버를 찾겠다고 친구들과 다투어 가며 세 잎 클로버를 짓밟으면서 결국은 네 잎 클로버를 찾지 못할 때가 많이 있어 서운해하면서 놀던 생각이 난다.

나중에서야 세 잎 클로버는 행복이라는 꽃말이 있고 네 잎 클로버는 행운이라는 꽃말이 있다는 것을 알았다. 우리는 행복을 짓밟으면서 행운을 찾겠다고 현혹된 사실에 대해 다시금 생각할 수 있었다. 따지고 보면 행복은 눈에 보이고 손으로 만져 볼 수 있다는 것을 우리는 모르고 살아왔다. 즐거워 서로 웃고, 손을 잡고 손뼉을 치며 박장대소하는 우리의 모습이 바로 행복이 아닐까 생각된다. 그런 것도 모르고 그저 '왜 나는 행복하지 않을까, 불행할까?' 하면서 투정만 부리며 살아온 시간이 이제 와 돌이켜보니 나 자신에게 약간 미안한 마음이 들기도 한다. 사람들은 행복의 기준을 돈이 많고, 높은 권력이 있고, 지위가 높아 다른 사람들의 위에 있으며, 동료들도 생각하지 않고 내 이웃에 대한 예절도 모르면서 나만 즐기는 것으로 생각한다. 이것이야말로 참으로 잘못된 행복이다.

지금 나는 내 주위 사람들을 힘들게 하지는 않았는지, 나로 인해 그 사람이 마음의 상처를 받지 않고 살아왔는지, 나로 인해 고통을 받으면서 목숨까지 끊을 생각을 하지 않았는지를 곰곰이 생각해 볼 필요가 있다. 만약 누군가에게 이런 생각을 들게 하였다면 지금이라도 찾아가 진심 어린 사과를 해야 할 것이다.

행복한 삶을 한마디로 나와 상대방 혹은 현실과의 동질화에서 얻어지는 보너스라고 생각하면 행복의 의미를 이해할 수 있을 것이다. 직장인들에는 월급 외 성과급이나 보너스로 받은 돈이 있다면 그달은 신이 나서 일할 것이다. 그 돈으로 무엇에 사용할까? 행복해하면서 보너스 받는 날을 손꼽아 기다릴 것이다. 이것 또한 직장인들만의 행복이라고 할 수 있다.

행복하게 살기 위해서는 나 중심적 행복 패러다임에서 벗어나야 한다. 나 중심으로 생각하다 보면 온통 불편하고 불만스러운 것이다. 또 불편한 삶을 살고 있다고 생각할 수 있다. 눈이 보이는 모든 것들이 왠지 엉성하고 어수선하며 당장 쓴소리로 비판을 가해야 할 것들만 보인다. 자리에서 일어나 걸음을 옮기다 보면 바닥에 무언가가 걸려서 자신의 걸음을 방해하고, 자신의 귀에는 시끄러운 소리가 심하게 들린다면 자신을 비난하는 비웃음으로까지도 들릴 수 있다.

자신만을 위해 완벽하고 옳고 정직하고 부지런하며, 똑똑하고 착하다는 패러다임에 자신을 스스로 가두고 살다 보면 결국 그런 잘못된 착각에 빠지게 된다. 이렇게 하다 보면 자기 독선에 빠져 자기만의 세계에서 빠져나오지 못하고 그 안에서 나름대로 터득하고 설정해 놓은 방식에 의해 스스로 만족하며 살아가다 보면 이기심이 병리화된 상황에서 가정이나 직장을 비롯한 소속 공동체로부터 더 나아가서 사회 전체에 유익함을 주지 못하기 쉽다.

이런 패러다임을 가진다면 자신만의 행복에 도취하여 공동체와 사회에 미치는 부정적 역할에 대해서는 도외시하고 이기적이고 왜곡된 주관적 판단에 붙들려 사회적 일탈을 일으키는 주범이 될 가능성이 매우 클 수 있다. 이런 패러다임에 갇힌 사람은 자신이 쓰고 있는 안경을 바꾸듯이 즉시 기존의 패러다임을 바꾸어야 한다. 패러다임을 바꾸면 이전에 자신이 보지 못했던 새로운 세상, 새로운 진실이 보이게 된다. 이것이 참된 행복이다.

그렇다면 나 중심이 아닌 너 중심의 행복, 즉 봉사 정신과 희생이 우리가 살아가는 세상에서는 꼭 필요한 덕목이라 생각한다. 나는 가끔 나보다는 너 그리고 우리를 생각하며 일을 추진하고 있다. 나 개인적으로 생각하면 힘든 일은 하기 싫고 나만 편하면 되는 걸 왜 힘들게 하는지 모르겠다는 생각을 할 때도 있다. 하지만 나 중심이 아닌 너 중심에서 우리 중심으로 생각 패러다임을 바꾸면서 살아가려고 노력한다.

봉사활동을 시작한 지 벌써 15년이 되었다. 그 힘든 봉사활동을 왜 하느냐고 묻는 사람들이 있는가 하면, 하고는 싶은데 용기가 부족해서 참여하지 못함을 표현하는 사람들이 있기도 하다. 직장에서도 나는 나만 생각하기보다는 우리 조직을 위해서 내가 조금 힘이 들더라도 우리 조직이 발전될 수 있도록 내 업무에 대해 최선을 다해 열정을 갖고 임하고 있다. 이것 또한 아름다운 내 삶에서의 행복이다.

우연히 아는 교회 사람들을 대상으로 검정고시를 준비하는 야학에서 공부를 가르친 지가 벌써 10년이 넘었다. 학업 시기를 늦춰 버려 늘 마음 한편으로 마음 아파하면서 살아온 사람들이 자식을 낳아 모두 성장시키고 이제야 용기를 내어 밤늦게 공부하는 모습을 보면 나는 그들의 삶에서 또 다른 기쁜 행복감을 찾을 수 있다.

비록 많은 공부는 못하지만 나름대로 최선을 다해 검정고시를 준비하는 사람들을 볼 때 너무 행복하다. 나는 그들에게 작은 지식을 전달하고 있지만, 그들은 항상 배울 수 있다는 것에 행복감을 느끼면서 눈을 비벼 가면서까지 열심히 하는 모습에 나는 그들의 삶 속에서 참된 영혼의 기쁨을 느끼고 있다. 언젠가 병원 봉사활동을 몇 년 동안 한 적이 있다. 그들은 육체적인 고통보다는 정신적인 고통으로 힘들어하고 있지만 내가 방문하는 날을 손꼽아 기다리며 나와 함께한 시간을 정말 재미있어하며 항상 우리 봉사단을 기다리고 있다는 생각에 봉사활동을 즐겁게 하곤 했다. 지금은 사정이 있어 봉사활동을 하지 않지만 언젠가는 나는 다시 그들 앞에 좀 더 성숙한 모습으로 그들과 함께 호흡하며 고통에서 벗어날 수 있는 행복한 시간을 만들어 주고 싶다. 이것 또한 나만의 행복이 아닌 너만의 행복도 아닌 우리 모두의 행복에 결과물이 드러날 때 진정한 행복이라고 말할 수 있다.

행복은 내가 걷는 건널목의 신호등이 빨간불이 아닌 초록색 신호등이 켜져 있을 때 예고한다. 하지만 파란불에서 황색 불로 바뀔 때는 서둘지 말고 잠깐 멈추고 고개를 들어 하늘을 보는 쉼이라는 것이 필요하다. 내 인생을 너무 바쁘게 살다 보면 빨간불에 내 인생을 망칠 수도 있다. 나는 가끔 혼자 산책을 하면서 고개를 들어 하늘을 한참 동안 처다보기도 한다. 바쁜 삶 속에서 하늘을 처다보는 사람은 그리 많지 않다. 지금이라도 하던 일을 멈추고 창문 밖 하늘을 보라! 그 하늘을 보는 순간 나는 행복해질 것이다.

어떤 날은 파란 하늘이기도 하고 어떤 날은 검은 먹구름이 가득 덮여 있기도 하다. 그럴 때는 잠깐 쉼을 갖는다. 이것이 내가 살아가는 진정한 행복한 삶이라 생각한다. 나도 내 인생에 있어 사춘기 시절을 걸을 때도 있다. 직장에서 동료들과 힘든 상황에서 나도 모르게 사춘기 소녀의 마음처럼 갈팡질팡하는 때도 많이 있다. 어른이 되었다고 하지만 가끔은 사춘기를 겪고 있다고 해도 과언이 아니다.

사춘기 아들과 함께 간 목욕탕

> 상대방을 이해하라는 것이 무조건 그쪽 의견에 동의하거나 당신이 틀
> 리고 그 사람이 옳다고 말하라는 게 아니다. 그 사람의 말과 행동을 인
> 격적으로 존중해 주라는 뜻이다. 상대방의 입장, 그 사람이 옳다고 믿
> 고 있는 사실을 충분히 그럴 수 있다고 귀 기울이고 받아들이라는 것
> 이다.
>
> - 조나단 로빈슨

우리 주변에 사춘기 아들과 할 수 있는 일이 무엇이 있을까?

아들과 함께 한 모든 일은 행복하다. 함께 걷는 것이며, 함께 자전거를 타는 것 그리고 함께 여행하는 것, 그리고 사춘기 아들과 함께 간 공중목욕탕의 풍경이야말로 정말 행복한 일이다. 더구나 사춘기 아들과 함께 할 수 있는 일은 너무나 많이 있지만, 그렇게 하지 못하고 살고 있다. 갑작스러운 상황이 발생하면 사춘기 자녀를 둔 부모님들은 어떻게 할 줄 몰라 마음만 태우고 있는 것은 사실이다. 행여 잘못된 길로 가지 않을까? 걱정에 걱정을 하면서 자녀들에게 무슨 말이라도 하고 싶어 하다 보면 그것 또한 잔소리로

생각하는 사춘기 자녀들의 행동이야말로 부모님의 마음을 아프게 하고 있다.

지금 우리 현실을 한 번 살펴보면 이렇게 해서는 안 되는데, 그리고 이런 행동을 하면 더욱 안 되는데 하면서 곁에서 지켜볼 따름이다.

청소년들의 비행을 보면 가정에서 부모와의 의견 충돌로 인하여 가출하여 또래 친구들과 어울려 다니면서 나쁜 행동을 하는 사례가 많다. 이런 일이 발생하지 않게 하기 위해 부모님들은 자녀들에게 올바른 교육을 하고 있지만 받아들이는 아이들은 잔소리로 생각하여 집 밖으로 나가버리는 경우도 많이 있다.

우리 집에도 중학교 2학년 늦둥이 아들이 있다. 아이들의 특성을 나름대로 이해한다고 하지만 이해를 하지 못하는 일들이 참으로 많이 있다. 청소년들의 비행에 대한 학위 논문을 쓴 경험이 있어 나름 청소년들을 이해하고 청소년들을 대변해서 부모님들에게 조언한다고 하지만 세대가 변화되면서 나도 모르게 매너리즘에 빠지고 만다.

우선 당장 내 아들과의 대화 내용은 "학교 잘 다니고 있니? 학원에서는 잘 따라 하고 있니? 학교에서는 선생님 말씀 잘 듣고 행여 선생님께 대들지는 않니? 가출 친구들과 어울려 다니지는 않니?

피시방에 자주 출입하고 있니?" 이런 정도다. 부모는 자식에게 하라는 말보다는 하지 말라는 말을 먼저 하게 되어 그 말을 들으면 왠지 모르게 화를 내는 경향이 있다. 우리 아들의 대답은 아주 간단명료하다. 그런 아들에게 아버지로서 해 주고 싶지만, 그것마저 하지 못하는 것이 현실이다. 나는 아들을 밥상머리 교육을 하려고 큰 노력을 하기 위해 가능하면 함께 밥을 먹으려고 노력하고 그렇지 않으면 주말에 함께 먹으면서 이야기를 나누고자 한다.

요즈음 자녀들의 밥상머리 풍경을 보면 밥을 먹으면서도 휴대전화기 시청을 해서 대화가 잘 이루어지지 않고 있다. 나는 아들에게 밥 먹을 때만이라도 휴대전화기를 방에 두고 오라고 하면서 밥을 먹을 때 이런저런 이야기를 나누어 보았다. 짧은 시간이지만 그래도 부모와 자식이 서로 얼굴 보면서 이야기를 하는 것이 가장 중요하다고 알고 있기 때문이다. 가족과 대화를 하면서 밥을 맛있게 먹어 보자고 하면 "응" 이렇게 대답하고 다음에는 또 밥상에 핸드폰을 들고 온다. 이럴 때 아버지로서 따끔하게 말을 해야 하는 게 아닐까? 아버지 말을 듣지 않으면 훈육을 해야 하는 게 아닐까? 잘못하면 가정폭력으로 신고하는 사례도 있을 수 있을 것이다.

세상 어떤 부모가 자식을 잘못되게 방치하겠는가? 잘되기만을 손꼽아 빌며 오직 내 자식만은 이 세상에서 가장 훌륭한 사람으로 자라기만을 빌며 또 빌어 본다. 나도 가끔 등산하다가 사찰이 나오면 나도 모르게 사찰 안으로 들어가 절을 올리기도 한다. 그러면서 내 가정의 건강과 내 자식들이 하는 일들이 잘되기만을 빌고 또 기원하는 것이 부모의 마음이다. 그런데 요즘 청소년들을 부모님의 그런 애틋한 사랑도 모르고 부모의 말에 거역하고 부모님이 훈육하면 경찰서 신고하는 청소년들을 볼 때 참으로 마음이 아프고 앞으로 이 나라가 어떻게 되어 가려는지 나름대로 걱정을 해 본다.

어느 날 아들에게 애원하였다. 사춘기가 된 아들의 방에서는 이상한 냄새가 풍겨 아들을 달래 함께 목욕탕을 가려고 쉬는 날 아들에게 애원하였지만, 아들은 1년이 넘도록 나와 함께 공중목욕탕에 가지 않았다. 그러던 어느 날 나는 아들에게 또, 애원하였다. 아들과 함께 공중목욕탕을 가고 싶다고 하자 옆에 있는 아내 역시 거들었다. "그래, 아들. 아버지와 함께 공중목욕탕에 가서 시원하게 아빠더러 등도 밀어 달라고 하며, 끝나고 맛있는 음식도 먹고 와"라고 하였다. 아들은 대답이 없었다.

나는 생각할 시간을 주고 1시간 뒤 아들 방을 노크하였다. "아들아, 아버지랑 함께 목욕탕 갈 수 있겠니?"라고 묻자 "네, 같이 갈게요"라고 한다. 이 소리에 나는 기쁜 마음으로 아들의 손을 잡고 공중목욕탕을 가게 되었다. 사춘기 때문에 혼자 샤워를 하던 내 아들이 아버지와 함께 목욕탕을 간다는 걸 보니 이제 사춘기가 좀 지나갔나 생각을 하였다. 나는 온탕에서 아들과 함께 목욕하면서 아들에게 "아들, 시원하지, 그렇지? 아버지는 아들과 함께 와서 매우 기쁘단다"라고 하자 피식 웃고 말았다. 2시간 동안 목욕탕에서 아들 등과 다리 그리고 머리를 몇 번을 걸쳐 샤워시켜 주었다.

아들도 나의 등을 힘껏 밀어 주었다. 2년 동안 아들의 손길을 그리워했던 것인지 나름 시원했다. 사실 나는 아버지와 한 번도 목욕탕을 가 본 적이 없다. 시골에서 살다 보니 대부분 집에서 하는 것이었다. 이제 와 돌이켜 생각해 보니 아버지에게는 한 번도 목욕탕에 함께 가지 못했으면서 아들에게만 강요하지는 않았던가. 그 시기는 그렇게 할 수밖에 없었을 것이다.

탕에서 "아들, 요즘 힘든 일 있니?"라고 묻자 청소년 시기의 퉁명스러운 말투 "없어요"가 돌아온다. "필요한 것 있으면 말해. 아버지가 해 줄게." 그러자 "네, 어머니가 잘해 주고 있어요. 걱정하지 마세요. 제가 알아서 잘하고 있어요. 부모님이 걱정하고 있는 것 저도 잘 알고 있어요. 부모님 걱정 안 하도록 나름대로 열심히 하고 있으니 지켜보고 계시면 돼요"라고 한다.

아들의 이 말에 얼마나 기분이 좋았는지 모른다. 아들은 아직 청소년이고 다 성장하지 않은 상태라 늘 곁에 부모님이 돌봐 주어야 한다고 생각했던 것이 어느새 부쩍 자라 있다는 것이 마음이 흐뭇해졌다. 목욕을 마치고 우리는 시원한 음료수와 아이스크림을 먹었다. 깨끗해진 아들의 얼굴을 보니 사춘기의 흔적이 여기저기 묻어 있었다. "아들, 우리 다음에 또 아버지랑 함께 목욕탕에 가자"라고 하니 "네"라고 대답을 하였다.

우리 부모님들은 자식들을 잘 이해한다고 하지만 그렇지 못할 때도 많이 있다. 너무 과잉보호하는 것은 좋은 방법이 아니라고 생각한다. 우리 아들은 혼자 라면도 끓여 먹기도 하고, 달걀부침, 참치 등 다양한 재료로 음식을 해 먹기도 한다. 이런 아들에게 늘 감사하다. 우리 부부는 직장 생활을 해서 아들에게 미안한 마음을 갖는다. 열심히 살아가고 있는 내 아들은 부모님을 어떻게 생각하고 있을까? 밖에서는 열심히 일하고 집에서는 자식을 위해 최선을 다해 노력하는 것이 부모의 역할이라 생각한다. 아들에게는 부모가 거울임을 명심해야 한다.

그래서 함부로 말도 해서는 안 된다. 특히 부부싸움은 아이들이 그대로 배워 학교에서 학교폭력, 어른이 된 후 성인폭력, 노후에는 노인 학대로까지 변해 가는 것이다. 모든 것이 가정에서부터 시작된다. 자은 실수도 자식 앞에서는 용납될 수 없는 것이 바로 지금 부모의 역할이다.

아들과 함께한 여행도 참으로 좋았다. 아들이 초등학교 4학년쯤 함께 중국 여행을 다녀온 적이 있다. 아들은 그때 앨범을 보면서 생각난다고 하였다. 둘만의 오붓한 여행이 참으로 좋았고 타국에서 나는 아들을 더 챙기며 부자 간의 정을 나누었다. 어느덧 내 아들이 사춘기 시절에서 생활하고 있다. 나름대로 잘 넘기고 있지만 그래도 늘 부모의 마음은 조심스럽게 다가가고 있다. 이런 부모의 마음을 이해하고 나름대로 잘 견디어 하루빨리 이 시간 속에서 벗어나 성장하는 모습을 보고 싶다.

어느 날 네가 방에서 친구들과 게임을 하면서 큰 소리로 이야기하고 웃으면서 친구들과 어울리는 모습을 보면 한편으로 감사하면서 마음이 안심되기도 한단다. 가끔은 방에서 노래도 부르고 랩도 하고 피리도 불면서 너의 시간을 보내고 있는 모습에 정말 고맙게 생각하고 있단다. 우리 아들만큼은 부모님이 노력한 정성에 보답하기 위해 나름대로 최선을 다해 열심히 자기 일을 하면서 살아가고 있는 모습에 감사하고 있다. 무슨 일이 있으면 아빠, 엄마에게 머뭇거리지 말고 이야기를 해 주면 좋겠다. 아빠는 우리 아들의 올바른 성장을 위해 뒤에서 묵묵히 지켜봐 주고 가끔은 어른이 아닌 인생 선배로서 조언해 주고 싶단다.

이 세상 모든 아버지는 내 가정을 위해 최선을 다해

열심히 살아가고 있단다. 거기에 어머니의 역할 또한 중요하지. 이런 가운데 우리 아이들은 가끔은 탈선을 하려고 하지만 그 길이 아니면 바로 잡아 되돌아와야 한단다. 너희들도 무엇이 옳은지 그른지를 알고 있을 것인데 순간 생각을 하지 못해 비행 속으로 쏠리고 말지. 하지만 무슨 일이든 하기 전에 먼저 생각을 하고 행동을 하면 좋겠다. 생각도 하지 않고 행동이 먼저면 분명 너희들은 돌이킬 수 없는 길로 가게 되는 것이다.

우리 아들.
아빠와 함께 공중목욕탕에 가 주어서 정말 고마워.
다음에도 또 함께 가서 아빠 등 밀어주면 고맙겠다.

부모와 자녀가 함께 할 수 있는 일이 무엇인지 한 번 찾아보고 실천해 보는 것이 자녀의 마음을 이해할 수 있을 것이다. 자녀 또한 부모와 함께 일을 해보면 부모의 마음을 조금이나마 이해할 수 있을 것이다. 이것이 바로 부모와 자녀가 가까워지며 서로 소통할 수 있는 좋은 방법이 될 수 있다. 나는 요즘 아들과 함께 한 달에 한 번 서울 여행이 아닌 아들 치아 교정 때문에 단둘이 버스를 타고 서울을 가면서 이런저런 이야기를 나누어 본다. 아버지와 단둘이 있다 보면 새로운 대화거리를 찾을 수 있다. 대화의 기본은 상대방의 마음을 헤아려주는 것이며, 상대방의 관심사항에 귀 기울여주고 질문을 할 때는 진심 어린 마음으로 들어주는 것이 필요하다.

자녀들과 대화가 안 된다고 하지만 그것은 잘못된 편견이다. 아들들은 대부분 어머니와 대화하기가 쉽다. 아버지는 좀 어려워하는 것이 사실이다. 쉽지는 않은 관계이지만 그래도 아버지가 먼저 그 틀을 깨고 다가가는 것이 중요하다. 아버지라는 근엄한 태도보다는 자녀와 대화를 할 때는 마음을 터놓을 수 있는 친근한 모습으로 관계 개선이 필요하다.

👍 나눔이 곧 행복

푸른 하늘만 바라보아도 행복한 날이 있습니다. 그 하늘 아래서 그대와 함께 있으면 마냥 기뻐서 그대에게 고맙다고 말하고 싶어집니다. 그대가 나에게 와주지 않았다면 내 마음은 아직도 빈 들판을 떠돌고 있었을 것입니다.

- 용혜원, 「행복한 날」

나눔은 이 세상을 행복하게 해 준다.

행복은 나눌수록 행복한 것이다.

나눔은 행복한 사람들만이 할 수 있는 용기다.

부족하다고 줄 것이 없다고 핑계를 하지만 사실은 우리는 줄 것이 참으로 많이 있다. 없다고 핑계를 대는 것은 마음의 여유가 없다는 것이 이유라 할 수 있다. 주는 기쁨이야말로 이 세상에서 가장 행복한 삶이라 말할 수 있다.

작은 것 하나라도 이웃과 함께하는 것이 참행복이 아닐까? 우리의 눈으로 볼 수 없고 만질 수 없는 것이 바로 행복이다. 하지만 행복은 마음으로 느끼는 만족감이다. 작은 것에서도 나 스스로 만족하다고 생각하면 그것이 바로 행복이다. 우리는 아주 쉬운 행복을 일상 속에서 보고 듣고 느끼면서도 항상 행복하지 않고 불행하다고 말하면서 하루하루를 살아가고 있는 것이 사실이다.

　왜 이렇게 불행하다고 말하면서 살아가고 있을까? 지금 내가 하는 이 일이 가장 위대함을 왜 모르는지, 내 손에 있는 것은 항상 작고 부족하고 보잘것없다고 생각하면서 남의 손에 있는 작은 것도 크게 보이고 소중하게 생각하며 탐을 내면서 자기 자신을 비하하면서 살아가고 있지만, 나 자신도 조금은 부족함을 느끼고 항상 큰 것을 찾아 헤매고 있는지도 모른다. 이것이 바로 인간의 욕심이 아닐까 생각한다.

　내가 건강하게 한 직장에서 열심히 일하고 월급을 받아 가족들과 함께 살 수 있는 행복을 우리는 잊고 있다. 그리고 나눌 수 있을 때 베푸는 것이 진정 아름다운 삶이라 말할 수 있다. 부족하지만 주겠다는 마음이 진정한 마음이 아닐까? 하지만 많이 있어도 베풀 줄 모르는 사람도 있다.

　이렇게 나 자신을 반성하면서도 욕심을 떨치지 못하고 좀 더 잘

했으면, 좀 더 많이 가졌으면, 좀 더 행복했으면 한다. 현실에 만족하지 못하면서 늘 잡지 못한 무지개만을 잡으려고 두 팔을 하늘을 향해 높이 펼치고 있는 건 아닌지. 현실에 충실하면서 만족함을 느낀다고 하지만 그렇지 못한 것이 바로 인간이라 할 수 있다.

행복은 눈에 보이지 않은 채 우리 곁으로 찾아온다. 행복하면 생각나는 식물이 있다. 들판에 핀 세 잎 클로버의 꽃말은 행복이다. 그리고 네 잎 클로버는 행운이다. 우리는 세 잎 클로버를 발로 밟으면서 네 잎 클로버를 찾기 위해서 들판을 다닌 적은 없는가? 무엇을 찾기 위해 우리는 소중함을 잃고 있지는 않은가? 그 소중함을 돌이켜 보면 참으로 소중한 것이 많이 있을 것이다.

가족과 소중한 만남, 친구들과의 우정 그리고 주변 사람들과 관계를 맺으면서 가끔은 소중한 추억을 잊고 지낼 때가 있다. 이 소중한 추억을 가끔은 생각하면서 살아야 하는데 그것 또한 생각하지 못하고 살고 있다. 가끔은 어릴 때 친구들의 모습이 어렴풋이 떠오르지만 지금 그 친구들은 각자 자기의 위치에서 최선을 다해 살고 있을 것이다. 그 친구들도 나처럼 친구에 대해 생각을 하고 있을까? 바쁘다는 핑계로 손에는 휴대전화기, 사무실과 방에는 컴퓨터와 함께하면서 친구들과의 소식도 전하지 못하며 살아가는 나 자신을 돌이켜 보면 무엇 때문에 그리 바쁘게 살고 있는 걸까? 그렇게 한 이유가 무엇일까? 한마디로 말한다면 나의 게으름의 결과물이라 할 수 있다. 그 게으름 때문에 소중한 친구와 선후배들도 잊고 지낸 세월이 아쉽다. 지금에 와서야 생각해 보면 아주 쉬운데 그렇게 하지 못했을까? 아마도 지금의 내 삶에 충실하다 보니 그렇게 하지 못했을 것이라고 위안하고 싶다.

나에게는 아주 작은 소망이 있다. 공부하는 것이 비록 직장 승진과는 다르지만 나름대로 배움을 소중히 여기고 그 배움을 통해 다른 사람들에게 조금이나마 줄 수 있다는 작은 행복, 그것이 나에게 진정한 행복이라 할 수 있다. 내가 먼저 배운 것을 재능 기부를 통해 나누어 그들의 삶에 보탬이 될 수 있다는 기쁨이야말로 진정한 행복이다. 배움이라는 것은 끝이 없다는 말에 한 표를 던지고 싶다. 무엇이든 새로운 것에 도전하는 그것이야말로 새로운 삶을 살아가는 원동력이 아닐까 생각한다. 새로운 학문에 대해 깊이 빠지면 나 자신이 즐겁고 행복하다.

하지만 꼭 공부를 통해 터득하는 것이 아니다. 지금 내가 하는 일 그리고 자투리 시간을 이용하여 책 속에서 배운 지식 그리고 사람을 통해 얻은 지식이 바로 참지식이라 생각한다. 꼭 돈을 주고 배운 것이 다가 아니라 어떤 장소에서 누구에게 그리고 내가 하겠다는 강한 의지만 있다면 할 수 있다. 영리만을 추구하기 위해서라면 아무것도 할 수 없다. 하지만 영리가 아닌 내 삶의 만족을 위해 공부를 통한 나눔을 실천할 수 있다.

도전!

누구나 할 수 있는 단어이다.

나이가 많아 도전하지 못한다고 하거나, 몸이 불편하여서 할 수 없다고 포기하는 사람이 있다면 그건 모두 핑계라 할 수 있다. 긍정적인 생각하고 실천한다면 무엇이든 못 하는 것은 없을 것이다.

나 스스로가 긍정적인 삶을 살 수 있다.

나 스스로 나 자신에게 항상 긍정적인 단어를 사용하고, 내 곁에 있는 모든 사람에게 부정적인 단어는 줄이고 긍정적인 말을 주고받는다면 나 아닌 누구나 변화를 가져올 수 있다. '나비효과'라는 말이 있듯이 작은 나비의 날갯짓이 큰 효과를 가져왔다는 것을 우리는 알 수 있다.

비록 지금 내가 하는 작은 행동, 말, 태도 등이 바뀜으로 인하여 큰 변화의 물결을 가지고 올 수 있다는 것을 스스로 느낀다면 결코 지금의 내 삶이 작고 보잘것없었다고 하지는 않을 것이다. 도전이라는 말은 나를 새롭게 변화시킨다. 반면 포기라는 말은 우리 삶에 있어 나를 힘들게 하고 나를 지키게 하는 문제의 원인이다. 아무런 도움이 되지 않는다.

도전은 지금부터 시자하면 된다.

오늘 이 시간부터 나는 나에게 이렇게 주문을 하고 있다. '나는 긍정적인 사람이다.' 그리고 부정적인 단어보다는 긍정적인 단어를 구상하면서 내 입에서 나오는 모든 말이 상대방에게 큰 힘이 되는 그런 사람으로 살고 싶다.

마틴 셀리그만은 긍정 정서가 창의적이며 인내를 갖게 되며, 건설적이며, 남을 배려하고, 융통성 있는 사고 작용을 촉진한다고 했다. 이러한 사고방식은 잘못된 것을 찾기보다는 올바른 것을 발견하는 데 초점을 맞춘다고 했다. 그러니까 자신의 결점을 찾거나 방어적인 자세를 취하기보다는 강점과 미덕을 계발하고 베푸는 일에 힘써야 한다고 말했다. 이 모든 것을 남을 위해 해야 한다는 생각이 있어야 한다.

부는 내 것이지만 그것을 다른 사람에게 공유하거나 제공할 수 있다면 얼마나 값진 인생인가? 작지만 실천을 통해 내 인생이 바뀔 수 있다면 나는 지금 당장 도전을 해야 할 것이다. 그 도전만이 내 인생의 큰 의미가 있을 수 있다.

그러기 위해서 나는 나눔이란 작은 것을 실천한다. 나눔이란 것은 참으로 쉬우면서도 어려운 일이다. 하지만 이것 또한 생각이 있으면 할 수 있는 일이다. 지금은 귀찮고 힘들지만 배우고 난 다음 누구를 위해 활용된다면 얼마나 행복한 일인가? 나눔을 통해 내가 기쁨을 얻고 행복해진다면 지금 당장 실천해야 한다.

나는 지금의 내 인생의 사춘기를 이겨내기 위해 무엇이든 해 보고 도전하겠다는 긍정적인 생각하고 시작을 한다면 결국은 무엇이든 결과물을 얻을 수 있을 것이다. 이 모든 것을 하기 위해서는 자기와의 싸움에서 이겨야 한다.

👍 실바람 사춘기

살아 있는 사람은 누구든 걱정거리나 문제가 있다. 흔히 '문제'라는 단어는 부정적인 의미로 받아들여진다. 그러나 이를 부정적으로 보지 않는 사람들도 있다. 문제가 없는 것이야말로 문제인 것이다.

- 켄 블렌차드

자녀의 사춘기를 어떻게 해야 할까요?

사람들은 살면서 여러 가지 면에서 사춘기를 겪고 있는 것이 사실이다. 사춘기라고 하면 청소년 시기에만 올 수 있다고 하지만 그렇지 않다. 살면서 힘들 때 자기 자신과 싸움을 하면서 삶을 더욱더 윤택하게 하는 시기, 그 시기가 바로 사춘기라고 생각한다.

청소년들의 사춘기 시절을 질풍노도의 시기라고 하여 마음을 잡지 못하고 부모님께 반항하기도 하고 가출하여 친구들과 어울려 다니면서 비행을 하는 경우도 종종 있다. 더 나아가 가출청소년들과 어울려 다니면서 사회의 이목이 되는 죄를 범하기도 한다. 청소년들이 몸도, 마음도 빠르게 변화하며 자신의 속내를 내보여주기 싫어하고 부모보다는 또래 친구들과의 관계를 맺는 시기를 사춘기라고 볼 수 있다.

그렇다면 어른들의 사춘기는 무엇인가? 고민해 본다. 직장 생활에서 힘든 시기를 맞이할 때, 어디론가 도피하고 싶을 때, 가정에서 가족들과 소통이 되지 않을 때 그리고 혼자만의 시간이 필요할 때나 어딘가로 떠나가고 싶을 때도 있을 것이다. 이럴 때 우리는 방황을 하게 된다. 사춘기 시절에는 누구나 힘든 시간을 보낼 수 있다. 평상시 말 잘 듣고, 공부 잘하고, 착하던 아이도 사춘기가 오면 점점 반항기가 찾아오거나 무기력해져 성적도 떨어지고 부모와 자주 부딪히는 일이 생긴다.

특히, 남자아이들에게서 이러한 일이 자주 일어나 부모의 의견대립이 발생하기도 한다. 이런 시기에는 입을 꾹 다물고 무슨 생각을 하는지 물어봐도 침묵하거나 짧고 무뚝뚝하게 단답형으로 대답하는 아들을 질풍노도의 시기를 보내는 십 대 아들과 자연스럽게 소통하며 대화하는 방법은 정녕 없는 걸까? 반면에 여자아이들도 남자아이들 못지않게 생활하는 데 어려움을 겪고 있다. 하지만 모든 청소년이 다 이렇게 반항하거나 가출하여 부모의 마음을 아프게 하지는 않는다. 일부 청소년들의 이탈 행위라고 할 수 있다.

왠지 모르게 또래 친구들과는 소통이 잘되는데 가장 소중한 부모와 대화는 잘 이루어지지 않는 이유로 자녀와 부모 긴의 세대 차이를 묵과할 수 없는 것은 사실이다. 자녀와의 대화를 잘해 보려고 노력하지 않는 부모는 이 세상에서 아무도 없을 것이다. 하지만 주변 환경의 도움을 받는다면 이를 쉽게 이겨 낼 수 있을 것이다.

일반적으로 아동은 흑백 논리와 같이 절대적 관점에서 사물을 판단하지만 청소년들은 타인의 주장에 대해 의문을 가지고 어떠한 사실을 절대적인 진리로 인정하려는 경향이 아동과 비교해 떨어진다. 상대적으로 청소년들은 부모의 의견이나 생각에 대해 아동기처럼 절대적인 순종을 하지 않으므로 종종 부모와의 갈등을 일으키며 부모의 처지에서는 자녀가 반항적이라고 생각할 수 있다. 청소년들은 종종 모든 세상사에 관심을 잃고 회의를 느끼며 자기가 원하는 것에 몰두한다.

그래서 청소년 시기에는 남의 생각과 내 생각을 구분하지 못하고 남의 입장이 내 입장과 같을 것으로 확신하는 청소년기 특유의 자아 중심성이 나타난다. 남의 생각은 간접적으로 추론되지만 제 생각은 직접 경험되므로 훨씬 뚜렷하고 명료할 수밖에 없기 때문이다. 이로 인해 청소년뿐 아니라 성인들도 때때로 자기중심적으로 생각하는 오류를 범할 수 있다.

퇴근하면 아이는 방에서 인터넷 게임을 즐기고 있다. 부모는 게임을 줄이고 학업에 열중하였으면 하는데 그 광경을 보고 내가 아들에게 큰소리를 치거나 게임을 중단하라고 한다면 아들과의 관계는 더욱더 멀어질 것이다. 그래서 나는 아들의 방에서 친구들과 게임 하는 소리가 들리면 조용히 내 방으로 들어간다. 그리고 게임이 종료되면 아들을 불러 이렇게 말을 한다. "아들, 오늘 학원 잘 다녀왔어? 무슨 과목 공부했어? 힘들지 않아? 그리고 게임은 하루에 몇 시간하고 있니?"라고 묻는다. 무작정 큰 소리로 아들의 사정을 이해하지 못하면서 부모니까 그래도 된다는 부모의 입장만을 내세우면 그것 또한 갈등의 시작이 될 수 있다.

첫째, 관찰이 필요하다. 아들과의 갈등으로 힘든 가정생활을 하는 것보다는 아들의 입장을 수용하는 부모의 여유로움을 갖는다면 갈등을 줄일 수 있을 것이다. 그러기 위해서는 자식이 하는 일에 대해 대놓고 야단을 치거나 큰 소리로 꾸짖는 행동보다는 한발 물러서서 지켜봐 주는 것이 더 필요하다.

자녀들에 대한 관심이 크며 그들을 사랑하고 자녀들의 능력 발달을 위하여 필요한 조치를 하여 준다면 일반적으로 정서적으로 안정되어 성실하고 명랑하며 협력적이고 사회화가 잘된 아이로 키울 수 있다.

자녀와의 갈등 발생 시 부모는 어떻게 하는 것이 맞는 행동일까?

부모가 아닌 제3자 위치에서 상담하듯 대화를 시도해 보면 좋겠다. 그러기 위해서는 제일 먼저 해야 하는 것은 상대방에 대한 주의집중이다. 서로의 눈을 바라보면서 시선을 마주치고 긴장을 풀고 편안한 자세로 서로의 감정을 이해하며 지금 당장 자녀의 행동을 수정하는 것보다는 대화로 서로의 문제를 하나하나 풀어가는 것이 중요하다.

둘째, 경청은 아주 중요하다. 상대의 말을 성의 없이 들어서는 안 된다. 효과적인 경청은 상대방에 대한 선입견을 버리고 전달하는 것에만 모든 관심을 집중하는 것이다. 서로 이야기하는 내용에 대해서 가끔은 공격적인 내용을 말할 수는 있지만 무시하거나 비난하는 표현은 피해야 한다. 눈과 귀를 사용하여 상대방의 목소리와 다른 비언어적인 표현을 통해서 전달하고자 하는 메시지를 정확히 파악하려고 노력해야 한다.

세 번째로는 자녀가 이야기한 내용을 자세히 들어주고 주장했던 말이 무엇인지 한 번 축약해서 질문해야 한다. 힘들지만 이런 방법의 노력이 필요하다. 누구에게나 면담할 때 상대방의 말을 듣고 앵무새처럼 한 번 더 되묻는 것이 중요하다. 이렇게 된다면 상대방이 내 말을 정말 잘 들어 주었다고 하는 생각에 좀 더 쉽게 서로의 감정을 이해할 수 있을 것이다. 대화는 온유하게 이끌어 나가는 것이 기술이다. 서로 이야기를 할 때 음성의 높이도 1에서 10으로 잡는다면 5~6의 음성으로 대화를 해야 한다. 이때 감정이 격해 큰 소리로 말을 할 때는 말소리를 최소화하면서 상대방이 내 말에 귀 기울일 수 있도록 하는 것도 하나의 방법이다.

사실 부모가 자녀를 상담하는 건 어려운 문제이다. 그렇다면 심리 상담을 할 수 있는 지인에게 상담을 의뢰하는 것도 좋은 방법이라고 할 수 있다. 문제가 있다고 해서 그것을 풀지 않고 넘어간다면 더 큰 문제로 전환될 수 있기 때문이다. 자녀의 사소한 문제도 짚고 넘어가는 것이 부모의 중요한 역할 중의 하나다.

부모와 자녀 간 대화를 할 때는 공감적 이해가 중요하다. 서로의 감정에 빠져들지 않으면서 서로의 감정을 자신의 감정인 것처럼 느끼는 것을 말한다. 그러기 위해서는 상대방을 한 인간으로서 깊고 순수한 관심으로 대하는 것이 필요하다. 자녀를 상담할 때는 조건을 달지 않고 따뜻하게 수용해 주는 것이 중요하다. 사춘기 시절 자녀와의 대화는 정말 어렵지만, 이 또한 지나가는 과정에서 서로의 힘겨루기는 해서는 아니된다.

같은 방향을 추구하기 위해서는 서로의 양보와 배려가 필요하다. 그렇지 않으면 결국 잘해 보겠다고 하지만 더 멀리 가버릴 수 있다. 지켜봐 주는 것도 하나의 방법이다. 부모는 커다란 나무라고 생각하고 자녀는 그 나무 아래 그네를 타고 있는 아이라고 생각한

다면 모든 것을 커다란 나무가 지켜봐 주고 힘들면 쉬어 길 수 있
도록 마음 편하게 해 준다면 집으로 안전하게 돌아올 것이다.

우리 자녀들도 부모와의 관계를 좋은 관계로 오랫동안 유지하고
싶은 것은 당연하다. 우리 자녀들은 또래 친구가 좋고 바깥에서 놀
고 싶고, 게임도 많이 하고 싶은 것은 요즈음 청소년들의 모든 희
망 사항이다. 우리 부모는 그 희망 사항을 좀 느슨하게 해 주는 것
도 하나의 방법이다.

그리고 가끔은 자녀와의 대화가 필요하다. 함께 식사하거나 운
동을 하면서 가벼운 주제를 갖고 이야기의 실타래를 풀어 가면 더
욱더 좋을 것이다.

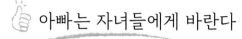# 아빠는 자녀들에게 바란다

못 가진 것에 대한 욕망으로 가진 것을 망치지 말라. 하지만 지금 가진
그것이 했을 때는 바라기만 했던 것 중 하나였다는 것도 기억하라.

- 에피쿠로스

부모는 자녀에게 무엇을 바라는가?

부모의 마음을 조금이나마 이해해 주는 것이다.

소냐 류보머스키는 행복하기 위한 연습으로 12가지를 말하였다.
나는 내 자식들에게 12가지는 아니더라도 몇 가지만큼은 실천하
면서 살아보면 어떨까 하는 생각을 하게 된다. 목표에 헌신하고 몰
입체험을 늘린 다음 삶의 기쁨을 음미하고 항상 감사 표현을 하여
야 한다. 그리고 낙관주의 삶을 살아야 할 것이며, 과도한 생각과
사회적 비교를 하지 말 것이며, 친절을 실천하고 인간관계를 돈독
히 해야 할 것이다. 또 대응 전략을 개발하고 용서하며, 몸을 살피
고 명상과 신체활동을 하며 행복한 사람처럼 행동하면서 살았으면
좋겠다.

유치원 때부터 공부에 초점을 두고 다른 집 아이들보다 좀 더 잘 키워 보고 싶어 나름대로 최선을 다해 부모의 역할을 하려고 노력하였지만, 그것 또한 힘이 들었다. 초등학교 때는 학교 공부에 학원 공부를 시켰고 중학교 때도 그랬는데 학교 공부마저 버거워했다. 그래서 고등학교 과정에는 자유를 주었다. 그리고 대학에서는 자기들이 마음껏 할 수 있도록 뒤에서 지켜봐 주고 약간의 경제생활에 도움을 준 것이 다였다.

나는 내 자식들이 아무런 의미 없이 이 험난한 세상을 살아가는 자체가 싫었다. 무슨 일이든 최선을 다해서 살아야 한다고 가르쳤다. 그래서 딸아이들의 대학 및 진로를 선택할 때는 부모로서 좀 더 강하게 주장했다. 그렇지만 지금 그들이 사회의 한 일꾼으로 열심히 자기 몫을 하면서 살아가고 있다는 것에 대해 후회는 하지 않는다. 가끔은 좀 더 좋은 직장에서 좀 더 편하게 살았으면 하는 마음은 들겠지만 좋은 직장은 무엇이며 좋은 일터는 어딘지 사실 판단을 할 수 없다. 남들이 보는 눈으로는 판단할 수 없다.

지금의 내 딸들은 이 세상에서 가장 고귀한 일을 하고 있다. 봉사하면서 돈을 벌고 있기 때문이다. 나름대로 한 달 월급을 받아 생활하면서 부모님께 선물 사 드리고 자기 용돈 쓰고 저축하는 우리 딸들이야말로 가장 평범하면서 가장 행복한 삶을 살아가고 있다는 것이다.

세상에서 가장 비굴한 사람은 남에게 구걸하는 것이다. 요즈음에는 취직도 하지 못하고 사회에 도피하거나 그것도 하지 못하고 남들이 하니까 나도 한다고 생각하고 대학을 졸업하고도 적성을 찾지 못한 청년 실업자들이 참으로 많이 있다. 그렇게 되다 보니 부모와의 갈등이 고조되고 나름대로 삶의 의욕도 떨어지고 사회에 낙오자라는 오명을 받으며 살아가고 있는 청년 실업자들의 애환이 많이 있다.

나는 내 자식들에게 이렇게 주문하면서 살아왔다. "이 세상 한 곳에서는 너희를 기다리고 있는 사람들이 있다. 그곳에서 너희의 손길을 기다리고 있는 사람들을 위해 열심히 일하면 그것이 바로 진정한 행복이며 삶의 의미를 찾을 수 있을 것이다." 큰딸아이는 처음 직장을 구해 많이 힘들었지만, 부모 걱정시켜 드릴까 봐 참고 이제는 4년 차 베테랑 직장인이 되었다. 작은 딸아이도 처음에는 힘이 들어 다른 곳으로 이직하였지만, 다시 직장을 구해 지금은 프로가 된 모습을 보니 너무나 대견스럽고 감사했다.

살면서 안 힘든 일이 이 세상에 하나도 없다. 직장이 없이 지나가는 사람들에게 구걸하는 사람들도 돈 천 원을 구걸하는데 그냥 주지 않는다. 상대방의 마음을 열어야 지갑에서 돈을 꺼내어 구걸하는 통에 돈을 넣는다. 그런데 우리는 너무나 쉽게 살아가려고 하는 것이 문제이다. 일은 하지 않고 돈을 벌겠다는 생각 그리고 로또가 당첨되어 하루아침에 부자가 된다는 꿈을 꾸기도 한다. 물론 이런 방법도 있을 것이다. 그런데 쉽게 돈을 벌면 쉽게 사라지는 것이 바로 의미 없는 삶의 결과이다.

우리 자식들에게 나는 열정을 갖고 살아가라고 했다. 열정은 행복이라는 꿈을 가진 사람이 반드시 가져야 할 덕목이다. 열정이 없는 사람은 살면서 아무런 의미 없이 살기 때문에 목적도 흐지부지하게 되고 만다. 열정이 뜨겁게 달아오를수록 자신의 삶에 대한 책임감과 애착심이 높아지게 된다. 그래서 살아가면서 열정이 필요하다. 공부하는 학생에게는 열정이 필요하고, 운동하는 선수에게도 열정이 있어야만 최선을 다해 노력할 수 있는 것이다. 최선을 다해 얻은 기쁨이야말로 진정한 행복이라고 말할 수 있다.

오프라 윈프리는 세계적으로 영향력을 많이 끼친 여성이다. 그녀가 세계적으로 명성을 얻은 것은 바로 그녀만의 열정이었다. 그녀의 삶과 그 삶을 지탱하는 거침없는 명언들이 쏟아져 나왔기 때문에 유명인이 되었다. 오프라 윈프리는 "할 수 없을 것 같은 일을 하라. 실패하라. 그리고 다시 도전하라. 이 순간을 당신의 것으로 만들어라. 도전은 우리가 새로운 무게 중심을 찾게 하는 선물이다. 당신이 할 수 있는 가장 큰 모험은 당신의 꿈꾸던 삶을 사는 것이다. 조금도 위험을 감사하지 않는 것이 인생에서 가장 위험한 것이다"라는 말을 했다.

세상 모든 사람은 가끔은 힘들다고 할 때도 참으로 많이 있다. 하지만 열정을 되찾아야 한다. 삶에 있어 열정만 갖고 있다면 못할 일이 하나도 없을 것이다. 어린아이에서부터 어르신들까지 삶의 열정을 다시 찾는다면 지금, 이 순간 최고의 선물이다. 미국의 인권운동가인 마틴 루서 킹의 열정적인 연설에는 뜨거운 열정이 담겨 있어서 그의 연설을 들은 수많은 사람이 자신들의 삶의 의미의 방식을 반성하는 계기가 되었다고 하였다.

최근 어르신 일자리 창출을 위해 나라에서 하는 사업에는 아침에 학교 앞 교통정리, 주 3회 길거리 풀 뽑기, 아동안전 지킴이, 유아 돌보기 등 여러 가지가 있다. 나이가 많고 허리가 굽어 보조용 의자를 밀고 다니면서 열심히 일하고 계신 어르신들을 보면 적은 돈이라도 스스로 용돈을 벌겠다는 생각이 참으로 훌륭하다. 하지만 반대로 그렇게 열심히 모은 돈을 자식이 하루아침에 가져가는 사례도 있다.

힘들게 일을 하면서 자식에게 의존하지 않겠다고 열심히 살아가신 어르신들의 삶을 보면 약값에 보태기 위해 나오시는 분, 심심해서 나오시는 분 등 여러 유형이 있지만 나이 들어도 하겠다는 생각이 정말 훌륭하다고 생각한다.

그런데 요즈음 젊은 사람들은 대기업, 공무원, 월급 받는 곳만을 선호하고 있고 그것은 지금의 이 사회가 만들어 놓은 것이다. 다시금 우리의 현실을 생각해 보아야 할 것이다.

사랑하는 내 자식들아!

너희들이 최선을 다해 열심히 이 사회의 구성원으로 살아가는 모습이 아버지로서는 무척 행복하다. 주변 사람들은 학교도 마치지 못하고 공무원 시험, 대기업 시험 준비하는 자녀들도 참으로 많이 있는데 내 소중한 자녀들은 대학에서 열심히 공부한 것을 가지고 부모의 기대에 어긋나지 않고 열심히 사회에서 일하는 모습에 너무나 감사하고 있다. 다른 지인들이 나를 무척 부러워하고 있다고 하여 한편으로 내 어깨가 으쓱해지곤 한다.

행복해지고자 한다면 매일 좋은 생각, 좋은 기분을 갖고 생활하여야 한다. 스스로 자기 일에 만족을 느끼고 행복하다고 생각하면 최고의 행복한 사람이다. 그리고 행복해지려면 지금 자신이 가진 것부터 즐길 줄 알아야 한다. 주어진 상황에 어떤 방식으로든 즐기는 것은 모두 각자의 몫이다. 주저하지 말고 과감한 인생을 꿈꾸며 살아다오.

제3부

사춘기
아버지의 삶

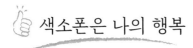 색소폰은 나의 행복

세상에서 가장 좋은 벗은 나 자신이며, 세상에서 가장 나쁜 벗도 나 자신이다. 나를 구할 수 있는 가장 큰 힘도 나 자신 속에 있으며, 나를 가장 심각하게 해하는 무서운 칼날도 나 자신 속에 있다. 이 두 가지 중 나 자신이 어느 것을 좇느냐에 따라 운명이 결정된다.

- 웰만

삐익 소리.
지칠 줄 모르는 열정!

멋진 연주를 하고 싶다는 강한 의지를 갖고 나도 악기를 한번 배우고 싶다고 생각하고 내가 할 수 있는 악기가 무엇이 있을까 고민에 고민을 했다. '집에 피아노가 있으니 피아노를 배워 볼까? 아니면 기타를 해 볼까?' 이것저것을 생각하던 중 색소폰을 배우기로 했다. 그리고 색소폰 학원이 있는지를 찾았다. 전문적인 색소폰 학원이 아닌 취미로 색소폰을 한다고 하여 찾아갔다. 처음이라 선생님에게 물었다.

"저도 이 색소폰을 연주할 수 있을까요?" 묻자 선생님은 나에게 힘을 주셨다. "당연히 할 수 있습니다. 6개월 정도 연습을 하시면 어느 정도 부실 수 있을 것입니다." 그래서 난 결심했다. 더 늙기 전에 해야겠다. 그래서 비싸지 않은 색소폰을 샀다. 색소폰과 피스 그리고 리드를 구매하는 데 약 100만 원 정도 소요되었다. 토요일에 가서 연습하였다.

처음에는 소리도 나지 않았다.

삐익 소리만 나올 뿐 정말로 힘이 들었다. 잘 불고 싶은데 잘되지 않았다. 나보다 먼저 학원에 온 사람은 제법 소리가 잘 났다. 한편으로는 부럽기도 하면서 내 실력이 늘지 않아 포기할까 생각도 했다. 하지만 100만 원을 투자한 것이 아까워 더 해 봐야겠다고 했다. 한 달이 넘자 선생님이 악보를 한 번 주면서 연주 방법을 가르쳐 주었다. 사실 잘 분다는 사람은 학창 시절 밴드부를 했단다. 그래서 잘 분다고 했다. 그렇게 생각해 보면 나는 태어나서 처음으로 내가 악기를 연주해 보는 것이다. 여유가 없어 피아노 학원 한 번 다닌 적이 없는 내가 한 번도 다뤄 보지 않은 악기를 연주한다는 것은 결코 쉬운 일이 아니다.

처음으로 연주했던 곡이 바로 엘비스 프레슬리가 부른 「러브 미 텐더」였다. 이 노래는 '달콤하게 사랑해 주세요'라는 뜻이 있는데 제목처럼 아름다운 화음과 멜로디를 가진 노래였다. 영화 〈러브

미 텐더>에서 엘비스 프레슬리가 부른 노래로 대중들에게 잘 알려진 노래이다. 원곡은 「오라 리(Aura Lee)」라는 미국 민요이다. 당시 이 노래는 빌보드의 싱글 순위에서 1위를 하기도 했다.

이렇게 유명한 노래를 내가 연주한다는 것은 큰 영광이었다. 선생님과 함께하면서 음이 틀리기도 했지만, 선생님을 따라가려고 안 되는 운지법을 하면서 나름대로 힘이 들지만 나도 색소폰 연주를 할 수 있다는 생각에 힘든 줄도 모르고 이 노래를 처음으로 내 색소폰을 통해 연주했다.

매일 학원에서 와서 기본 연습을 하고 난 다음, 이 노래를 연주했다. 처음에는 악보가 눈에 잘 들어오지 않았는데 자주 하다 보니 악보가 눈에 들어오면서 음에 대한 강약 조절도 시도해 보았다. 처음에는 힘껏 연주했지만, 시간이 지날수록 음의 높낮이 구분해 좀 더 부드럽게 연주를 하기도 했다. 그다음 스코틀랜드 민요인 「애니로리」를 연주했다. 학원 문이 열지 않은 날은 선생님에게 전화하여 학원 문을 열어달라고 했다.

어느 때는 선생님이 퇴근해야 하는데 나 때문에 퇴근하지 못하고 퇴근 준비를 다 하고 밖에서 기다리고 계신 적도 있었다. 그렇게 6개월이 되었다. 그제서야 내가 악보를 인터넷에 찾아 연주했다. 선생님은 편했다. 내가 악보를 찾아와서 선생님에게 한 번 연주 해달라고 하면 선생님은 연주하고 나는 곁에서 녹음한 다음 내가 혼자 선생님의 녹음을 들으면서 음을 익혀 가기도 했다. 연주하다가 음이 틀리면 선생님이 들어와서 함께 연주해 주기도 했다. 잘될 것 같아도 혼자 하는 연습은 잘되지가 않았다.

1년이 돼서야 이제 음이 귀에 들어왔다. 그리고 장모님 칠순 잔치에 과감하게 도전을 했다. 가족들 앞에 '어머니 은혜'를 연주했다. 잘은 못하지만 그래도 꼭 연주해야 하는 동기 중의 하나였다. 장모님이 즐겨 부른 노래 최헌의 「오동잎」도 연주했다. 음이 틀리기도 했지만, 행사에 참석한 모든 사람은 나에게 격려의 큰 손뼉을 아낌없이 쳐 주었다.

직장에서의 스트레스를 어떻게 풀어가는 것이 중요할까?

스트레스를 풀지 않으면 병이 생기는 직장인도 있다. 심지어 우울증을 앓고 결국 목숨을 잃은 사례도 있다. 나는 시간이 되면 색소폰을 들고 아무도 없는 산속으로 가서 길게는 5시간을 연주한 적이 있다. 연주하고 난 뒤의 나의 기분은 최고였다.

음악에 심취되었다는 이야기가 바로 나를 두고 하는 말 같다. 나름대로 악보를 보고 연주하였다면 힘이 생긴다. 내 악보집에는 약 70곡의 악보가 있다. 이 악보를 연주하면 4분씩 잡고 280분, 즉 4

시간이 넘게 걸린다. 잘 안 되는 부분이 있으면 또 연습해서 5시간이 훨씬 넘게 걸린 적이 있다. 야간 근무를 마치고 난 색소폰을 들고 인적이 드문 곳으로 간다. 휴일에는 나만의 장소인 체육관 뒤편으로 가서 연습한다. 산에서 연주를 하다 보면 산모기에 물려 퉁퉁 붓기도 한다. 하지만 연주할 때는 모르는데 연주를 마치고 내려오면 몸이 가려워 긁을 때가 많았다.

그런 나를 보고 처남이 창고에 있는 컨테이너 안을 정리하여 그곳을 사용하라고 했다. 굳이 학원에 다닐 필요는 없었고 나름대로 악보를 보고 연습할 공간이 필요했다. 하루는 창고에 가서 짐을 다른 곳으로 옮기고 청소를 말끔히 했다. 컨테이너라 소리는 나지만 인적이 드문 곳이라 크게 문제 되지 않는다. 창고의 주변 환경은 창고 위에 장례식장이 있고 그 옆으로는 국영기업 사무실 그리고 컨테이너 앞에는 작은 축사 그 축사에 소 5마리 그리고 창고 입구에는 주인만 알아보는 개 3마리가 있는데 주인밖에 모르는 충직한 개가 있고 공사 현장에 사용하는 물건들이 이곳저곳에 있다. 그런 가운데 음악을 하겠다고 하는 내 생각이 참으로 대견하다.

나의 연주를 들어주는 것은 다섯 마리의 소와 세 마리의 개 그리고 농로라 농사를 짓기 위해 가끔 지나가는 농민뿐이다. 아, 참 또 있다. 소와 개 먹이를 주기 위해 날마다 방문하시는 장인, 장모님이 내 연주를 듣는다.

얼마 전 평소 사고 싶었던 것을 구매하게 되었다. 색소폰 반주기였다. 신제품은 230만 원 넘는데 2년 정도 사용했다고 하면서 150만 원에 팔겠다고 전주에서 연락이 왔다. 사실 나에게 큰돈이다. 하지만 색소폰을 연주하는 나로서는 학원을 가지 않을 때 필요한 것이다. 사실 학원비 1년이면 충분히 구매할 수 있는 것이었다. 그래서 선뜻 결정을 내렸다. 그래서 내가 좋아하는 곡명을 다 저장해 두었다. 그리고 불러 보지 않았던 노래들을 선택하여 악보를 보면서 연주를 해 본다. 아직은 프로다운 연주는 하지 못하지만, 아마추어인 나에게는 많은 곡을 연주할 수 있다는 것이 중요하다.

이 모든 것이 포기하지 않고 해야겠다는 강한 열정이 있었기 때문에 가능했다. 나의 연습실은 방음 장치만 하면 완벽하다. 하지만 비용이 많이 들어 밤에는 연주하지 않고 낮에만 연주하기로 했다.

연주를 위해 나름대로 새로운 색소폰 구입하고 반주기, 앰프가 마련되어 있다. 야외에서도 이제는 할 수 있다. 색소폰 6개월 정도 되었을 때였다. 비록 가끔은 삑 소리도 나지만 나는 과감하게 경로당을 방문하여 곡을 연주하게 되었다.

어르신들이 즐겨 부르시는 노래를 색소폰으로 연주해 드리니 너무 좋아하셨다. 어르신들도 자리에서 일어나 반주에 맞춰 노래를 부르기도 했다. 지루하게 시간을 보낸 노인분들에게 내가 할 수 있는 악기를 통해 연주해 준 점이 너무 뿌듯했다. 더욱더 연습해서 다음에는 멋진 연주를 해 드리겠다고 했던 것이 벌써 몇 개월이 지나 버렸다. 다음 기회에 꼭 들려 드려야지. 그리고 시골 어르신 에게도 한 번 가서 멋진 연주를 해 드리고 싶다.

악기를 다룰 줄 알게 된 것은 참으로 잘한 일이라 생각한다. 그리고 자신감이 넘친다. 지친 마음을 달랠 수 있는 좋은 도구이다. 내가 지금까지 많은 일을 경험해 보면서 악기를 배웠던 것이 내 인생에 있어 가장 큰 행복이라고 생각한다. 이제 이 악기가 나의 분신이 되어 버렸다. 그래서 욕심이 생긴다. 더 좋은 악기로 연주하고 싶은 마음뿐이다. 그렇다고 내가 가정과 직장을 버리는 것은 아니다. 기본적인 생활을 하면서 여가를 이용하여 내 삶을 더욱더 윤택하게 해 줄 수 있는 것이 바로 색소폰이라는 것을 새삼 깨닫게 되었다. 그리고 내 아들에게 색소폰을 가르쳐 주면서 함께 연주해 보고 싶다. 색소폰 연주를 통해 아들과 소통하고 싶고 더 나아가 아들과 함께 연주하고 싶어 하루는 음악실로 데리고 가서 가르쳐 주려는데 아들은 하기 싫어하며 아직은 악기에 대한 흥미를 갖지 못하였다.

나처럼 나이를 먹어 악기를 다루기보다는 학창 시절 1인 1악기를 통해 학교 공부에 시달리는 우리 자녀들이 스트레스 해소 및 취미 생활을 통해 학창 생활을 의미 있게 보내면서 다른 친구들과 함께

하는 마음의 여유를 가졌으면 하는 것이 작은 희망이다. 이런 정책을 국가적인 차원에서 했으면 한다. 유치원에서 초·중·고등학교까지 긴 세월 동안 아무런 악기 하나 없이 학창 세월을 보냈다는 것이 한편으로 서글프다고 생각한다. 나도 청소년 시기에 아무런 생각 없이 보냈다는 점에 대해 아쉽다는 생각이 든다.

우리 아이들에게 꿈과 희망을 심어주는 교육 프로그램을 추진했으면 좋겠다. 서열 중심의 공부가 아닌 아이들 스스로 능력에 맞는 공부 그리고 아이들의 정서함양을 위한 프로그램이 필요하다. 학교 측에서는 나름대로 아이들의 교육에 신경을 많이 쓰고 있겠지만 어른의 눈높이가 아닌 아이들 눈높이의 교육이 절실히 요구되는 시점이다. 그리고 아이들의 정서함양을 위한 프로그램이 많이 개발되어 행복한 학교생활을 마음껏 즐길 수 있는 분위기를 만들어 주면 좋을 듯싶다.

우리네 삶이 가진 리듬에 얼추 맞게 살다 보면 어린 시절로부터 이삼십 년이 지나 또 한 번 아이들의 마법에 빠져들 기회를 얻기 마련이다. 이때가 아이들에게 배울 때다. 우리 아이들이 또 아이들을 가지면 그땐 더 많은 것을 배우게 됨은 물론이다. 아이들과 함께 시간을 많이 보내야 한다. 아이들의 웃음과 자연스러움 그리고 호기심과 여유 마지막으로 탄력과 믿음, 집요함과 끈기와 상상력을 배우라.

사람은 살면서 한 개의 악기를 다룰 수 있다면 그것이 가장 큰 행복이 될 것이다. 사람들이 생각하는 것이 모두가 똑같을 수는 없다. 하지만 내 인생에서 타인에게 추천하고 싶은 것이 있다면 악기 하나쯤 연주할 수 있는 사람이 되라는 것이다. 그러면 삶의 여유를 가질 수 있다고 말하고 싶다.

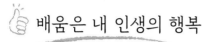

배움은 내 인생의 행복

인간이 인간다울 힘은 그 의지력에 있는 것이지, 재능이나 이해력에 있는 것은 아니다. 아무리 재간이 있고 이해력이 풍부하여도 실행력이 없다면 아무것도 할 수 없기 때문이다. 사람의 의지력이 그의 운명을 만들고 있다.

- 에머슨

행복이 무엇일까?

눈으로 볼 수 있을까?

손으로 잡을 수 있을까? 아니면 경제적으로 부자가 되는 것일까? 보이지 않는 추상적인 자기만족이 행복이다. 사람들은 행복하다. 그래서 내 삶이 행복하다. 행복하여 다른 사람을 도와주어야 겠다고 생각하면서 살고 있으니 행복하다고 할 수 있다.

그럼 행복이 무엇일까?

내 삶에 있어 기쁨과 만족을 느낄 때 진정한 행복이라 생각 할 수 있다. 우연히 행복학 특강을 통해 '어떻게 하면 행복해질 수 있을까?'라는 물음표를 갖게 됐고 의문을 가진 채 긴 세월을 살아왔다. 지금 우리의 삶이 풍족하다고 해서 행복하다고는 생각할 수 없다. 그래서 행복해지기 위해 어떤 방법이 있는지에 대한 행복 특강을 듣게 되었다.

나는 살면서 행복과 불행이라는 단어에 대해서 내가 기분이나 느낌이 즐거우면 행복하고 그렇지 않으면 불행이라는 말을 사용하기도 했다. 그럼 행복하기 위해 나는 무엇을 하였는가? 어떤 노력을 하였는지 지금에 와서 생각해 보면 꼭 행복해야겠다고 생각하면서 살지는 않았다. 살다 보니 즐겁고 기쁘고 내가 만족을 느낄 때 행복하다고 생각했다. 하지만 불행해서 죽겠다거나 힘들다는 생각도 안 해 보지는 않았다. 하지만 불행하다고 내 인생을 포기해야 한다는 것 또한 아니라는 생각이 든다. 내가 하고자 하는 일에 대해 최선을 다하였지만 그래도 만족함을 느끼지 못할 때 '아쉽다', '힘들다' 이런 표현으로 불행이란 단어를 접목시킨 적도 있다. 생각해 보면 이것이 불행이라고 스스로 답을 내린 것 같다. 모든 것이 삶 속에서 이루어지는 것이다.

사람들은 내게 왜 이리 바쁘게 생활하고 있느냐고 말하기도 했다. 하지만 나는 도전 의식이 강하다. 새로운 것을 탐구하고 싶고 이 모든 것이 내 인생에 도움이 된다고 생각한다. 시작을 하면 반드시 끝이 보인다는 것을 알기 때문이다. 끝난 뒤 다시 시작하는 것이 도전이라고 생각하고 싶다.

행복에 관해 공부하기 전에는 과연 내가 행복하고 있는 것인가 의문이 들었다. 나름대로 행복하다고 느끼고는 있지만, 구체적인 행복에 대해서는 잘 모르고 있었다. 행복의 조건이 있다고 어떤 것이 있을까? 돈이 많이 있다고 행복할까? 아니면 높은 지위에 있어 행복할까? 그렇지 않으면 무엇일까?

나는 행복의 조건을 이렇게 생각해 본다. 행복이라는 것은 우리 눈으로 보이거나 만질 수 없는 것이다. 그래서 나는 사랑하는 가족과의 행복한 생활을 누리고 있다는 점이 바로 행복의 조건이라 생각한다. 나와 함께하는 놀아줄 친구가 있고, 내가 다니는 직장이 있고, 나의 취미생활을 할 수 있어 행복하고, 나눔을 실천할 수 있어, 있으면 나눠 주고 싶은 생각을 하고 있다는 것이 행복이다.

소중한 가족과 함께 잠을 자고 함께 밥을 먹으면서 서로의 의견 충돌이 있으면 그것을 원만히 해결해 가면서 살아가는 것이 진정 행복이라 생각한다. 돈, 돈, 돈 하면서 날마다 헐뜯거나, 높은 지위에 못 올라가 안절부절못하면서 하루를 힘들게 살아가면서 그 지위로 올라가기 위해 타인을 얼마나 힘들게 하는지 무엇이 문제인지를 모르는 사람들도 있다. 그러면서 타인의 마음에 상처를 주면서 살아가는 사람들이 너무나 많이 있다.

배움이 짧으면 고통을 느낀다는 말이 있다. 그래서 고통의 짐을 덜 느끼기 위해서 새로운 것에 대해 항상 도전하고 싶다. 살면서 무엇이 나에게 도움이 되는지 알 수는 없지만 배움이라는 것은 내 삶의 원동력이다. 새로운 것을 배우고 그것을 다른 사람에게 줄 수 있다는 기쁨으로 배우고 있다. 나는 내 주변의 사람들이 행복에 관해서 물어보면 무슨 말을 해야 할지 고민을 한 적이 있다. 그러면서 이렇게 나만의 답을 말한다.

행복은 내가 결정하고 나 스스로 찾는 것이다. 모든 것이 내 안에 있다고 말해 주고 싶다. 작은 것에 소중함을 느낀다면 길가에 돌멩이, 풀뿌리, 잡초가 있는 그 자체만으로도 행복하다고 생각한다면 이것이 진정한 행복이다. 이런 것들을 모두 불평불만을 갖고 생활한다면 인생의 의미는 없을 것이다. 길가에 돌멩이가 있는데 이 돌멩이를 한쪽으로 치워둔다. 그럼으로써 뒤따라오는 어린아이나 어르신들이 넘어져 다치지 않는다면 그것 또한 진정한 행복이 아닐까 생각한다. 내가 조금은 양보하고 조금 더 관심을 둔다면 이것이 진정한 행복이다.

처음으로 행복학을 들을 때 강사를 만나 행복에 대해서는 잘 이해할 수 없었던 것이 사실이었다. 하지만 매월 세미나를 통해 행복에 대한 철학 사상을 배우고 강사들의 CBS 세바시를 들으며 행복한 삶을 알게 되었다. 나름대로 행복해지고 싶어 먼저 문을 두드렸다는 것이 지금에 와서 참으로 잘했다고 생각한다. 그런데 우리는 행복하게 살고 있으면서도 더 큰 행복을 찾기 위해 날마다 힘든 생활을 하는 것은 사실이다. 어깨의 짐을 한 개만 내려놓으면 그것이 바로 행복인 줄 모르며 살아가고 있다. 좀 줄여야겠다고 생각하고는 있지만, 그것이 잘되지 않는다.

행복은 지금, 이 순간이 최고의 행복이다. 그 행복을 지키기 위해 우리는 각자의 삶에 있어 최선을 다해 노력해야 한다. 나는 지금도 공부를 하고 있다. 퇴직을 준비하며 희망찬 내 삶을 실현하고 싶어 노력하고 있다. 통합치료는 생소한 학과이지만 공부를 해 보니 너무나 좋은 공부라는 것에 푹 빠져 있다. 직장에서 승진을 당연히 하여야 승진에 온 힘을 쏟는 것보다는 나 자신을 얼마나 행복하게 살 것인가를 생각해 보면서 하는 배움의 길을 선택했다. 경쟁도 없는 나만의 행복감을 느끼며 내가 남에게 무엇을 줄 수 있는지를 하나하나 알아가는 재미가 너무나 즐겁다. 이런 것이 진정한 행복이라 생각한다. 새로운 학문이 무엇인지 그리고 그 학문을 배우기 위해 온 사람들은 어떤 사람들인지 알아가고 있다. 나름대로 배움이란 행복을 갖고 찾아오는 사람들과 새로운 인연을 맺는 것이다.

사람들은 새로운 환경에서의 적응이 필요하다. 나이가 들다 보니 자꾸 위축되는 것은 사실이다. 그런 생각을 하지 않기 위해선 새로운 것에 도전하는 것이 필요하다. 한곳에 몰입하는 것보다는 다양한 방법, 다양한 수법, 다양한 색채를 찾아보는 것이 나에게 있어 행복이다. 다양한 삶이 없는 사람은 불행할 수 있다. 오직 하나만을 쫓아가는 사람들을 볼 때 마음이 아프다. 나는 미래의 나에 대한 그림을 그려 본다. 그림 속에서 내가 무엇을 하고 있는지 그리고 내 그림 속에는 어떤 색채감을 느끼는지 생각하고 마음에 들지 않으면 다른 색을 칠하면서 말이다. 이런 모습을 상상해 본다면 얼마나 행복할까? 우리는 그것을 모르며 날마다 하나의 색을 추구하고 있다.

세상의 모든 사람이 앞만 보고 가지 말고 잠깐 고개를 들어 하늘을 보라! 푸른색과 흰색으로 아름답게 채색되어 있는 한 폭의 그림을 감상하라. 그러면 당신의 뇌에서 새로운 영감이 떠오를 것이다. 나 자신을 잠시 쉬어 가는 시간과 여유를 준다면 행복할 것이다. 오늘도 인터넷이나 신문을 뒤져 보기도 한다. 무엇이 새로 탄생하였는지 목마른 자가 우물을 파게 되는 것은 당연한 일이다. 그렇지 않은 사람은 시원한 그늘만 찾을 것이다.

행복이란 무엇인가?

답은 각자의 몫이다. 하지만 행복은 내 안에 있다. 지금은 힘들고 짜증이 날 수 있지만 잠시 잠깐 내 눈을 감고 내 마음을 편하게 생각한 다음 다시 눈을 뜨면 세상이 달라질 것이다. 지금 내 곁에 누가 있는지를 한 번 보고 그 사람과 따뜻한 차 한 잔을 마시면 이야기를 해 보자.

행복의 씨앗을 뿌리는 농부

> 명확한 목적이 있는 사람은 가장 험난한 길에서조차도 앞으로 나아가
> 고, 아무런 목적의식 없는 사람은 가장 순탄한 길에서조차도 앞으로
> 나아가지 못한다.
>
> - 토머스 칼라일

나는 오늘 하루도 큰 기쁨 속에서 살고 있다.

강의한다는 것은 참으로 행복한 일이다. 남 앞에서 새로운 학문
을 전달하는 것이 나에게 있어 가장 행복한 순간이다. 강사로서의
하루 또한 행복이 충만한 하루임을 나름대로 느끼고 있다.

아침 일찍 일어나 강의 나갈 준비에 바쁜 나는 하나하나 빠진 것
이 없는지 잘 챙겨야 한다. 오늘은 교도소 강의하러 가는 날이다.
교도소 강의를 나가게 된 지도 벌써 1년이 넘어가고 있다. 처음에
는 소개로 강의를 나갔지만, 이제는 교도소에 강의 계획서를 제출
하여 나름대로 강의를 하고 있다. 강의 듣는 대상자들은 바로 교
도소에 수감되어 있는 사람들이다.

처음에는 행복한 삶 그리고 자기 통제 등의 여러 강의 콘텐츠를 개발하여 나름대로 열심히 하고 있다. 수강생들에게 인성교육 차원에서 교도소 측에서는 인성의 중요성을 인지하고 수감자들 대상으로 많은 강사를 섭외하여 인성교육을 실시하고 있는 점에 대해 교도소 측에 진심으로 감사하다는 말을 전하고 싶다.

인성교육은 가정에서부터 학교 그리고 우리가 사는 지역에서 이루어져야 하는데 잘 이루어지지 않고 있다는 점에서 참으로 아쉽다는 생각을 가져 본다. 가정에서의 가정교육, 학교에서의 친구들과의 관계, 교사의 올바른 가르침 그리고 자기가 사는 지역에서의 올바른 생활 이 모든 것이 우리가 살아가는 이 시대에서 가장 중요하다고 여기고 있다. 그런데 많은 이들이 그 중요함을 잊고 있다는 점에 대해 참으로 안타깝다고 생각한다. 나름대로 교도소 강의에 참으로 많은 준비를 한다. 하지만 대상자들이 일반인이 아닌 죄를 짓고 생활하는 사람들이라 조금은 부담이 된다. 한 번 하고 두 번 하다 보니 이제는 수강생들과 친근함을 갖게 될 정도로 편해지고 있다.

오늘은 대상자들에게 '배려는 곧 행복'이라는 주제로 강의를 시작하였다. 강의 시작 전 대상자들의 마음의 벽을 풀기 위해 손동작과 함께 「퐁당퐁당」 동요를 함께 불러보았다. 남자들만 있는 강의실이라 조금은 어색하지만, 금방 따라하는 모습을 보니 죄를 지은 사람의 모습은 어디에서도 찾아볼 수 없고 약간 어색한 미소와 함께 시간을 보냈다.

우리가 알고 있는 클로버를 많이들 기억하고 있을 것이다. 세 잎 클로버의 꽃말은 행복이고 네 잎 클로버의 꽃말은 행운이다. 우리의 삶이 행복인데 우리는 그 행복 속에서 행운을 찾겠다고 행복을 짓밟으며 살고 있었다. 작은 것에 소중함을 느끼고 행복함을 만끽하는 우리네 삶 속에서 행운만을 기대며 살아가는 사람들도 많이 있다.

행복 속에서 살다 보면 우연한 기회에 행운이 우리 곁으로 찾아오는 것은 알아 차리지 못하며 그냥 지나쳐 갈 때도 있다. 어느 날 아들을 데리고 야외를 나간 적이 있다. 야외에서 놀면서 클로버들이 많이 있는 곳에서 아들과 함께 네 잎 클로버를 나도 모르게 찾아보았다.

그런데 이게 웬일인가? 내 눈앞에서 네 잎 클로버가 방긋 웃으면서 나를 반기는 것이 아니겠는가? 우연히 이런 횡재를 하였다. 지금까지 살면서 처음으로 내 눈에 이런 네 잎 클로버가 나타날 줄이야. 꿈도 꾸지 않았는데 이렇게 행복을 가득 얻을 수 있는 기쁨이 찾아오다니. 그동안 내 삶이 헛되지는 않았나 생각을 하게 되었다. 비록 네 잎 클로버를 찾은 기쁨이지만 마치 행복을 가득 얻은 듯

한 기분이었다.

세상의 모든 사람이 무엇인가 얻게 된다면 이런 기분일까? 물론 나 자신은 늘 행복하다고 느끼면서 살고는 있지만 가끔은 힘이 들 때도 있다. 직장에서나 가정에서 그리고 사회생활을 하면서 나 아닌 다른 사람들과의 삶 속에서 상대방과 많이 부딪치며 살아가는 것이 우리네 인생살이인데 우리는 그럴 때마다 회피하고 싶은 생각을 하고 있다. 도전하지 않고 회피하겠다는 생각으로 살다 보면 내가 뒤처지는 기분을 느끼면서 살아가고 있다고 해도 틀린 생각은 아니다.

행복은 내가 찾는 것이다. 나는 인생살이를 살면서 마냥 쉽지는 않았다. 그중에서도 가장 힘이 드는 것은 바로 인간관계이다. 나와 상대방은 다른 생각하는 것을 나는 가끔 이해하지 못할 때가 있다. 내 생각이 상대방의 생각과 일치해 주기를 기대할 때가 있다. 그렇다 보니 상대방이 하는 행동과 말에 상처를 받은 적도 있다. 나는 큰 그림을 항상 그린다. 그 큰 그림을 완성하기 위해서는 나의 노력과 상대방의 노력이 필요하다고 생각하는데 상대방은 큰 그림보다 작은 그림을 그리려고 하여 어긋나는 경우도 종종 있었다. 이럴 때는 나는 상대방을 설득하지 못했다. 나의 설득으로 상대방이 상처를 입을까 하는 생각이 먼저 앞서기 때문에 상대방의 처지를 먼저 생각하여 나 스스로 포기를 하는 경우가 있다. 그리고 혼자 처리한다. 이것이 결코 좋은 방법은 아니다. 이렇게 하다 보니 상대방과의 거리는 점점 멀어지는 것은 사실이다. 모든 것이 내 생각이 우선되는 것이 아닌 상대방에게도 무슨 이유가 있으리라는 것을 알고 한 번쯤 상대방에게 공유해 보아야 할 것이다. 그리고 상대방이 싫어하였다면 어쩔 수 없는 것이다.

최근들어 나는 참으로 많은 일을 하지만 상대방에게 긍정적인 피드백을 받지 못하고 있다. 하기 싫어하는 동료나 이웃에게 강요해서는 안 된다는 것을 알고 있다. 무슨 일이든 서로 공감이 되어야 한다. 공감되지 않는다면 혼자 달걀을 바위에 던지는 격이 되고 만다. 요즈음에는 공동체적인 사고보다는 개인주의 사고방식이 더 앞서기 때문에 내가 싫어하는 일을 강요해서는 안 된다. 직장에서 동료는 그렇게 말하기도 한다. 하지 않아도 되는 일을 왜 찾아서 하는지 모르겠다고 말이다. 일하지 않아도 월급이 나오는데 힘들게 뜨거운 땡볕에 돌아다니면서 하는지 모르겠다고 말이다. 시원한 에어컨 틀어놓고 책이나 보면 되는 것을 왜 하는지 모르겠다는 식이다. 나는 가끔 그런 직원들에 대해서 회의를 느끼고 있다. 최소한 직장인이라면 자기의 몫을 다 해야 하지만 월급 받아먹는 것이 창피할 정도의 일을 하지 않는다는 것에 대해서는 잘못됐다고 생각한다. 무슨 일이든 열심히 하면 그것이 바로 나의 행복의 씨앗을 뿌리는 것이다. 나는 행복의 씨앗을 세상 여기저기에 뿌려 누군가 그 씨앗의 열매를 얻어 행복하게 살 수 있다면 오늘도 힘들더라도 최선을 다해 행복의 씨앗을 뿌리겠다.

행복한 이유가 이것뿐이겠는가? 행복은 사소한 일상 속에서 찾는 것이다. 평소에는 못 느끼고 지나쳤던 일상 속에서 나만의 행복을 찾아보면 의외로 행복을 많이 찾을 수 있다. 하지만 숨어 있는 행복을 찾는 것이 나의 몫이다. 작은 것에 소중함을 느낄 수 있는 그런 사람이 되어야 한다. 행복한 농부는 행복의 씨앗을 심을 때 이 모든 것이 다 내 것으로 돌아오기를 바라는 것은 아니다. 새도 먹고, 짐승들도 나눠 먹은 다음 나에게 돌아오는 것이 진정한 행복이라고 말할 수 있다. 그러니 행복을 얻기 위해 너무 힘들게 살지 말고 사소한 것에 소중함을 느낀다면 그것이 진정한 행복이 될 것이다.

이제는 행복이 무엇인지 조금은 이해할 수 있을 것이다. 멀리서 찾는 것보다는 지금 이 순간 내가 하는 일에서부터 찾는 것이 바람직하다. 행복함은 타인을 바라보지 말고 나부터 먼저 무엇이 진정한 내 삶에 도움이 되는지를 먼저 찾아보는 것이다. 나는 행복한 사람이다. 정말정말 행복한 사람이면서 멋진 사람이라고 할 수 있다.

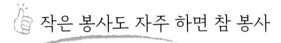

작은 봉사도 자주 하면 참 봉사

봉사하라! 그러면 당신은 봉사받게 될 것이다. 만일 당신이 사람들을
사랑하고 그들에게 봉사한다면 당신은 꼭 보상을 받을 것이다.

- 에머슨

살면서 타인을 위해 봉사를 해 보았는가?

타인에 의해 억지 봉사활동을 해 보았는가?

아직도 봉사라고 생각하면 두렵고, 무서운 활동이라고 생각하는
가? 아니다. 봉사는 내 마음속에서 진정으로 우러나오는 것이 진
정한 봉사이다. 처음에는 어색하지만, 그것도 자주 해 보면 참다운
봉사다.

어제는 역사고 내일은 미스터리며 오늘은 선물이라는 말을 누군
가가 나에게 했다. 글귀를 잘 생각해 보면 참으로 맞는 말이다. 어
제는 지나간 날이며 역사가 맞는 말이다. 그럼 내일은 내가 어떻게
될지 아무도 모른다. 그런데도 나를 혹사하거나 타인을 힘들게 하면

서 나의 이익만을 생각하면서 살아야 할까? 내일은 아무도 모른다는 건 누구나 다 아는 사실이다. 그럼 현재는 선물이다. 정말 아름다운 말이다. 현재가 없다면 내일의 미래가 없다. 현재 생활에 충실하다면 과거의 역사는 타인에게 길이길이 남을 것이며, 지금, 이 순간을 아름답게 보내지 못한다면 내일은 기약할 수 없을 것이다.

그렇기에 봉사는 현재 내가 살아가는 가장 큰 선물이라고 부른 것이다. 더글라스 대프트가 하는 말이다. 봉사한다는 것은 쉬운 일이 아니다. 하지만 하다 보면 자꾸 하고 싶은 것이 바로 나눔을 실천하는 봉사활동이다. 이 모든 것이 바로 내가 행복을 추구하는 방법일 수 있다. 사람은 누구나 동기, 욕구, 만족에 대한 이해가 필요하다. 사람들의 욕구와 동기에 관해 우리가 잘 알고 있는 매슬로는 사람들의 내부에는 5가지 욕구가 있다고 하였다.

첫째, 생리적 욕구. 사람들의 삶에 있어 가장 기본이라고 할 수 있는 것이다. 즉, 입고 먹고 잘 수 있는 공간이 필요하다. 우리는 이런 것을 추구하기 위해 학교 다니고 공부하여 취직하고 돈을 벌어 내가 필요한 물품을 구입하고 사용하며 생활을 하려고 한다. 이 단계가 이루어지면 두 번째 안전의 욕구가 생긴다. 생리적 욕구가 어느 정도 충족되면 신체적 감정적인 위험으로부터 보호되고 안전해지기를 바라는 것이다.

사람은 사회적 동물이기에 어디에 속하고 거기에서 인진을 느끼는 욕구를 말한다. 과연 사람은 혼자서 존재할 수 있을까. 로빈슨 크루소의 소설 이야기를 보면 어쩔 수 없는 상황이라고 하지만 끊임없이 탈출을 꿈꾸고 있지 않은가?

사람이 어딘가에 속해 있지 않으면 외로움과 공포감을 느끼는 것은 거의 본능이 아닌가 생각된다. 태어나서 가족이라는 울타리에서 자라고 커서는 학교라는 공동체에서 교육을 받게 된다. 모두 소속된 공간에서 안전감을 느끼며 젊은 시절을 보내게 된다. 여기까지가 가정적으로 또는 사회가 청소년들한테 해 주는 기본적인 의무가 아닐까 생각한다. 그다음부터는 자기 하기 나름이다.

요즈음은 취업하기에 정말 힘든 시대이다. 대학을 포기하고 공무원 준비한다고 대도시 학원 중심지의 작은 원룸에서 하루 한 끼 식사하면서 열심히 공부하는 학생들이 있는가 하면, 새벽부터 독서실 자리 잡기에 필사적으로 생활하는 수험생들을 보면 마음이 아프다. 이런 치열한 경쟁 속에서 살아남기 위해 노력하는 사람들에게 하루빨리 삶의 안전을 찾았으면 하는 것이 바람이다.

또, 대학을 나와도 취업이 되지 않아 중도에 포기하는 사례도 많다. 경제도 어렵거니와 경쟁도 치열하여서 웬만한 학벌과 능력을 겸비하지 않으면 주류사회에 진입할 수 없는 것이 현실이다. 그리고 대기업만을 고집하는 학생들이 늘다 보니 중소기업에서는 인력난이 심각한 실정이다. 이런 환경 속에서 젊은 청년들은 좌절과 소외를 경험하게 되는 것이다. 그러나 반드시 청년기에만 그런 엄청난 소외감을 경험한다고 볼 수 있을까. 설령 일류 대학을 나오고 좋은 직장에 취업했다고 하더라도 언제든지 조직과 단체로부터 내팽개쳐질 수 있기 때문이다.

따라서 사람들은 끊임없이 주류에 편입하려고 하고 조직이나 단체에 소속되어야 안도의 한숨을 내쉬고 있어야 한다. 그러나 사회가 경쟁 사회이고 적자만이 살아남는 사회이기 때문에 끊임없이 미래에 대하여 불안하게 생각한다.

셋째, 소속감과 애정의 욕구로 사람은 사회적인 존재이므로 어디에 소속되거나 자신이 다른 집단에 의해서 받아들여지기를 원하고 친교를 나누고 싶어 하고 또 이성 간의 교제나 결혼을 하려고 하고 있다. 사람은 고립된 존재로 사는 것이 불가능하다. 소속이 없거나 갈 곳이 없이는 건강히 살 수가 없다. 사람은 누구나 다른 사람에게 수용되기를 원하며 남이 나를 받아 주기를 원한다. 어디를 가든지 나를 알아주면 기분이 좋고 살맛이 나는 이런 쾌감을 주는 이유는 소속감 때문이다.

프로이트는 우리가 어떤 집단에 들어가 소속되려는 욕구는 어렸을 때 가족의 구성원이었던 것이 성장히면서 또 다른 가족 구성원이 되고자 하는 욕구가 강해져서 자기가 가족을 만들고 싶은 욕구가 생기기 때문이라고 했다. 그래서 결혼을 하고 가정을 만든다고 한다. 내가 어른이 되어 직접 무엇인가를 창조하려 하는 것이다.

슈츠(Schuzt)가 사람이 어떤 조직에 들어가려는 것은 3가지 욕구 때문이라고 얘기한다. 소속 욕구, 통제 욕구(권력욕), 그리고 애정 욕구이다. 소속 욕구는 어디에 소속되어 마음에 안정감을 느끼고 그 소속체가 내 브랜드를 높여 주는 역할을 하기도 한다. 통제 욕구는 어떤 조직체에 들어가면 권력 욕구를 충족시켜 준다. 애정 욕구는 어느 곳에 소속되어 있으면 그곳으로부터 애정을 받기 때문에 소속감을 느끼려 하는 것이다.

넷째, 존경의 욕구는 내적으로 자존, 자율을 성취하려는 욕구이며, 외적으로는 타인으로부터 인정을 받으며 집단 내에서 어떤 지위를 확보하려는 욕구이다. 사람의 기본적 요구 중 자기표현의 욕구, 즉 자신의 재능과 기술을 자유롭게 개발하고 발휘하는 것이다. 봉사활동이야말로 어렵다고 하기보다는 내가 남을 위해 무엇을 할 수 있을 것인지를 고민해 보는 것이 필요하다. 내가 잘하는 것이 무엇이 있을까? 내가 남보다 좀 더 솜씨 있는 것이 무엇인지를 생각하는 자기 계발이 필요하다.

예를 들어 돈이 타인들보다 좀 많이 있어 여유가 있다면 돈으로 봉사활동 할 수 있는 단체에 기부하거나 함께 하는 것도 있다. 나는 노래를 잘하는데 무대만 있으면 잘할 수 있다고 생각하면 봉사 단체와 함께 참여하여 노래를 불러 주는 것이고, 나는 요리를 잘한다면 음식을 만들어 제공해 주는 것이 봉사이다. 이것을 하다 보면 나도 진정한 자원봉사 활동가가 되는 것이다. 사람은 누구나 처음부터 타고난 것이 아니다. 자주 하다 보니 솜씨가 늘어날 뿐이다.

마지막으로는 자아실현의 욕구 단계이다. 나의 능력을 발휘하고 싶다. 그러면 발휘할 수 있는 장소를 찾는 것이다. 계속 자기 발전을 통해 자신이 성장하고 자신의 잠재력을 극대화하여 자아를 완성하는 것이다. 나눔이란 것은 거창한 것에 시작되지 않는다. 작은 것이 큰 차이를 만들듯이 작은 씨앗 하나를 심으면 세월이 지나 큰 나무가 된다. 이처럼 나눔도 나 자신이 가진 것들을 이웃이나 공동체를 통해 배려함으로써 아름다운 열매를 거두게 되는 것이다. 나눔은 나 자신의 기분전환에도 큰 영향을 미친다. 그리고 내 정서를 맑게 하고 뿌듯하게 만드는 데 크게 이바지한다. 나눔은 나를 정화하고 생산력이 생기도록 하는 데 큰 몫을 한다.

물고기가 전혀 살지 못하는 사해와 엄청난 물고기가 사는 갈릴리 바다는 나눔의 능력을 보여 주는 대표적인 사례다. 사해 바다로 물을 자연스럽게 보낼 줄 아는 갈릴리 바다는 그 대가로 생명력이 가득하다. 반면에 반기만 하고 주지 않는 시혜 바다는 죽은 바다다. 나눔은 득과 실을 따지는 수학적인 것이 아니다. 가슴을 나누는 심적인 행동이다. 내가 이웃에게 줄 수 있는 것이 무엇일까? 서로 만나면 반갑게 웃음으로 인사하고, 함께 공동체에 참여하고 힘들 때 서로 도움을 주는 것이 바로 내가 이웃과 함께하는 이유이다. 조금만 생각해 보면 내가 이웃에 나누어 줄 수 있는 것은 무한히 많다. 나눔 부분에서 우리가 실천할 수 있는 것은 바로 봉사 활동이다.

나눔의 정도는 성공과 비례한다. 내가 남에게 주기를 즐거워한다면 나의 삶은 성공하는 삶이 되지만 내가 남에게 나누기를 거절한다면 곧 나는 사해처럼 고립되고 황폐해지고 만다는 자연적 사실을 기억해야 한다. 주는 것과 받는 것 어느 것이 더욱 행복한 일일까? 내가 사는 아파트에 아는 형님 한 분이 계신다. 형님은 퇴직을 앞두고 시골에 밭을 구입해 서투른 실력으로 초보 농사를 짓고 있지만, 이제는 제법 농사꾼답게 나름으로 열심히 노력하고 있다. 나는 이런 형님이 너무나 좋다. 열심히 농사를 지어 이웃들과 함께할 수 있다는 것이 너무나 감사해서 쉬는 날에는 가서 도와주기도 한다.

주말이면 같은 아파트 주민들과 함께 농사일을 도와주곤 했다. 형님은 수확한 농산물을 아파트 경로당과 아파트 주민들에게 나누어 주신다. 애써 가꾼 농작물을 이웃들과 나누신다. 농작물을 재배하는 데 씨앗이며 비료며 많은 돈이 들었음에도 판매를 하지 않고 이웃들과 나눔을 함께하시는 형님을 보면 배울 점이 참으로 많다. 여유가 있어 그러는 것보다는 사람이 좋아 행복한 삶을 몸소 실천하고 계신다. 나는 그 형님을 보면서 나도 시골에서 남은 농작물을 가지고 와 아파트 통로에 예쁘게 봉지에 넣어 두었다. 주민들이 자유롭게 가지고 갈 수 있게 하기 위해서였다. 이것이 진정한 나눔을 실천하는 봉사라고 할 수 있다.

아들과 함께 봉사활동을 다닌다. 아들은 내 곁에서 보조 역할을 참으로 잘한다. 호화스럽지 않지만 봉사하는 시간만큼은 행복한 시간이다. 웃으며 정을 함께 나눌 수 있다는 것이 진정한 봉사가 아닐까 싶다. 그래서 봉사도 내 삶에 있어 하나의 중독이 되어 버렸다. 봉사는 꼭 시설에서만 하는 것이 아니다. 아파트 내에서 주민들을 위해 무엇이든 하는 것이 봉사다. 그래서 나는 동 대표 활동도 봉사의 개념을 갖고 시간을 쪼개어 아파트를 위해 최선을 다하고 있다. 아파트에서 살면서 누군가 관심을 갖지 않는다면 명품 아파트가 되지 못한다. 그래서 아파트 주민들의 관심이 필요하다.

나는 아들에게 이렇게 주문을 한다. "아들아, 네가 할 수 있는 것을 찾아보면 참으로 많을 것이다. 학교에서 땅에 쓰레기가 떨어져 있으면 주워 쓰레기통에 버리는 것이 바로 봉사다. 교실 바닥에 책이 떨어져 있으면 주워서 책상 위에 올려 두는 것, 친구들의 고민이 있으면 들어주는 그것이 진정한 봉사활동이다"라고 가르친다. 이런 행동을 하다 보면 자기 자신에 대해 겸손해지는 것이다.

벼가 익을수록 고개를 숙인다고 하듯 어떤 분야에서도 겸손이 필요하다. 언젠가 피아노의 시인이라고 불리는 쇼팽이 프랑스에서 연주회를 멋지게 마쳤다. 이렇게 성공적으로 연주회가 끝나자 쇼팽의 연주에 흠뻑 취해 있던 청중들이 연주하기 까다로운 앙코르곡을 불을 끄고 연주해 달라고 요청했다. 쇼팽을 난처하게 만들려고 일부러 말도 안 되는 요청을 한 것이었지만 쇼팽은 정중하게 그들의 부탁을 받아들여 불을 끄고 끝까지 잘 연주해서 청중들의 기립박수를 받았다고 한다.

겸손이란 나를 낮추는 마음이다. 나를 낮추는 마음이란 상대방을 귀히 여기는 마음이고, 상대방을 귀히 여기는 마음이란 상대방을 있는 그대로 받아들이는 마음이다. 남을 받아들이는 일이 쉬울 것 같지만 막상 실천에 옮기려다 보면 그렇게 쉽지 않은 일이다. 겸손이란 내 안으로 남을 초대하는 것이다. 그리고 그와 함께 기뻐하고 즐거워하는 것이며 이러한 긍정적인 것들을 함께 나누는 것이 겸손이다.

봉사활동도 바로 남을 위한 것이기 때문에 타인에 대한 배려와 자신에 대해 겸손한 태도가 필요하다. 그렇지 않으면 타인에게 진정한 봉사를 하지 못한다. 봉사할 때는 정성을 다해 상대방을 위해 최선의 노력을 해야 한다. 상대방에 대한 공경심을 가지고 봉사 장소의 시설물을 사용할 때도 소중하게 여겨야 한다.

사람들은 봉사활동을 하고 싶지만 할 방법을 모른다고 한다. 마음에서 우러나오면 내가 사는 지역 자원봉사센터를 방문하여 상담을 받아 보면 된다. 내가 할 수 있는 일이 무엇인지 그리고 어떤 것을 자신 있게 할 수 있는지를 스스로 발견하여 적극적인 생각을 하고 도전해 보는 것이 중요하다. 안 되고 어렵다고 생각하지 말고 두드려 보라. 그러면 열릴 것이다.

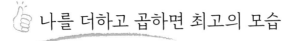 나를 더하고 곱하면 최고의 모습

말을 부드럽게 하면 사람을 살리고 말을 악하게 하면 사람을 죽인다.

- 『탈무드』

나를 사랑하고 타인을 존중하면 최고로 행복한 사람이 된다.

나 자신을 사랑하고 있는가? 사랑하면 얼마나 사랑하는가? 나는 타인으로부터 존중받고 살고 있는가? 가족으로부터 친구로부터 그리고 이 사회의 한 인간으로부터 존재의 가치를 갖고 있는가? 스스로 자신에 대해 질문을 하다 보면 가끔은 자신이 아무런 의미 없는 사람으로 생각될 때도 있을 것이다. 곰곰이 생각해 보면 어떨 때는 정말 이렇게 나 자신이 초라한지, 그리고 나에 대해 실망할 때도 있을 수 있다. 그렇다. 나를 못났다고 낙담하며 나 자신을 비난 할 때도 있을 것이다. 그리고, 가끔은 하는 일에 대해 회의를 느끼거나 실망을 할 수도 있다.

과연 나는 타인으로부터 존경받으면 살아가고 있는가? 누굴 위해 내가 살고 있는가? 나라는 존재가 이 사회에 조금이나 도움을 주면서 살고 있느냐는 질문 속에서 살아가고 있는 것은 당연한 일이다. 사람들은 모두가 100% 성공의 기쁨을 느끼며 살지는 않는다. 부족하면 부족한 부분을 채우기 위해 부단한 노력을 하고, 넘치는 부분이 있다면 넘치지 않도록 잘 조절하면서 살아가고 있기도 하다. 그렇다면 왜 나 자신을 이렇게 학대하면서 살아가고 있는가? 그건 바로 나 자신을 소중하게 여기지 못하고 나 자신을 낮추고 근심, 걱정하면서 나를 깎아내리면서 살아가는 잘못된 사고 속에 사로잡혀 있기 때문이다.

나 자신을 사랑하는 방법이 있다.

나의 존재감을 더하고 곱하면 결국 나는 잘난 사람이라는 것을 스스로 인식할 수 있다. 그러기 위해서는 자아 존중감을 높게 느끼고 항상 긍정적인 마음으로 세상을 바라보면서 살아야 한다. 타인이나 환경과는 상관없이 나 자신을 적극적으로 존중해 주는 마음 자세가 필요하다. 자신의 대상에 대한 자아 존중감이 자신에 대한 판단과 평가로서 양적 특성을 표현하면 된다. 자아 존중감이 높은 사람은 거울 속에 비치는 나의 모습을 보면서 행복감을 느낀다. 거울 속에 보이는 나를 발견하지 못하면 나를 사랑하지 않고 타인으로부터 버림받은 존재로 남게 된다.

쿠퍼스미스에 의하면 자아 존중감 형성에 가장 큰 영향을 주는 요소는 부모의 관심과 수용의 정도라고 했다. 부모로부터 큰 사랑을 받고 자란 아이들은 자아 존중감이 높아 매사에 긍정적이며 적극적인 활동을 한다고 했다. 자아 존중감이 높으면 개인의 사회활동이나 정서 함양 등에 큰 영향력에 미친다. 또, 자아 존중감이 높은 사람은 자신이 선택해야 할 경험들에 대해 개방적이고 자유롭게 모든 감정과 태도를 경험하며 주변의 돌발 상황에도 긍정적인 태도를 보이고 유연하게 대처한다. 또, 자아 존중감이 높으면 자신에 대해 높은 신뢰감을 갖고 자신의 행동을 가치 있다고 평가할 수 있다. 그리고 자아 존중감이 높으면 자신이 선택한 모든 일에 대해 큰 자유를 마음껏 누릴 수 있으며 창조적이고 능동적인 사고 방식을 갖고 살아간다.

자아 존중감을 높이기 위해서는 가정에서의 부모의 역할이 가장 중요하다. 가정폭력이 잦은 가정에서의 아이들은 자아 존중감이 떨어지면 타인의 눈치를 보기 때문에 스스로 타인과 비교하며, 그렇지 않은 가정에 비해 탈선과 비행이 많아진다. 가정에서의 부모와의 관계 형성이 자라나는 청소년들의 자아 존중감에 큰 영향을 미치는 것은 사실이다. 부모님이 이혼하고 할머니 손에서 자란 학생이 자기중심적인 경향이 강하며 보통의 가정의 자녀들에 대한 시기와 질투가 심해 결국 친구를 왕따하는 예도 있다. 가정에서의 부모의 따뜻한 사랑과 관심, 이해 그리고 자녀에게 쓰는 긍정적인 언어 속에 자라난 아이들의 자아 존중감은 매우 높다.

낮은 자아 존중감을 가진 자녀들의 특징을 보면 가정에서 부모로부터 꾸중과 비난, 학대를 많이 받거나 형제들과 비교당하고 단체생활을 잘하지 못하고 쉽게 포기하고 지나치게 예민한 성격을 갖고 있으며 하는 일에 대해 별다른 관심을 보이지 않고 있다.

이런 환경에서 자란 아이들에게는 아낌없는 칭찬과 격려 그리고 이해가 필요하다. 단점보다는 장점을 부각하게 시켜 무슨 일에 대해서든 끝까지 믿어 주어야 한다. 그리고 자녀를 키우면서 가장 하지 말아야 하는 것은 자녀끼리 비교하거나 친구들과 비교하는 것이다. 부모는 내 자식이 정말 대견하다고 생각하고 싶으나 실망을 하면 그렇지 못하고 자식을 학대하거나 자식을 미워하기도 한다.

어느 학생이 여러 차례 비행하자 부모님이 앞으로 한 번만 더하면 집에 들어올 생각을 하지 말고 나가라며 크게 혼나고 그것도 부족해 휴대전화기를 빼앗고, 가지고 있던 용돈도 회수하여 옴짝달싹하지 못하도록 발을 묶어 놓겠다고 하였는데 또 비행을 한 학생이 있다. 친구들과 어울려 다니다 보니 친구들을 통제하지 못하고 함께 비행하는 예도 많이 있다. 잘못임을 알고 있지만 친구들과 어울려 다니다 보면 그것마저 잊고 또 비행을 저지르는 청소년이 아직도 있다.

한 번쯤 생각해 볼 일이다. 만약 내 아이가 이런 행동을 하고 다닌다면 나는 어떤 심정으로 살아갈 것인가? 모든 것을 포기해야 하는지를 고민해 보아야 한다. 가장 중요한 것은 자녀들과 대화를 자주 하는 것이다. 바쁘다고 자녀들과 대화를 포기하지는 않는지, 힘들고 피곤하다고 관심을 두지 않는지 생각해 보자. 각자의 가정의 환경이 다르지만 가장 중요한 것은 자녀들과의 짧은 대화이다. 휴대전화기의 문자를 이용하거나 포스트잇을 이용하여 아이의 방에 부모가 하고 싶은 말을 적어서 문에 붙여 줘도 되고 그렇지 않으면 주말이나 야간을 이용하여 자녀들과 운동을 하면서 대화의 문을 열어 보면 좋을 것이다.

자녀가 잘못된 행동을 한다고 하여서 포기했다고 말하지 말아야 한다. 행여 자식 앞에 못된 자식이라고 욕설을 하면서 포기하겠다고 자식의 마음에 상처를 주게 된다면 부모와 자식 간의 관계는 더욱더 멀어지게 될 것이다. 자녀의 이런 행동에 대해 무엇이 문제인지 고민해 보면서 서로 대화를 할 필요하가 있다. 물론 이 문제를 해결하기 위해서는 큰 노력이 필요하다. 그래서 타인과 상담도 시도해 보아야 한다. 혼자 해결하겠다고 하다가 하지 못하는 경우 결국 포기하는 예도 있다. 자녀의 문제는 절대로 포기하면 안 된다. 자녀와의 문제가 있다고 하여 한 번에 해결하겠다는 생각을 버리고 천천히 자녀의 생활 모습을 관찰하고 자녀와의 적절한 대화의 시점을 찾아보아야 한다. 이렇게 노력하고 있는 부모의 마음을 이해한다면 자식은 반드시 부모의 곁으로 돌아오게 된다.

처음부터 잘할 수는 없다.

시간을 갖고 자녀와 함께 시간을 보낼 수 있는 활동을 찾아보면서 고민을 해 보아야 한다. 자녀와 공통의 관심사를 가져야 한다. 부모의 눈높이가 아닌 자녀의 눈높이에 맞추려는 노력이 필요하다. 그러기 위해서는 부모가 많은 시간을 자녀를 위해 헌신하겠다는 노력이 필요하다. 그러기 위해선 가장 중요한 것 중에 하나는 언어 구사 능력이다. 강압적인 행동이 아닌 긍정적인 태도로 자녀를 대하는 열린마음으로 접근해야 한다. 부모위주가 아닌 자녀 위주의 부탁과 애원을 하듯 변화가 필요하다. 그러기 위해서는 눈에 보이는 것이 다가 아님을 이해해야 한다.

그리고 무슨 말을 할 때도 즉흥적으로 하는 것보다는 자녀의 행동을 관찰한 다음 자녀를 불러 앉혀 이야기하는 것이 좋다. 그동안 지켜본 내용을 이야기하면서 조금 불편하고 서운한 점에 관해 이야기한 다음 부탁 언어를 사용하여 자녀를 설득하여야 한다. 이렇게 자녀에 관한 관심과 헌신으로 노력한 모습을 보면 반드시 부모의 마음을 이해할 것이다. 이 세상에서 가장 중요한 것은 잘못한 것에 대한 인식이다. 그러기 위해서는 자녀에 대한 사랑과 이해 그리고 배려가 필요하다.

자녀를 믿지 않으면 부모인 나 자신도 믿지 못한다. 내 자식에 관한 확인이 떨어지더라도 믿고 기다려 주는 것도 필요하다. 모든 것이 빠르게 그리고 성급하게 하여 더 큰 문제를 야기하기도 한다. 자녀를 너무 사랑한 나머지 자녀가 원하는 모든 것을 다 해 주는 것은 답이 아니다. 가끔은 제지하는 것도 필요하다. 부모가 해 줄 수 있는 것은 자녀가 부모를 믿을 수 있게끔 부모의 역할을 충실히 다하는 것이다. 부모의 역할 다하지 못하면서 자식에게만 강요하는 것은 옳지 않다.

나 자신을 사랑하고 존중과 배려로 타인의 마음을 이해한다면 나는 성공한 사람이다.

그러기 위해서는 긍정적인 생각을 갖고 적극적인 활동을 하며 부모와 자녀 간의 대화가 많이 필요하다. 작은 시간을 이용하여 대화의 물꼬를 튼다면 그 가정의 행복이 시작될 수 있다.

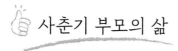# 사춘기 부모의 삶

> 항상 맑으면 사막이 된다. 비가 내리고 바람이 불어야만 비옥한 땅이
> 된다.
>
> - 스페인 속담

사춘기를 둔 부모님들은 어떤 생각을 하고 있을까?

어떻게 하면 사춘기 아이들을 잘 지켜 줄 것인가?

사람들은 내일을 모르면서 살아가고 있다.

오늘 일만 내 인생에 있어 최고의 사건처럼 살아가고 있을까? 오늘도 중요하지만, 내일은 무슨 일이 발생하는지 모르고 살아가고 있는 것이 사실이다. 오늘 일이 목매지 않는 여유로움을 갖고 살아간다면 훨씬 더 행복할 수 있을 것이다.

어느 날 학생 간에 생긴 분란을 학교 폭력이라고 생각할 수도 있지만 폭력이 아니라고 생각할 수도 있을 것이다. 복도에서 놀고 있

는데 친구가 공을 던져 친구의 머리에 맞고 땅에 떨어졌다. 그리고 던진 친구는 곧장 달려가 웃으면서 "미안해" 하고 사과를 하였다. 공에 맞은 친구는 기분이 나빠 사과를 받아 주지 않았다. 그래서 공을 던진 친구는 친구를 만지면서 "미안해"라고 말을 했는데 피해자가 팔꿈치로 상대방을 밀치자 화가 나서 갑자기 주먹으로 얼굴을 때려 코에서 피가 나 화장실에까지 함께 가서 괜찮느냐고 물어보고 미안해하는 등 사과를 하고 이어서 보건실에까지 함께 가서 미안해하였고 잠시 후 학교 수업을 마치자 그 친구는 다친 친구의 책가방을 들고 미안하다고 여러 차례 걸쳐 사과하였다. 그리고 다음 날 복도에서 만나 다시 사과하였지만 받아 주지 않았다고 했다. 피해를 본 학생의 마음은 어떤 마음일까? 그리고 사과를 해도 받아 주지 않는 학생은 어떤 심정일까? 어디서부터가 잘못된 일일까? 우리는 이런 상황에서 한 번쯤 고민해 보아야 할 것이다.

그리고 선생님이 그 사실을 양쪽 아버지에게 말을 하였다. 피해자 측 어머니는 3일을 기다려 주었는데 잘못했다고 연락하거나 찾아오지 않았다고 하시면서 화가 나 진단서를 첨부하여 경찰서에 고소장을 제출하겠다는 내용을 상담한 사실이 있다. 나는 아이들의 문제는 아이들의 눈높이에서 생각하면 쉽게 해결할 수 있을 텐데 그러지 않고 아이들의 다툼이 부모의 싸움으로 옮겨 가는 것이 도저히 이해되지 않는다. 아이들은 그 순간이 지나면 다시 재미있게 놀고 게임을 하는 등 아무런 문제가 없는데 부모들의 문제가 더

크다는 것을 알 수 있다.

이런 일에 대해 참으로 많은 경험을 했다. 아이들의 문제에 부모가 개입하여 단순한 다툼에서 폭력으로 이어지고, 형사고발에 이어서 민사소송까지. 그렇다면 아이들은 어디로 가야 할까? 같은 학교에서 재미있게 지내면서 서로 탐색하는 과정이 필요한데 부모가 중간에 개입하여 자녀들 사이를 큰 방호벽으로 가려 사회생활을 하지 못하게 만드는 것이 부모의 잘못된 생각이라고 지적하고 싶다.

아이들 싸움이 어른 싸움이 되어 버린 이 사건에 대해 과연 누가 잘했고 잘못했다고 할 수 있을까? 어떻게 하면 좋을까? 요즈음처럼 개인정보가 강화된 시대에는 상대방의 연락처 받기가 정말 어렵다. 연락을 하더라도 누가 연락처를 주었는지 왜 주었느냐 하는 등의 반응이 돌아오기에 상대방의 연락처를 알 수 없다. 하지만 또 알아보려면 또 알 수 있는 것이 우리네 상황이다.

양측 부모님 모두 만나 보니 각자의 사정이 다 있었다. 시간이 지났음에도 미안하다고 사과하지 않았다고 화를 내는 부모의 마음도 이해한다. 하지만 연락을 늦게 한 부모님의 사정도 이해가 되었다. 그날 저녁 피해자 부모와 피해 학생을 커피숍에서 만나 이야기를 들었다. 사실 피해 학생은 중학교 2학년이고 이 정도면 어떤 것이 옳고 잘못된 행동인지는 알 수 있는 나이다. 그런데 피해 학생은 자기에게 유리한 내용만 어머니에게 알렸다.

중학교 1학년 때 학교에서 얼마나 말을 안 듣고 힘들었으면 선생님께서 독수리 5형제라는 별칭을 만들어 주었을까? 독수리 5형제에 두 학생이 들어 있었다. 그리고 피해 학생이 학기 초 친구가 없어 함께 잘 어울려 놀았다고 하였다. 코로나 19 이후 학생들이 오랜 시간 가정에서 지내다가 늦게야 등교하게 되었다. 그런 과정에서 사소한 일들이 많이 발생하기도 한다.

그런데 무슨 이유로 피해 학생은 가해 학생의 사과를 받아 주고 싶지 않았을까? 장난이라고 생각하면 장난일 수 있는 일인데도 불구하고 가해 학생을 용서할 수 없다고 하였다. 피해 학생은 사과에 대한 진실성이 없다고 하였다. 웃으면서 사과를 하였다고 한다. 친구 사이에 있어 정말 잘못을 뉘우친다면 무릎을 꿇어야 할까? 아니면 잘못에 대한 용서를 구하기 위해 울면서 용서를 구할까? 잘 지내던 관계였고 여러 차례 걸쳐 미안하다고 하면서 사과를 하면 사과를 받아 주는 것이 도리가 아닐까 생각한다. 그런데 이 학생은 친구의 사과를 받아 줄 마음이 없다는 것을 늦게야 알게 되었다.

다음날 다시 가해 학생을 면담하였다. 알고 보니 가해 학생이 복싱 선수였다. 그래서 다른 아이들보다는 장난을 치면 좀 더 아프다고 하였다. 1학년 2학기에 가해 학생이 같은 반 학생 2명을 때렸다고 하였다. 잘 어울리던 친구가 맞은 것을 보고 마음에 상처를 입었을 것으로 생각한다. 아마 그때 트라우마가 지금까지 그 친구에게 있었을 가능성도 있다. 가해 학생은 무슨 이유이든 때려서는 안 된다는 것을 알고 있었다. 그래서 이번 일에 대해 깊이 반성하고 있었다.

가해 학생의 학교 밖 생활에 대해 좀 더 알아보기 위해 복싱 코치 선생님을 만나 보았는데 가해 학생이 엘리트 선수이고 소년체전 대표선수로 뽑혀 운동하고 있으며 장래 복싱 유망주로 열심히 지도하는 학생이라면서 이번 일에 대해서 자기가 잘 가르치지 못한 탓이라고 어쩔 줄 몰라 했다. 운동도 중요하지만, 인성 부분에 대해 많은 신경을 쓰지 못한 점에 대해 잘못을 구한다고 하였다. 학교 밖에서는 운동도 열심히 하고 선배들도 잘 따르며 인사성도 바른 학생이라고 하였다. 내가 보아도 다른 것은 다 좋은데 순간 손이 올라오는 것에 대해 조심할 필요가 있다고 하였다.

다음 날 피해자 어머니께서 전화를 주셨다. 몹시 화가 난 목소리로 나에게 말을 하였다. 이유는 가해 학생의 할머니와 피해 학생의 어머니는 평소 언니 동생하면서 잘 지내던 관계였다. 그런데 가해 학생의 어머니가 가해 학생 할머니에게 이런 일이 있었는데 피해 학생 부모와 합의가 잘 되지 않아 속상하다고 밀을 하사 사해 학생 할머니가 피해 학생 어머니에게 평소 잘 지내는 사이인데 좋게 해 달라고 부탁을 하였는데 잘 되지 않자 화가 나 작년에 피해자 어머니 옷가게에서 옷을 구입하고 잘 입고 다녔던 옷을 가지고 이제 와서 옷에 하자가 있다고 피해자 어머니 옷가게 본사에 전화를 하여 품질이 좋지 않은 것을 판매하였다고 불평불만을 호소했다고 했다. 본사에서 피해자 어머니에게 민원이 들어왔다는 소식을 듣고 몹시 화가 났다고 하였다. 사실 피해자 어머니도 아이를 키우는 입장에서 서로 이해하고 문제를 잘 해결하려고 생각하였는데 이런 말을 들으니 화가 많이 났다고 하였다. 상대방을 이해하는 것은 참으로 어려운 일이다. 모든 것이 내 입장에서만 이해하려는 생각을 버려야 한다. 상대방의 입장에서 한 번 생각해 본다면 그럴 수 있겠구나 하는 생각을 먼저 하게 된다. 살면서 나도 중요하지만 상대방의 편에서 생각하는 여유로움이 필요하다.

피해자 어머니의 이런 전화를 받고 나도 '이건 아니다'라는 생각을 갖게 되었다. 사실 가해 학생과 선생님 그리고 코치 선생님을 만나 다음부터는 이런 일이 발생하지 않도록 다짐을 받고 잘하겠다고 하여 퇴근 후 피해자 어머니에게 잘 말씀드리면 용서해 줄 것 같았는데 가해자 할머니가 이런 대형 사고를 쳐 결국 나는 그 사건에서 손을 떼게 되었다.

나는 아이들이 조사받지 않는 선에서 잘 마무리하기 위해 며칠 동안 이리저리 뛰어다녔지만, 한순간 물거품이 되어 버렸다. 아이들이 조사받는 것이 결국 좋은 일이 아니다. 그런 일만큼은 벌어지지 않게 하려고 최선을 다했는데 결국 아이들 문제가 어른 문제로 확대되고 말았다.

사실 알고 보니 피해자의 형이 학교 다닐 때 많은 문제를 일으켜서 피해자 부모님은 마음고생을 많이 했다고 하였다. 그런데 이제는 피해자가 되다 보니 과거의 자기가 힘들었던 상황을 잊고 강자가 되는 듯 그런 행동을 보였다. 지역사회에서 이름만 대면 다 알 수 있는 사이인데 이렇게 큰 문제로 확대되면 결국 양쪽 집안 모두 마음의 상처를 입게 되는 것이다.

며칠 동안 이 사건으로 힘든 날을 보냈는데 다 물거품이 되어 축 늘어져 집에 들어온 나를 보고 아내가 무슨 일이 있느냐며, 왜 이렇게 힘들어하는 거냐면서 위로를 해 주었다. 아들 들어왔냐고 묻자 일찍 들어왔다고 하였다. 아들 방을 똑똑 두드려 아들을 불러내어 이야기를 나누었다.

나는 과거에 있었던 일에 대해 아들과 함께 이야기를 나누었다. 아들은 그 일에 대해서 이해가 되지 않는다고 했다. 친구 사이에서 장난으로 그랬다면 장난으로 받아 주는 것이 친구인데 너무 크게 일을 벌였다고 했다. 이렇게 말을 한 우리 아들이 문제인가? 나는 아들에게 항상 말을 했다. 또래 친구 집단에서 서로 양보를 하면 아무런 일이 발생하지 않는다고 말이다. 그래서 아들은 친구들과의 관계를 정말 잘하고 있어 너무 행복하다.

학교에서 있었던 일이나 친구들과 있었던 일에 대해 전혀 문제가 없다고 하였다. 우리 아들 같은 생각을 하는 학생들이 있다면 학교폭력은 없을 것이다. 친구가 나에게 공을 던져 내가 맞았다면 물론 당황하고 기분이 나쁠 것이다. 그런데 공을 던진 친구가 와서 '미안해' 사과하면 당연히 사과를 받아 주며 괜찮다고 하면 되지 그런 것을 가지고 부모님께 말을 해서 크게 문제를 제기하는 것은 바람직하지 않다고 했다. 친구 간에 서로 작은 실수를 할 수 있는데 사과를 하면 받아 주고 다음부터는 하지 않는 것이 좋다고 했다. 이 말을 들은 순간 내 아들이 참으로 대견스럽게 느껴졌다.

아들에게 말했다.

"학교에서 사소한 일이 발생할 수 있다. 그렇지만 너희들이 해결할 수 있는 것은 해결하고 마무리를 짓는 것이 중요해." 내 아들도 가해 학생과 피해 학생의 나이였는데 참으로 어른스러웠다. 아들처럼 생각하고 있다면 무슨 학교폭력이 있겠는가? 그러면서 아들에게는 다른 친구들이 건들지 않느냐고 묻자 "네, 친구들이 내가 운동한다는 사실을 알고 있어요"라고 했다. 학교에서 친구 간에는 학교폭력이 없다고 했다.

이렇게 친구들과 잘 지낸다면 얼마나 좋은 학교일까? 주변 학교에서도 여러 가지 문제가 발생하지만 모든 것이 학생들의 기본 소양이 부족해서 큰 문제로 발전된다고 볼 수 있다. 또래 집단에서 발생하는 모든 문제는 또래 집단에서 해결할 수 있는 능력이 필요하다.

부모들도 자녀들의 생각을 본받아야 한다고 생각한다. 좀 약한 친구들이 부모에게 이런저런 이야기를 하더라도 좀 걸러 들으면 좋겠다. 모든 것을 내 자식 위주로 생각하다 보니 내 자식의 말만 믿고, 타인의 말은 잘 듣지 않으려는 생각을 버려야 한다. 살면서 좋은 소리만 듣고는 살지 못한다. 사는 동안 서로 이해를 한다면 그 자체가 내 인생의 행복이다. 상대방이 나에게 말을 할 때는 한 번쯤 걸러서 듣는 것이 필요하다.

사람들은 피해 보상을 받고 싶어 한다. 내가 과거에 피해를 보았으니 그것을 보상받아야 한다는 생각은 버려야 한다. 모든 것이 새로 시작해야 한다는 생각을 하고 있다면 문제에 대한 답도 쉽게 찾을 수 있을 것이다. 세상의 모든 사람이여, 과거에 집착하지 말고 현재에 충실하면 모든 문제도 쉽게 해결할 수 있을 것이다. 마음의 문을 열고 상대를 배려한다면, 이것 또한 내 가정의 일이 될 수 있을 것이라는 생각을 하고 살아간다면 남의 눈에 눈물이 흐르게 하지 않을 것이다. 과거의 나쁜 기억을 깨끗이 잊고 현재의 아름다운 세상을 보는 눈을 가졌으면 좋겠다.

살면서 나와 관련된 일이 생기면 상대방을 한 번쯤 이해한다면 어떨까? 물론 어려운 일이고 당장은 화가 나겠지만 한발 물러서 잠깐의 쉼을 통해 생각해 본다면 답은 하나이다. 반드시 해결될 수 있는 문제이다. 서로 이해하고 배려한다면 그것 또한 나의 행복으로 되돌아올 수 있을 것이다. 내가 힘들다고 남도 힘들어야 한다는 생각은 버려야 한다.

내가 지금 당장 힘이 든다면 옆에 누가 있는지를 찾아보고 그분의 도움의 손을 잡으면 된다. 서로 힘들지만, 대화로 풀어가는 방법도 있다. 회복적 사법이라는 말이 있다. 학생들이 학교에서 갈등이 있다고 해서 해당 학생을 다른 학교나 다른 지역으로 보내야 끝나는 것이 아니다.

무엇이 문제인지 그 문제점에 대한 해결책을 찾는다면 두 학생 모두 행복한 학교생활을 보낼 수 있다. 어렵지 않다. 충분히 할 수 있는 일이다. 이렇게 된다면 두 학생 모두의 삶이 행복해질 것이다. 청춘의 아름다운 시절을 시기와 질투로 낭비하지 않도록 주변

에서 도와주어야 한다. 창피하다고 생각하지 말고 도움의 손길을
받아 보면 정말로 행복해질 것이다.

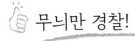 무늬만 경찰!

주고 싶다는 동정심만으로는 남을 구할 수 없다. 생각만 하지 말고 제 손의 물건을 주라! 무엇을 하고 싶다는 뜻만으로는 희망을 이룰 수는 없다. 실행하지 않으면 희망의 결과를 얻지 못한다. 사람은 뜻이 커야 하며, 그것을 실행하는 마음은 치밀해야 한다.

- 동양 명언

"우리 동네 경찰 아저씨는 경찰이면서도 경찰이 아니야!"
"그분은 전생에 고마운 산타여!"
"마음이 정말 고와서 우리 할망구들에게 아들 같아."
"무늬만 경찰이지 참으로 따뜻하고 정 많고 고마운 분이여!"

이 소리는 우리 아파트 경로당에서 생활하신 아파트 어르신들의 말이다.

시골에는 독거노인 분들이 참으로 많이 있다.

65세만 되면 우리나라에서는 노인이라는 호칭을 듣게 된다. 그런데 경로당에 생활하신 분들의 나이는 65세는 거의 없고 75세, 아니 80세에서 90세가 가장 많이 계신다. 내가 사는 곳의 경로당에는 나이가 가장 적으신 분이 74세이고 가장 많으신 분은 92세이다. 90세 할머님은 시골에서 생활하시다가 할아버지가 돌아가신 뒤 이곳 아들 집에서 살고 계신다.

이 할머니는 2000년 KBS TV 〈인간극장〉 '추씨 할머니의 백리 길' 편에 출연했다. 그 내용은 차를 타지 못하기 때문에 어디를 가든 걸어 가야 한다는 것이었다. 차만 타만 어지럼증이 도져 평생 한 번도 차를 타고 여행을 해 본 일이 없다고 했다. 시골에서 약 20분이면 시내 아들 집으로 올 수 있는데 그 시간도 참지 못해 차를 타지 못하신다는 내용으로 TV 〈인간극장〉에 방영된 사연이다. 아들 집에 차를 이용하면 쉽게 오는데 이 할머니는 6시간을 걸쳐 산을 넘고 굽은 허리로 차도로 걸어서 아들 집으로 오신다고 하셨다.

할아버지도 아들 집으로 오는 도중 할머니께서 차도를 걸어오시는 것을 보고 아들이 천천히 운전하여 함께 오기도 했다. 그런 할머니께서 내가 사는 아파트 4층에 살고 계시는데 차도 타지 못하는데 엘리베이터는 어떻게 타는지 궁금해서 함께 생활하시는 어르신들에게 물어보았다. 혼자 엘리베이터를 타지 못하고 아들, 며느리가 내려와서 모시고 간다고 했다. 엘리베이터를 타면 머리가 흔

들리고 정신이 없다고 하셨다.

그래서 할머님은 엘리베이터를 올라타면 손잡이를 꼭 잡고 "주여! 주여!" 기도한다고 했다. 그렇게 하시면서 날마다 지하 2층에 있는 경로당을 내려오신다. 혼자 집에 우두커니 앉아 있는 것보다 같은 연대의 어르신들과 함께 생활하는 것이 즐겁다면서 날마다 기도를 하면서 내려오신다고 했다.

엘리베이터를 탈 때는 혼자 못 타신다고 한다. 그래서 꼭 옆에 누군가 있어야 한다고 한다. 그래서 그 사람의 손을 부축하면서 올라가거나 내려오신다고 하셨다. 세상이 이런 일이 있다면 다들 웃으실 일이다.

근무하지 않고 쉴 때는 가끔 경로당에 내려가서 말벗도 해 드린다. 어르신들은 무척 나를 반가워하신다. 작은 것에 감사하시면서 올 때 아무것도 가지고 오지 말라고 한다. 그래도 색다른 것이 있으면 싸다 드리고 싶은 마음뿐이다. 내가 이렇게 할 수 있었던 것은 바로 내 어머님 덕분이다. 어머님은 나에게 항상 말씀하셨다. 나를 생각해서 어르신들에게 무엇이라도 맛있는 것 있으면 싸다 드리라고 하여 가끔 갖고 가기도 했다.

어느 날 묵 공장을 하고 계신 선배로부터 전화가 왔다. 가게에

잠깐 들르라는 것이다. 평소 묵 공장 선배와 자주 왕래를 하기도 했다. 그 덕분에 묵은 많이 갖다 먹기도 했다. 새로운 묵이 나오면 나더러 시식해 보라고 하기도 하고, 약간 불량이 나온 묵이 있으면 가져가 먹으라고 하기도 했다. 그날도 도토리묵을 가지고 가라는 전화였다.

그래서 나는 도토리묵 한 상자를 들고 오면서 옆 마을 노인정에 두 개, 우리 노인정에 두 개, 후배 부인이 임신해서 먹으라고 한 개, 우리 옆집 한 개 이렇게 나누어 주었다. 경로당에 묵을 들고 가니 할머니들은 나를 반갑게 맞아 주었다. "또 뭘 이렇게 가지고 오는 거야?", "묵이에요, 이도 없는데 이 묵으로 맛있게 음식 해 드세요." 할머님들은 고맙다고 말했다.

또, 하루는 아는 지인이 오이 농사를 짓고 있는데 오이 농사가 끝나 가니 오이밭에 와서 오이를 따 가라고 했다. 지인 몇 명과 함께 오이밭을 싹쓸이해 왔다. 따 온 오이를 제일 먼저 경로당에 한 가마니 드렸다. 할머님들은 이가 좋지 않아 부드러운 오이로 반찬 해 드시면 참으로 좋아하신다. 오이장아찌, 오이 절임, 오이냉국, 들깨 갈아 넣은 오이나물 등을 손수 해 드신다. 경로당 어르신 중 회장 할머니가 90세이다. 그분이 경로당 식사를 책임지고 계신다. 집에서 대접받고 살아야 하지만 경로당에 오시면 직접 식사를 준비해 어르신들을 공경하고 계신 모습이 참으로 안타깝다. 이 현상들을 보고 우리나라 사회복지 정책이 변화되어야 한다고 생각한다.

내가 사회복지 전문가로서 국가의 복지정책을 펼치게 된다면 나는 이렇게 하고 싶다. 농촌 지역과 도시 지역의 노인 인구가 늘어남에 있어 그분들을 위한 복지정책으로 자활꿈터가 필요하다. 요즘은 사회복지사의 자격을 가진 분들이 참으로 많고, 대학에서 사회복지사들을 많이 배출하고 있는데 취직이 되지 않아 다른 직장을 찾는 경우가 많다. 그래서 전문 사회복지사들을 현장에 배치하여 제대로 된 사회복지 정책을 펼쳤으면 한다. 사회복지사들에게 준공무원급 대우를 해 주어야 한다. 그렇게 된다면 제대로 된 사회복지사들의 활동이 활발히 이루어질 수 있다.

경로당을 운영한다면 가장 먼저 해야 하는 것은 어르신들이 기본 생활을 할 수 있도록 지원하는 것이다. 그래서 노인 일자리 창출 차원에서 일주일에 2~3번 나와서 잡초 제거 및 노인 자치 경찰, 노인 아동 지킴이 등 일자리 창출을 하고 있는데 이런 업무 자체가 아주 형식적이며 한마디로 필요할 정도의 가치 있는 일은 아니라고 나름대로 생각을 한다. 제대로 관리 감독이 이루어지지 않고 있어서 무용지물에 그치고 만다.

나라의 어려운 경제 살림을 보다 효율적으로 하기 위해서는 제대로 된 일자리 창출이 필요하다. 노인정 식사 도우미 역할 및 청소, 여가 생활을 보내는등 현실성 있는 서비스의 제공이 필요하다. 그래서 경로당별 전문 사회복지사, 간호사, 프로그램 운영자를 배치하여 무료한 노인 분들이 정서적으로 행복할 수 있는 복지정책이 펼쳐지길 간절히 원한다.

어르신들은 식사하고 텔레비전 보고 누워 자고 화투 놀이 등을 하고 있다. 날마다 이런 행동이 반복되기 때문에 치매라는 병에 많이 노출되어 있다. 국가적인 차원에서 이런 복지정책을 펼친다면 젊은 청년 일자리 창출로 높은 실업률을 극복하고 윤택한 삶을 살면서 이웃을 알고 웃어른을 공경할 줄 아는 마음의 여유를 가질 수 있다. 힘들다는 말만 하지 말고 어떻게 하면 힘들다고 말하지 않고 보람된 일을 하면서 행복한 인생을 살고 있다고 말을 할 수 있을지 생각하여 새로운 정책을 펼칠 필요가 있다. 우리 시골의 경로당도 마찬가지다. 어머님은 경로당에 가도 할 일이 없다고 하셨다. 그냥 음식 조금 먹고 누워 있다가 집에 오신다고 했다.

어머님 살아생전 고향의 경로당에는 94세 이웃집 할머니 그리고 내 어머님이 계셨다. 그리고 70세 이상 할머님들이 함께 생활하고 계셨다. 그래도 집에 멍하니 앉아 있는 것보다는 경로당이라도 가서 남들이 무슨 이야기를 하는지 또, 누가 자식 자랑하는지 이런 저런 이야기를 듣고 있으면 시간이 잘 간다고 하신다. '왜 시간이 잘 간다고 하지?'라는 생각이 들지만 그렇게 무료한 시간을 보내고 계시는 것이다. 농사도 짓지 못하고 그렇다고 밭에 나가 일도 하지 못하는 형편이다.

어머님께서 늘 하신 말이 있다. "어서 가야지 이제 죽어도 원이 없다."그럴 때마다 나는 어머님에게 이렇게 말을 한다. "아무 쓸모가 없다고 한들 소중한 내 목숨을 한순간 버리는 행동은 하지 말아 주세요." 외롭고, 힘들다고 해서 노인들이 자살을 생각하는 일들이 종종 발생한다.

어느 날 시골 노인 한 분이 집 뒤 감나무에 목을 매고 운명하셨다고 했다. 집에 가 보니 혼자 생활하고 계셨다. 몸이 아프고 힘들어도 혼자 살고 있어서 몹시 힘들어했다고 했다. 자식들은 도시에 살면서 혼자 시골에 살고 계시는데 몸이 매우 편찮아 자주 병원치료를 했다고 했다. 그런데 안타까운 것은 한글도 잘 쓰지 못한 채 시골 은행에서 준 커다란 달력 하단에 이렇게 유서를 써 두신 것이다. "사랑하는 내 자식들아! 미안하다. 땅문서는 안방 서랍 안방 서랍에 두었고, 통장과 도장은 전화기 아래 서랍에 두었다. 형편이 어려워 많이 가르치지 못해 미안하다"라는 유서를 써 놓고 세상을 떠나셨다. 본인도 평생 자신을 위해 써 보지도 못하고 오직 자식을 위해 한평생 고생하신 분인데 죽음을 생각하면서 써 내려간 마지막 편지야말로 자식들의 마음을 더욱더 아프게 했다.

노인들의 외로움이야말로 참으로 힘든 상황이다. 낮에는 노인정에서나마 생활하다가 해가 지고 썰렁한 집으로 돌아오면 반겨 주는 것은 오직 말 못 하는 강아지와 나를 웃겨주는 텔레비전뿐이다. 누구와 대화가 되지 않는 상태, 우두커니 방에 앉아 깊어가는 밤을 뜬눈으로 보내거나 이른 잠을 청하기도 한다. 그리고 새벽닭이 울기 전에 눈을 뜨시는 것이 노인분들의 특징이다. 누구나 싫다고 해서 늙음이 오지는 않는 것이 아니다. 우리는 늙음이란 것에 어떻게 순응하면서 즐기고 살 것인가에 대하여 늙음이 오기 전에 고민해야 한다.

안 쓰면 녹슨다는 말이 있다. 안 쓰면 썩음의 원리를 배운다. 강이 흐르지 않으면 악취가 난다. 사람도 마음이건 몸이건 움직이지 않으면 똑같은 현상이 나타난다. 배는 항구에 정박해 있지 않고 파도와 부대껴야 더 오래간다. 비행기도 그렇다. 비행기를 땅에 두고는 제 기능을 유지할 수 없다. 사람도 마찬가지다. 건강하게 오래 살고 싶다면 '작동 중'의 상태로 있어야 한다. 인간 수명에 관련된 통계를 살펴보면 은퇴 후 오래 견디지 못하고 죽음을 맞는 사람들이 많다. 그러니 어쩌면 좋을까? 은퇴하지 말아야 하나. "아흔 살인데 평생 일했네"라고 말하는 사람이 있거든 이렇게 말할 수 있다. 계속 일한 덕에 그 나이까지 살았노라고 말이다. 행동 속에 행복과 성취감이 있다. '움직여라' 원리는 자리를 털고 일어나 무슨 일이든 하라고 우리를 끊임없이 북돋운다. 많이 움직이면 많은 사

람과의 만남 그리고 많은 정보를 얻으며 새롭게 살아가는 열정이
생기기도 한다.

경찰 일을 하지만 나름대로 사회복지를 전공하여 어려운 사람들
을 보면 도와주고 싶고, 어르신들을 보면 잘해 주고 싶어 하는 것
이 내 마음이다. 이것 또한 어머님의 유언 아닌 유언이다. 어려운
사람을 보면 그냥 지나치지 말라고 하셨다. 그리고 이 어머니 생각
하고 어르신들에게 잘 대해 주라고 하셨다. 어머님의 이런 예쁜 마
음에 늘 어머니를 생각하고 이런 일을 한다. 그렇게 생각하니 마음
은 편하다. 마음이 편하니 이런 일도 많이 하게 된다. 이런 나의 모
습을 우리 아들이 지켜본다면 얼마나 행복할까? 부모는 자식의 거
울이다.

이 시대 청소년들의 흔적

소나무 씨앗 두 개가 있었습니다. 하나는 바위틈에 떨어지고 다른 하나는 흙 속에 묻혔습니다. 흙 속에 떨어진 소나무 씨앗은 곧장 싹을 내고 쑥쑥 자랐습니다. 그러나 바위틈에 떨어진 씨는 조금씩밖에 자라나지 못했습니다. 흙 속에서 자라나는 소나무가 말했습니다.

"나를 보아라. 나는 이렇게 크게 자라는데 너는 왜 그렇게 조금밖에 못 자라느냐?"

바위틈의 소나무는 아무 말도 하지 않고 깊이깊이 뿌리만 내리고 있었습니다.

그런데 어느 날 비바람이 몰아치고 태풍이 불었습니다. 산 위에 서 있는 나무들이 뽑히고 꺾어지고 있었습니다. 그때 바위틈에서 자라나는 소나무는 꿋꿋이 서 있는데 흙 속에 있는 나무는 뽑혀 쓰러지고 말았습니다. 그러자 바위틈에 서 있던 소나무가 말했습니다.

"내가 왜 그토록 모질고 아프게 살았는지 이제 알겠지? 뿌리가 튼튼해지려면 아픔과 시련을 이겨내야 하는 거란다"

- 영혼의 샘터(바오로의 딸) 중에서

지금의 우리 청소년들은 어디에서 행복을 느끼고 있을까?

19세에서 20대 이제 막 시작한 청소년들이 힘들게 공부를 하고 수능이 끝나고 방학이 시작되면 새로운 모습으로 변해 가고 있다. 그동안 몰래 피우던 담배, 몰래 마시던 술이 이제는 당연하듯 사람들이 모인 장소에서 자기보다 나이가 많은 선배, 아저씨, 아버지의 나이에 있는 사람들 사이에서 당당하게 하고 있다. 아직은 성숙하지 않은 우리 청소년들이 한순간 변화되는 걸 보면 기성세대인 나는 이 사회가 너무 빨리 변해 가는 것 같아 한편으로는 걱정이 되기도 한다. 좋은 사회적 문화 풍토는 받아들이고 계승해 나갈 수 있는데 그렇지 않은 문화에 대해서는 아직도 반신반의하면서 지켜보고 있는 것이 현실이다.

청소년들은 자신들이 처해 있는 환경적인 요인들에 대해 손쉽게 받아들이는 것은 사실이다. 그래서 스펀지 효과라고 해도 틀린 말은 아닐 것이다. 보고 듣는 대로 빨아들이는 속도는 너무 빠르다. 호기심에 담배를 피우고 술을 마시는 경우 청소년들은 호기심에서 시작하여 쉽게 끊지 못하고 더 나아가 비행에까지 이르고 있다. 담배와 술을 사기 위한 용돈이 부족한 나머지 이들은 새로운 방법으로 자기들만의 욕구를 충족하기 위해 타인을 괴롭히거나 남의 집에 들어가 돈과 물건을 가지고 나오는 일도 있다.

우리 청소년들은 가정에서는 부모님의 많은 관심과 통제 속에서 자라고 있다가 그 관심과 통제를 받기 싫어 가출하는 사례도 발생하고 있다. 또, 학교에서는 학생들 간의 문제가 발생하고 있다. 최근 학교폭력과 성폭력 등 SNS상에서의 문제들이 많이 늘고 있는 것은 사실이다. SNS를 통해 친구들을 왕따, 따돌림 그리고 성 동영상 유포하는 행위까지도 청소년들은 서슴지 않고 벌이고 있다. 누가 깨끗한 영혼들에 이렇게 사회의 혼탁한 물을 들였는가. 바로 우리 모두의 책임이 아닐까 싶다.

선생님의 눈 안에서 생활하면서 지칠 대로 지쳐 있는 우리 청소년들에게 어떤 모습이 아름다운 모습이라고 말할 수 있을까? 담배 피우고 술 마시는 모습을 보고 과연 당당하다고 할 수 있을까? 그들은 이제 피울 수 있고, 마실 수 있는 나이라고 주장하지만, 교육이 되지 않은 환경에서 물밀 듯이 솟아나는 홍수처럼 아무런 대책 없이 시작되는 행동들이 과연 올바른 행동일까? 기성세대들은 이해하기가 어려울 정도다.

아직 성숙하지 않은 우리 청소년들에게 순식간에 새로운 환경 속으로 뛰어든 20대 청소년들의 행동이야말로 걷잡을 수 없는 일이 되어버리곤 한다. 감당하지 못한 담배, 마시지 못한 술로 자기 인생을 헛되이 보내는 사람들도 많이 있다. 부모로부터 관심, 선생님으로 보호받지 못하는 이들의 행동들이 참으로 무서울 정도다. 웃어른을 알아보지 못하는 행동들이야말로 바로 잡아야 할 것이다. 지칠 줄 모르는 청춘들의 열정이야말로 긍정적인 열정으로 활용하면 참으로 좋을 텐데 그렇지 못한 일에 에너지를 소비하는 것이 참으로 안타깝다는 생각을 가져 본다.

이런 행동들도 잠시 잠깐이지만 그 잠깐의 시간이 자라나는 청소년들에 큰 악영향을 미칠 수 있다는 점에서 정말로 소중한 시간을 현명하게 생각하고 살아가면 참으로 좋을 듯하다. 짧은 시간을 나름대로 소중하게 여기면서 새로운 삶을 스스로 찾아보거나, 새로운 삶을 위해 준비하는 그런 시기가 꼭 필요하리라 생각한다. 그런데 지친 이 젊은 영혼들에게 무엇을 어떻게 하면 마음의 상처를 치유할 수 있을까? 그것은 바로 세월이 지난 뒤 느낄 수 있을 것이다. 세월의 뒤안길에서 후회라는 것을 하게 되는 안타까운 일이 발생하지 않도록 하기 위해서는 자기관리가 중요하다.

한순간 친구들과 잘못된 생각과 행동을 하여 타인의 마음에 상처를 주게 된다면 돌이킬 수 없는 상처를 갖고 살아간다. 우리는 후회하는 삶을 살아서는 아니될 것이다. 하지만 한순간의 잘못으로 젊음의 순간을 자유가 없는 그곳에서 생활한다고 생각하면 참으로 큰 고통을 받게 될 것이다. 본인뿐만 아니라 가족과 그리고 주변인 모두에게 아픈 상처를 안겨 줄 것이다.

20대 젊은이들이여!

끝이라는 생각을 하지 말아야 한다. 고등학교를 졸업하였다고 모두가 성인이 되는 것이 아니다. 체구만 크다고 성인이 다 되었다고 할 수 있을까? 아니다. 어떤 일이든 스스로 판단하고 책임질 수 있어야 한다. 하지만 우리는 학교에서 인생을 살아가는 방법을 배우기보다 점수 위주의 생활을 하였기 때문에 스스로 현명하게 살아가는 방법을 배우지 못했다.

살아가는 방법을 터득하기 위해서는 같은 또래의 친구보다는 선배나 부모님으로부터 올바른 삶에 대해 곁에서 지켜보는 것이 필요하다. 그러기 위해서 가정에서는 부모님이 역할을 다하고 사회에서는 기성세대들이 올바른 행동을 하는 것이 꼭 필요하다. 어른들은 내 자식이 아니고, 내 동생, 친척이 아니라는 핑계로 청소년들의 눈에 비친 행동 모두가 잘못되고 있지만 올바르게 하지 않는 사람들이 너무나 많이 있다.

우리 청소년들의 바른 성장을 위해 부모님의 올바른 생활 그리고 이 사회의 올바른 변화야말로 중요하다. 바른 부모 밑에 바른 자녀가 있듯이 세상을 비관하면서 살아가는 어른들이 있다면 스스로 변화되어야 한다. 내가 남에게 비친 모습이 과연 올바른 모습일까? 그렇지 않으면 피해를 주는 그런 모습으로 보일까? 후자로 보인다면 나름대로 올바른 삶을 살아가고 있지 않다고 보인다. 청소년들의 올바른 성장을 위해서 어른들의 바른 행동이 필요하다. 이 사회 구석구석에서도 서로를 아껴주고 격려해주는 그런 모습이 절실히 요구되며, 서로를 이해하고 배려하는 마음이 절실하게 필요하다. 이것이 아름다운 사회를 만들어 가는 지름길이 아닐까 생각해 본다.

아직은 판단 능력이 없는 우리 청소년들이여!

고개를 숙인 사람은 무지개를 볼 수 없다. 우리는 당당해져야 한다. 그리고 고개를 높이 들어야 저 건너편에 뜬 무지개를 보면서 꿈을 가질 수 있다. 지금은 부족하고 가진 것이 없지만 고개를 들고 저 건너편에 핀 무지개를 보면서 사색을 해 보아야 한다. 나는 저 건너편에 핀 일곱 가지 무지개를 잡으며 행복하게 살아야 할 의무가 있다. 자기 일에 최선을 다하는 자만이 성공하는 것이다.

소나무 뿌리가 바위틈에서 깊게 내리듯 비바람이 몰아치고 눈보라 내리는 추운 날에도 땅속 깊게 뿌리를 내리듯 편하다고 해서 마냥 행복할 수는 없다. 남이 편하다고 하여 나도 편한 길을 선택해서는 안 된다. 편한 길이 있으면 힘든 길도 있다는 것을 알아야 한다. 편하게 살면서 무성한 잎만 있는 것보다는 힘든 바위틈에서도 자신의 굳은 의지를 갖고 참고 견디는 편이 좋다. 어느 순간 나에게 닥치는 고난의 시간에도 당당하게 헤쳐나

갈 수 있는 강인함이 필요하다. 포기하지 말고 최선을
다해 노력하는 것이 가장 중요하다.

Yes I can.

이 세상 모든 청소년에게 부탁하고 싶다. 하면 된다.
그렇게 하겠다고 생각을 하면 행동이 바뀐다. 우리 청소
년들은 마음과 행동이 따로일 때도 많이 있다. 우리 자
녀들이 행복한 삶을 살기 위해서는 부모의 욕심을 버려
야 한다. 자녀의 능력이 무엇인지를 발견하고 자녀가 하
고 싶어 하는 것이 무엇인지를 찾아 주어야 이 아이가
자라서 정말 아름다운 인생을 살 수 있을 것이다.

세상의 부모님들이여!
내 자식과 남의 자식을 비교하지 말고 내 자식의 능력
과 자질에 맞는 삶을 살 수 있도록 아낌없는 격려와 사
랑으로 지켜봐 주는 것이 필요하다. 사랑하는 내 자식
에게 너무 큰 짐을 주지 않는 부모가 되어 주길 간절히
원한다.

자녀가 잘되기 위해서는 부모의 노력이 필요하다. 많은 정보를
통해 내 자녀에게 도움이 되는 긍정적인 피드백이 필요하다. 내 자

녀는 정말 훌륭한 사람이 될 수 있다. 내 자녀는 이 사회에 꼭 필요한 사람이 될 것이다.

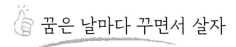

꿈은 날마다 꾸면서 살자

> 겨울이 없다면 봄은 그리 즐겁지 않을 것이다. 고난을 맛보지 않으면
> 성공이 반갑지 않을 것이다.
>
> - 앤브레드 스트리트

세상 모든 아이는 행복한 가정에서 태어났다.

행복한 가정에서 정말 소중한 사람으로 이 세상에 태어나 부모의 소리를 듣는다. 그리고 살며시 눈을 떠 본다. 그리고 아이는 자라면서 새로운 환경에 적응하면서 살고 있다.

주변에 장애가 있는 부모님들이 있다면 우리는 어떻게 하면 좋을까? 버스 안에서 한 아이가 자리를 비켜달라고 큰소리를 치면 여러분은 어떤 태도를 할 것인가? 무시하고 그 자리에 계속 앉아 있을 것인가? 아니면 그 아이를 야단칠까? 아니면 자리를 양보해 줄 것인가? 상황에 따라 다르다. 그런데 왜 그 아이가 그렇게 하고 있는지를 한 번 생각해 보아야 한다.

알고 보니 그 아이는 장애를 앓고 있는 아이였다.

우리는 이런 상황에서 당황할 것이다. 한편으로 미안해하면서 그 아이를 다시 한 번 쳐다볼 것이다. 왜 다시 쳐다볼까? 요즘 사회에서는 자기중심의 사회라고 말을 하기도 한다. 그러다 보니 내 옆에 누가 있는지, 무슨 일이 벌어지고 있는지도 모르고 행여 나에게 불똥이 튀길까 하여 모른 체하고 지나간다. 장애 아이를 낳은 것은 엄마 혼자가 아니다. 부모가 짊어지고 가야 하는 소중한 일이다. 그런데 어떤 아버지는 내 자식이지만 감당하기 어려워 가족의 곁을 떠나 멀리서 생활을 하면서 모든 것을 엄마에게 맡기는 경향도 있다. 물론 누군가 일을 해야만 가정을 지킬 수 있다. 하지만 이런 장애 아이가 있다면 함께 헤쳐나가야 한다고 생각한다. 그것 또한 제삼자들이 하기 좋은 말이다. 내가 부모라면 이런 아이를 누구 하나에게 돌봄을 시키지 않을 것이다. 최소한 부모라면 공동 책임을 지며 함께 이 고난의 길을 이겨내는 것이 진정한 부모가 아닐까 생각한다.

우리 큰 딸은 특수교육학과를 졸업하고 현재 통합 어린이집에서 장애 아이들을 돌보고 있다. 벌써 4년째 생활을 하고 있다. 힘든 업무이지만 딸아이는 배운 그대로 현장에서 실천하면서 자부심과 긍지를 갖고 열심히 살아가고 있다. 학교 선생님이 되었으면 하는 부모의 마음도 있지만, 우리 부부는 딸아이에게 강요하지 않는다.

학교 선생님도 중요하지만, 누군가 이런 일을 해야 한다면 내 딸아이의 생각을 전적으로 믿고 싶다.

딸아이는 아무것도 하지 못한 장애 아이들이 시간이 지나면서 말도 하고 행동도 수정해 가는 모습에 늘 감사하며 살아가고 있다고 했다. 가끔 집에 오면 휴대전화기 속에 들어 있는 예쁜 아이들의 사진을 보여 준다. "너무 귀엽죠." 처음에는 아무 말도 못 하고, 화장실도 혼자 가지 못했는데 어린이집에 와서 말도 하고 화장실도 가는 모습이 참으로 대견하다고 했다. 딸아이가 여러 번 반복 학습을 하였기 때문에 그 결과가 나왔을 것이다. 교육이란 것이 그렇게 위대한 것임을 알 수 있다. 딸아이는 자기가 돌보는 아이들에 대해 날로 변화되는 모습을 자랑도 한다. 가끔은 딸이 아이들 자랑을 하는 모습을 보면 그 아이가 우리 손주, 소녀라고 착각할 정도이다. 그런 딸의 모습에 나도 동요가 되기도 한다.

똥 기저귀, 오줌 기저귀 등을 손수 갈아주면 힘들지 않으냐고 물어보면 내가 해야 할 일이라며 이 아이들이 집에서 엄마와 함께 24시간을 생활한다면 아이의 엄마는 얼마나 힘들겠느냐고 말한다. 작은 시간이라도 부모님의 곁을 떠나 부모님에게 자유를 줄 수 있다면 그 또한 내가 해야 하는 일이라고 하면서 하는 일에 대해 최선을 다하고 있다고 할 만하다고 한다.

한편으로 거정도 되기도 하지만 딸아이의 아무진 행동에 우리 부부는 그냥 곁에서 바라만 봐주는 것이 최선일 것으로 생각하며 "잘해 주렴"이라고 한다. 천사처럼 맑고 예쁜 아이들의 마음에 아픔의 상처를 주지 말고 누군가 희망 불꽃을 튀기게 해 준다면 행복할 것이다. "우리 딸 잘하고 있어. 할 수 있어. 힘내"라고 격려의 말만 해 줄 따름이다.

어느 날 딸이 푸념 아닌 푸념을 늘어놓았다.

장애아동이 있는데 모든 교육을 엄마에게만 맡기고 아빠는 다른 곳으로 혼자 떠나 버렸다고 했다. 그리고 그 엄마도 다문화 가정으로 말도 통하지 않는데 아이의 교육을 혼자 한다는 소식에 딸아이는 그 아버지를 원망스럽다고 말하였다. 나는 사정이 있어 떠난 것인지도 모른다고 했다.

장애가 있는 부모님은 그 무엇보다 힘든 환경 속에서 살고 있다. 특히, 발달장애인들은 엄마 혼자 아이를 양육할 수 없다. 혼자 밖을 나가기도 하고 자기 의지대로 움직이지 못하기 때문에 양육하는 데 큰 어려움을 겪고 있는 것은 사실이다. 나도 지적장애인 시설로 봉사를 간 적이 있다. 울고, 떼쓰고, 선생님을 힘들게 하면서 심지어 마당에 누워 들어오지 않는 아이들도 본 적이 있다. 이런 힘든 상황에서도 힘들다고 그만두겠다고 하지 않는 딸아이가 정말로 대견스럽다. 사실 대학을 선택할 때 내가 추천하여 딸이 진학하였는데 힘든 일을 시켜 미안한 마음이 들었다. 하지만 딸아이는 자기의 일에 즐거워하면서 열심히 하였다.

발달 장애를 가지고 있는 아이들은 생각보다 힘이 강하다. 아무리 힘이 센 엄마도 혼자서는 통제하기가 불가능해서 주위 사람의 도움이 필요하다. 그래서 아이의 양육은 혼자가 아닌 부모가 함께 해야 한다. 그래서 아버지가 퇴근 후에는 함께 놀아주기도 하면서 관찰하는 태도가 필요하다. 그렇지 않은 아빠들도 있어 힘들어하는 부모들도 있다고 하였다.

아이들이 아빠 옆에 다가올 때 말 한 번 걸어 주면 그 아이들은 관심을 받고 있다는 것에 기분이 좋아 때때로 더 관심받기 위한 행동을 한다고 했다. 하지만 그렇지 못한 부모는 귀찮다고 하면서 아이를 멀리하거나, 힘들다고 밖으로 나가 버린다. 그러면 아이는 마음에 또 다른 상처를 받을 것이다. 이럴 때는 안아 주면서 아빠의 향기를 느끼도록 해 주는 것이 좋다. 아이는 정서적인 면에서 매우 안정감을 느끼고 가정의 따뜻함과 행복감을 느낄 것이다.

힘들지만 부모가 함께 육아를 같이 한다면 아이의 발달에 크게 도움을 줄 수 있다. 하지만 아이 때문에 많이 지치고 힘든 부모님의 삶도 있을 것이다. 그 모자람을 딸아이가 채워 준다면 더할 나위 없을 것이다. 그래서 어린이집에서 오면 우리 딸아이한테 엄마, 아빠처럼 안기고 비비고 그러면서 사랑을 느끼려고 하는 것이다. 좀 더 많은 사랑을 준다면 그 아이는 행복해질 것이다. 딸아이가 아마 엄마들의 푸념을 들은 것 같아 한편으로 씁쓸하지만, 가정에서의 힘든 상황은 겪어보지 않고서는 어떻게 말을 할 수 있겠는가. 혹시라도 도움을 요청하면 말이라도 따뜻하게 하며 위로하라고 했다.

딸아이에게 "이런 아이를 양육하는 부모에게는 어떻게 하면 아이들과 행복한 시간을 보낼 수 있겠니?"라고 물으니 몸이 불편한 아이들에게는 그 아이 특성에 맞는 마사지나 운동을 같이해주고, 말이 느린 아이들에게는 역할 놀이를 하며 말을 많이 걸어 주며, 주의가 산만한 아이들은 정적인 활동을 같이해주면 된다고 했다. 처음엔 매우 힘들지만 자주 하다 보면 익숙해져 서로에게 좋은 관계를 유지할 수 있을 것이다. 가정과 어린이집에서 함께 사랑과 관심을 주면 두 배의 기대 효과를 거둘 수 있다고 했다. 딸아이의 이런 예쁜 마음을 보고 나는 진정한 교사는 그 어떤 욕심과 욕망이 아닌 아이의 행복만을 생각하는 사람이라고 생각했다. 나도 비행 청소년들을 상담할 때 '이 아이가 나로 인하여 다음부터는 비행을 하지 않는 그런 착한 학생이 될 수 있다'라는 신념으로 청소년들을 대하고 있다. 나로 인해 이 아이가 변할 수만 있다면 그 어떤 어려움도 참아 낼 수 있다.

맞는 말이다.

자녀 양육은 혼자 하는 것이 아니다. 특히, 장애가 있는 우리 부모님들은 가정에서의 힘든 상황 때문에 불화도 있겠지만 서로에게 상처를 주는 말보다는 위로의 말을 해 주면서 함께 극복해 나가는 것이 중요하다. 나는 사회복지 공부를 한 사람으로서 주변에 좀 힘들어하는 사람이 있다면 먼저 배려하고 도와주고 싶은 마음이 먼저 들기도 한다.

하지만 도움을 주기 전에 먼저 도움을 받겠는지 한 번 여쭈어보아야 한다. 장애 휠체어를 힘들게 가고 있는데 곁에서 아무런 말도 하지 않고 갑자기 뒤에서 힘껏 밀어준다면 그분은 당황하면서 화를 낼 수 있을 것이다. 이럴 때는 뒤에서 노크, 즉 신호하면서 "힘드신 것 같은데 제가 뒤에서 좀 밀어드릴까요?"라고 묻는 편이 좋다. 필요하다면 "감사합니다. 좀 도와주세요"라고 할 것이다. 이때는 천천히 밀어주는 것이 좋다. 그러다 장애인이 괜찮다고 하면 거기서 안전하게 정차해 주는 것이 장애인에 대한 예의라고 생각한다.

누구나 힘든 상황이 있다. 그 상황을 극복하면 반드시 좋은 날이 올 것이다. 꿈을 꾸어야 한다. 꿈을 꾸지 않는 자는 성공할 수 없다.

'무슨 일을 하며 어떤 사람들과 함께 행복하게 살아길까?' 늘 고민을 해야 한다. 그리고 생각과 실천을 해야 한다. 꿈만 꾼다고 모든 것이 이루어지는 것은 아니다. 꿈을 꾸고 생각하고 실현에 옮길 수 있도록 노력을 하여야 한다. 준비된 자는 반드시 즐거운 일들이 찾아오기 마련이다. 힘들게 공부를 하였지만, 그 결과는 당당한 사람이 되었고 남에게 꿀리지 않는 사람으로 성장할 수 있었다. 주변 사람들과 서로 어려운 일을 함께하며 즐거움이 두 배가 된다는 것은 누구나 알 수 있는 일이다.

내일이라는 것은 추상적이다.

내게 올지 안 올지를 모른다. 물론 오겠지만 지금 이 순간 내가 사는 이 공간에서 무엇을 하고 있는지를 생각해 본다면 나는 결코 헛된 삶을 살지 않을 것이다.

도전하라!

지금, 이 순간 무엇을 하고 있는지를 생각하고 이 일이 나에게 어떤 의미를 가져다줄 것인지, 이 일이 타인에게 어떤 즐거움을 줄 수 있는 것인지를 생각하라. 힘들지만 반드시 해야 한다는 생각으로 한다면 행복한 내일을 맞이할 것이다.

세상에서 가장 행복한 사람들

행복을 얻는 데는 규칙이 있다. 왜냐하면, 지혜로운 자에게는 모든 것
이 우연으로 일어나지 않으니까. 노력이 행복을 뒷받침한다.

- 발타자르 그라시안

◇ 오월 단오 창포물처럼 아름다운 큰 누님의 인생

고향을 떠나 먼 타향에서 한 남자를 만나 50년을 넘게 희로애락
을 함께하며 기쁠 때나 슬플 때나 늘 함께 한 사람이 있다. 오직
남편과 남편의 가정에 없어서는 안 될 고마운 사람이다. 시집가서
는 힘들어 형님의 도움 아닌 도움을 받았지만, 남에게 손가락 받지
않는 일을 하면서 살아야겠다는 생각으로 칠십이 넘도록 열심히
일하셨다. 2남 1녀를 낳아 정말 결혼식까지 시키고 손자, 손주까지
본 뒤 이제는 몸이 아픈 남편과 함께 생활하고 있다. 친정의 일이
라면 발 벗고 나선 고마운 분이셨다. 힘들게 고생하고 모은 돈을
친정 식구를 위해서 서슴지 않고 큰딸이라는 책임감 때문에 매사

에 큰 힘을 주신 분이셨다. 이제는 편하게 살아야 함에도 열심히 일하려고 하신다. 세상에서 이런 분은 없을 것이다. 작은 것 하나 함부로 하지 않고 남거든 내 8남매 동생들에게 무엇인가 주려고 하신 그분께 진심으로 감사함을 표한다.

1년에 한 번 고향을 방문하시면 친정 부모님 옷이며, 친정아버지 술이며 동생들에게 맛있는 음식을 먹게 하려고 새벽부터 일어나 육개장을 끓여서 친정집으로 가지고 오신 그분의 마음이야말로 이 세상으로 한 분밖에 없는 나의 소중한 큰누님이시다. 정작 본인은 맛있는 것을 해 먹지 않으시고 시장에서 가장 값싼 음식을 드시면서도 자식과 형제들의 입에 맛있는 음식을 먹이기 위해 온 정성을 다하신 고마운 분이셨다.

열 손가락 깨물어 아프지 않은 손가락이 없듯이 자식도 중요한데도 불구하고 형제들이 무슨 일이 있으면 앞장서 힘껏 도와주신 고마운 분이셨다. 이제는 칠십이 훨씬 넘었지만 그래도 건강한 모습을 보니 감사하고 항상 우리 곁에서 큰 지주가 되어 주면 감사하겠다. 사랑하고 고맙고 그 정성에 어찌 보답하며 살아갈 수 있을까? 마음은 모든 것을 주고 싶지만 사는 것이 다 똑같아 그렇게 하지 못해 죄송한 마음뿐이다. 오랫동안 건강하고 행복하게 살아 자식들의 효도와 동생들의 고마움을 받으면서 사셨으면 좋겠다.

또한, 자식들에게 얼마나 희생하면서 살고 있는지 모른다. 그뿐 아니다. 시댁의 힘든 상황에서도 쌀이며 조카들 용돈 등을 챙겨주신 고마운 분이다. 과연 나이 들어 힘들어하는 시댁 식구들의 생계까지 책임지는 사람은 없을 것이다. 하지만 가끔은 정이 많은 것이 죄라고 말할 수 있다. 그 정 때문에 형제들의 힘든 모습을 보지 못하고 어렵다고 하면 힘들게 모은 돈을 주면서 받지도 못한 그 마음이 어찌 헤아릴 수 있겠는가. 이제는 자식들도 다 출가하여 부부만 살고 있지만 남의 손 벌리지 않고 자수성가하신 내 누님께 진심으로 감사하며, 사랑한다고 말하고 싶다.

◇ 나무 기둥처럼 고마운 누님의 삶

아무도 모르는 사이에 남편의 시숙으로부터 중매를 통해 어린 나이에 결혼하여 2남 4녀의 딸을 낳고 지금까지 정말 허리 펄 시간 없이 고생하신 내 소중한 누님이다. 시골에서 부녀회장, 농협 이사로 활동하신 정말 여장부이다. 학교를 조금만 더 다녔다면 떵떵거리며 잘 살 수 있을 텐데 시대를 잘못 타고 태어나 힘든 생활을 하고 계신다. 손도 크시고 마음도 넓은 우리 누님이다. 어릴 때 옆 마을에 살고 있을 때 넉넉하지 않은 살림이지만 어머니께서 누나 집에 심부름 다녀오라고 하면 싫다는 말없이 갔다. 누나는 막냇동생이라고 늘 용돈을 주셨다. 조카들도 하나둘 자라고 있지만 그래도 막냇동생만큼 잘 챙겨주신 고마운 누님이시다.

지금도 시골에서 매형과 함께 열심히 농사를 지으시면서 정말 열심히 살고 계신 모습을 지켜본 조카들도 참으로 열심히 살아가고 있다. 부모님이 정직하게 살고 있는 것을 보고 조카들도 열심히 살고 있어 너무나 감사하게 생각한다. 이렇게 살 수 있게끔 도와주신 분은 바로 매형이다. 술을 많이 드시고도 자기 할 일을 다 하신 우리 매형은 참으로 좋은 분이다. 어머니가 아프셨을 때 집에서 모셔서 잘 보살펴 주신 우리 매형에게 늘 감사하며 살아가고 있다.

지금도 시골 누님 집에 가면 쌀이며, 양파며, 마늘이며, 김치며 다 주시려고 한다. 이 마음 또한 얼마나 고마운지 늘 마음속으로 감사함을 느끼고 있다. 가끔 시골 내려가면 막걸리 몇 병 사 드리는 것이 고작이다. 이제는 매형과 함께 막걸리 한 잔 나누어 마시면서 이런저런 이야기도 나눌 수 있는 나이가 되어 버렸다. 그렇게 생각하면 나도 이제 나이를 먹었다는 것은 사실이다. 항상 소중한 우리 누님과 매형이 아프지 말고 우리 곁에 오래오래 건강하게 사셨으면 좋겠다.

농사 욕심에 봄에는 고추 농사짓고 가을에는 양파 농사에 밭일에 비가 오면 쉴까 이리 뛰고 저리 뛰면서 열심히 살아가고 있는 우리 누님. 어머님 살아생전 곁에서 잘 모시고 항상 나보다 가족을 먼저 생각하면서 나를 위해서는 나를 위해서는 사치도 하지 않지만, 형제들이 무슨 일이 있으면 발 벗고 나서서 서로를 도와주려고 하는 여장부이시다. 큰 누님의 큰 지주가 있다면 작은 누님은 든든하게 뻗은 가지의 역할을 하고 계신다.

이제는 모든 것을 내려놓고 마음 편히 일도 조금 하시면서 인생을 즐기면서 사셨으면 좋겠다. 우리 형제들이 한자리에 모여 서로 정을 나눌 수 있는 날이 왔으면 좋겠다. 올해 어머님 기일에는 우리 형제 모두 모여 서로의 따뜻한 정을 나눌 수 있었으면 좋겠다.

◇ 무성한 잎처럼 정 많은 셋째 누님의 삶

공 진사 댁에서 셋째 딸은 얼굴도 보지 않고 데리고 간다는 말이 있다. 착하고 예쁘고 성실한 내 누님을 옆 마을 총각이 와서 데리고 갔다. 체격도 좋고 얼굴도 잘생긴 매형이 한눈에 쏙 반했나 보다. 어릴 때 누님이 시집가던 날 작은 이불 보따리 메고 들어가 용돈을 받은 적이 있다. 그때 돈으로는 상당히 큰돈이다. 나는 돈보다 누나를 빼앗긴다는 생각에 울었던 기억이 난다. 열심히 일하신 우리 매형이 어느 날 쓰러진 다음 농사일은 누나의 몫이 되어 버렸다. 3남 1녀 자식을 낳고 정말 열심히 키우며 바다, 들녘 이리 저리 다니면서 농사를 지으셨다.

우리 누님들은 억척이셨다. 정말 열심히 사셨다. 그래서인지 마을에서도 칭찬이 자자했다. 누님들이 마을 어른들에게 잘함으로 인하여 결국 부모님의 존재가 더 높아 갔다. 자식이 하는 행동에 따라 부모가 칭송을 받기도 하고 욕을 얻어먹기도 한다. 한쪽이 불편한 매형은 그래도 혼자 일하신 누님이 안타까워 지팡이를 들고 누님을 따라가 말벗도 해 주시면서 오랫동안 병과 싸우시다 추운 겨울에 누님 앞에 세상을 떠나셨다. 몸이 아파도 말벗이 되어 주시던 매형이 하루아침에 세상을 떠나 누님의 심정은 표현할 수 없을 정도로 힘들었을 것이다.

하지만 눈물도 잠시 잠깐, 자식들을 지켜보면서 다시 세상 밖으로 나와야만 했다. 우리 누님은 바다에 나가시면 낙지도 잘 잡으셨다. 아버님 생전에 아버님 생신이면 어김없이 낙지면 문어며 굴 음식을 해 오셨다. 아버님 기일에는 꼭 바다에 나가서서 낙지와 굴을 캐어 상에 올리기도 하셨다. 이렇게 부모에 대한 정성이 있기에 자식들 모두 누님을 잘 모신다. 누님을 잘 모신 조카들에게 너무나 감사하다.

이제는 혼자가 되어 텅 빈 집에서 살고 계시지만 다리가 아파 수

술도 하시고 운동을 통해 재활치료를 하고 있는데 최근에는 손녀 봐주려고 서울에 올라가 계신다. 가끔 꿈속에 아버지와 어머니가 보인다고 하시면서 나에게 전화를 한다. 별일 없느냐고 말이다. 부모님이 혼자 사는 딸이 걱정되어 꿈에 보이는 것을 자식으로서는 걱정하신다. 혹시 산소가 허물어졌는지 걱정하신다. 그러면 나는 가끔 시골에 내려가 부모님을 산소를 찾아뵙고 돌아와 아무 일 없으니 걱정하지 말라고 하며 서로의 안부를 묻기도 한다. 이렇게 마음이 예쁜 우리 셋째 누님이 하루빨리 건강한 모습으로 오랫동안 사셨으면 좋겠다. 이제 아무런 걱정하지 말고 누님의 건강만을 챙기며 맛있는 음식 많이 드시고, 예쁜 옷 입으로 즐거운 여행하면서 사셨으면 좋겠다.

◇ 커다란 나무를 지탱해 주는 든든한 뿌리 같은 장남

형님을 생각하면 항상 고맙고 미안하고 죄송하게 생각하면서 살고 있다. 중학교만 다녔으면 나보다 더 나은 직장에서 당당하게 살 수 있을 텐데 그렇지 못해 어머님을 대신하여 미안한 마음을 갖고 살아가고 있다. 장남이라는 큰 멍에를 짊어지고 오늘도 살고 계신다. 과거 시골에서 농사일하면서 고향을 떠나고 싶은 생각도 했을 것이다.

지금에 와서 생가해 보면 그때 형이 조금만 생각을 하였다면, 아니 부모님이 좀 더 가르쳤다면 하는 생각을 한다. 어릴 때 우리 집은 다른 집보다 못살지는 않는 형편인데도 불구하고 부모님께서 중학교를 보내지 않으셨다. 내 생각에 부모님을 모시고 살아야 하고, 농사를 지어야 한다는 생각 때문에 부모님은 형을 멀리 보내지 않았을 것 같다. 늦게 들어보니 세계적으로 유명한 김일 프로레슬링 선수가 형을 데리고 가 운동을 시키겠다고 했는데 부모님이 반대하여 가지 못했다고 했다. 그때라도 따라갔다면 유명한 운동선수가 되었을 것이다. 사람은 누구나 기회가 왔을 때 잡아야 한다. 비록 그 기회가 힘든 길이라 할지라도 도전의 가치가 있다면 해 볼 필요가 있다.

이제는 환갑이 훨씬 넘어 버린 내 형님!

하지만 2남 1녀를 낳아 잘 키워 모두 결혼시키고 손자, 손주 다 본 행복한 분이다. 형 친구분 중에는 자식이 취직도 안 되고 결혼도 하지 못해 속상해하는 사람들도 있는데 형은 걱정이 없이 형수님과 두 분이 건강하게 살고 계신다. 아들, 딸이 잘 모시고 있기에 걱정은 되지 않는다.

집안의 종손으로 제사며 산소 일을 책임감 있게 수행하신 형님을 보면 조상님들을 잘 모시기에 가정에 아무 탈 없이 살 수 있다는 것이 큰 행복이다. 남이 하지 않아도 되는 일인데도 불구하고 종손이라는 큰 짐을 짊어지고 가기 때문에 신경이 많이 쓰인다. 이제는 동생들도 있으니 곁에서 지켜보고, 모르면 가르쳐 주면서 마음의 여유를 갖고 살았으면 좋겠다.

1시간 거리에 있지만 내가 여유가 없어, 아니 내가 형을 잘 모시지 못하여서 자주 찾아뵙지 못하고 있다. 서로의 시간이 맞지 않는다는 것은 핑계에 불과하다. 나도 사느라 여기저기 일을 하다 보니 주말밖에 시간이 없는데 주말에도 나름대로 바쁜 핑계로 자주 찾아뵙지 못한다.

◇ 출렁이는 파도처럼 정 많고 인정 많은 누님

여수 하면 오동도, 울산 하면 태화강이다. 강이 길게 뻗어 있어 마음은 확 트여 있고 생각도 최고인 내 사랑 누님의 삶의 여행을 떠나보자. 대학 다닐 때 친구와 함께 여수 누님댁을 방문한 적이 있다. 여수 오동도에서 보던 산비탈의 집을 기억한다. 방 2칸에 화장실이 있는 집이었다. 친구와 함께 누나 집을 방문했는데 그때 문어를 삶아 준 기억이 있어 친구는 지금도 누님댁에서 먹었던 문어 생각이 난다고 하면서 만날 때마다 누님 잘 사고 계시냐고 묻는다. 두 아들을 낳아 기르면서 힘든 생활이었지만 행복해 보였다.

형제들 간 무슨 일이 있으면 항상 앞장서서 중재 역할 해 주고 서로를 이해시켰던 내 사랑스러운 누님이시여!

지금은 멀리 떨어져 살고 있지만 그래도 늘 자식 걱정에 마음 편히 살지 못하고 있으면서 마음 한편에는 자식들 잘되기만을 빌고 또 빌면서 살아가고 있다. 힘든 삶이지만 지금은 잘 살고 있어 너무 감사하다. 어머님 살아생전 명절에는 이른 아침 버스를 타고 순천에서 내려 함께 고향에 간 적이 많이 있었다. 고향에 가면서 이런저런 이야기를 많이 했다. 그러시면서 늘 막내인 나를 걱정하면서 어린 조카들에게도 아낌없는 정을 나누어 주었다.

환갑이 되어도 직장을 다니시면서 자기 일에 열심히 한 누님을 보면 참으로 배울 점이 많이 있다고 생각한다. 그렇게 살 수 있도록 도와주신 매형에게도 진심으로 감사의 말씀을 드리고 싶다. 항상 동생이 하는 일을 격려해 주고 힘을 주신 고마운 분이다.

어릴 때 받기만 했던 이 막내도 이제 쉰 중반이 되어 버렸다. 아들딸 키우느라 힘들지만, 누님들의 삶에 비하면 아무것도 아니다. 누님들이 열심히 사는 모습을 보고 헛되이 살면 안 된다는 것을 알기에 더욱더 열심히 살려고 한다. 항상 긍정적이며 형제들과 영차영차 하면서 형제들의 우애를 무엇보다 걱정하면서 항상 하시는 말이 형제들끼리 서로 이해하고 서로 도와가며 잘살아 보자고 하셨다.

◇ 나무 아래 떨어진 열매를 열심히 줍는 누님

세월이 참으로 무상함을 느끼며 살고 있다. 어릴 때 누님 집에 가면 집에서 먹지 못했던 통닭을 시켜 주셨다. 자상한 매형은 처남이 왔다며 자장면, 통닭을 시켜주셨고 그 덕에 다른 친구들보다 많이 먹었던 시절이 생각이 난다. 열심히 살면서 처갓집 식구들에게 잘해 주신 매형이 어느덧 칠순을 바라보고 있다. 늘어만 가는 주름살에 힘들다는 내색 없이 열심히 살고 계신 누님을 보면 참으로 감사하다.

어머님이 혼자 시골에서 생활하면서 누님의 도움을 참으로 많이 받았다. 그 덕분에 가끔 집에 가면 집이 깨끗해 좋았고, 어머님을 시골에 두어도 안심이 되니 마음 놓고 일을 할 수 있어 너무 감사했다. 친정어머니, 말이 친정어머니지만 사실 모신다는 것은 힘들다는 것을 잘 알고 있다. 우리 형제들은 항상 누님에게 감사함을 표현하였다. 힘들어도 아침 일찍 어머님 집에 와서 식사 수발에 목욕까지 그리고 집 안 청소까지 정말 깨끗하게 어머님을 정성을 다해 모셨다. 어머님은 늘 누나가 고생한다고 하시면서 고맙다고 하라고 말씀을 하셨다.

다른 사람들에게 보살핌을 부탁했다면 날마다 걱정 근심하면서 지내 왔을 것이다. 어쩌다 보면 어머님을 잊고 지낼 때도 있었다. 그토록 형제들의 걱정 없이 이렇게 잘 모셔 준 누님께 진심으로 감사하다고 생각한다. 몇 년 동안 식사며 목욕 그리고 가끔 차를 이용하여 나들이까지 시켜 주셨다. 어머님은 연로하여 이제는 누님의 도움을 받을 수 없어 내가 잠깐 모셨지만, 아침저녁으로 목욕시키는 것은 장난이 아니었다. 혼자 끙끙 땀 흘려가면서 한다는 것은 참으로 힘든 일이었다. 부득이하게 불효를 저지르고 말았다. 긴 병에 효자 없다는 말이 실감이 났다. 아침 일찍 일어나 목욕시키고 경로당 모셔다드리고 오후 5시에 아내와 나는 번갈아 가면서 집으로 모셔오기도 하였다. 할머니와 함께 지내는 동안 아들은 할머니께 방을 내어 주면서 할머니를 잘 챙겨주었다. 하지만 이것도 잠시 잠깐 형제들과 상의하여 가까운 요양원에 모신 것이 한편으로 현명한 방법이었지만 늘 마음 한편에서 걱정 근심이 가득했다.

자주 요양원에 찾아뵈었지만 그래도 세월이 지나면서 어머님은 더욱더 건강이 안 좋아지셨다. 그래도 우리 형제들은 자주 어머님을 찾아뵙기도 하였다. 93세의 나이로 세상을 떠났지만, 자식 9남매 모두 자기 나름대로 성심성의껏 모셨다는 것에 감사한다. 서로 안부 묻고 서로 위로해 주면서 살았던 그 시절이 참으로 행복했었다.

어머니는 마지막 눈을 감을 때까지 누구를 기다리고 있는지 출입문을 바라보시며 한마디 말도 없이 자식들 앞에 서서히 눈을 감으셨다.

◇ 24시간이 부족할 만큼 부지런히 살고 있는 누님

참으로 활발한 성격으로 남자처럼 열심히 사는 내 누님의 힘든 삶이 드라마 같은 삶이다. 나는 누구나 연상, 연하 커플을 사귄다는 것에 대해 가끔은 한 번쯤 생각해 보리라고 생각한다. 잘 살고 있는 가정이 있으나 그렇지 못한 가정들도 지켜보면서 내 가족이 연상, 연하 커플 관계라면 전적으로 말리고 싶은 심정이다. 처음부터는 이렇게 되지는 않았다. IMF 터진 이후 서로의 삶이 속였다고 볼 수 있다. 그로 인해 형제들 간의 관계도 멀어졌지만, 세월이 지나면서 서서히 회복되어 가는 과정이다.

아들, 딸을 키우기 위해 24시간이 부족할 정도로 바쁘게 살아가고 있다. 작은 방에서 살림하면서 살아가고 있는 모습에 참으로 마음이 아프다. 나는 가끔 복권을 사기도 한다. 나의 소원이 있다면 내 누님의 집 한 칸 마련해 주는 것이 소원이었다. 그런데도 나에게 그런 행운이 오지 않는다. 그렇지만 누님은 세상에 굴하지 않고 나름대로 열심히 자식을 키우면서 살아가고 있다. 가끔은 시간을 내어 사회 봉사활동도 하고 등산도 하면서 잘 지내고 있다. 이런 누나가 대견스럽다. 세상에는 별의별 사람들이 다 있다. 힘들다고 자식을 버리고 혼자 살겠다고 집을 나간 사람들이 얼마나 많은지 언론에서 다양한 유형의 기사가 보도될 때마다 한 번쯤 힘들게 사는 누나의 모습을 지켜보면 은근살짝 그렇게 하기를 원했는지도 모르겠다. 하지만 우리 누나는 그렇게 하지 않아서 정말 고맙게 생각한다.

지금 당장 힘들다고 조카들을 버리고 나 몰라라 떠났다면 우리 조카들은 고아로 이 세상을 원망하면서 살아가고 있을 것이다. 힘들어도 조그만 방에서 서로를 위로하며 지켜 주는 자식들이 있기에 지금까지 버티지 않았나 생각한다. 남에게 손을 빌리지 않고 당당하게 살아가고 있다. 먼 훗날 이렇게 열심히 살았던 누님을 자식들은 반드시 알아줄 것이다. 아니 지금도 엄마의 이런 힘든 생활을 알고는 있을 것인데 표현을 하지 못할 따름이다. 이렇게 열심히 사는 누나에게는 마음속으로 건강하게 살아가 주기만을 빌 따름이다.

하루빨리 조카들이 새로운 일을 찾아 자기만의 삶을 살았으면 좋겠다. 공부는 열심히 하겠지만 최선을 다해 열심히 하여 직장을 구해 엄마를 잘 모시면 살아 주었으면 좋겠다. 너무 많이 일하여 손에 관절까지 와서 많이 힘들어하고 있는데 지금 그렇게 사는 것도 불행하거나 불편하다고 생각하지 말고 이 또한 나에게 주어진 사명이라는 것을 생각하면서 나름대로 관리를 잘하면서 열심히 살아 주면 고맙겠다.

◇ 나름대로 행복하게 살고 있는 누님

중학교를 졸업하고 다른 지역에서 생활하면서 낮에는 직장 생활을 하고 밤에는 야간 고등학교에 다니는 생활을 하다 한 남자를 만나 아들, 딸을 낳아 열심히 사는 막내 누나가 있다. 나를 가장 잘 이해해 주고 용돈을 잘 주었다. 대학 때 누나네 집에서 지내면서 아르바이트한 적도 있었다. 그렇게 알뜰살뜰 모아 아파트 구입하고 아들딸 모두 잘 키우고 이제는 자기 일하면서 생활의 여유를 즐기면서 살아가려 한 모습들이 보인다.

그 세월도 얼마 되지 않았다. 시어머니 병시중에 힘든 생활을 하였지만, 그것도 자식이니까 하는 것이며 그렇게 정성을 다해 모셨기에 가정이 잘되었다고 믿는다. 누나와 매형이 부모님을 잘 모시니 그것 또한 자식이 그것을 본받아 지금은 효도 받고 살고 있어 내가 조카들에게 감사하게 생각한다.

　퇴직한 매형은 새로운 제2의 인생을 살기 위해 개인 택시업에 종사하고 계신다. 자주 전화를 드리지 못하고 있다. 가끔은 가족 밴드를 이용하여 서로의 안부를 묻기도 한다. 어머님 살아생전에는 자주 만났는데 떠나고 보니 그것도 쉽지가 않고 있다. 또 너무 멀리 살다 보니 자주 만나지도 못한다. 하지만 아무런 일 없이 열심히 사는 것이 형제들에게 고마운 것이다.

　우리 조카들이 잘 자라 자기 일을 열심히 하면서 살아가고 있어 너무 감사하다. 하루빨리 우리 조카가 좋은 사람 만나 결혼하면 우리 누나와 매형은 한시름 놓을 수 있을 텐데. 그것 또한 쉬운 일이 아니니 걱정 한 가지 갖고 사는 것도 건강에 나쁘지 않다고 생각한다. 뭐, 아무튼 열심히 살아가고 있는 모습을 보니 마음이 흐뭇하다.

◇ 항상 고마움을 느끼면서 살고 있는 행복한 동생

나는 9남매의 막내아들로 태어나 부모님의 사랑을 가장 많이 받고 자란 행복한 사람이다. 어릴 때 부족함이라는 사실 느끼지 못하며 살았다. 그렇다고 넉넉하다는 것이 더욱더 아니다. 내가 만족하고 살았을 뿐이다. 그렇게 잘 자라게 도와준 사랑스러운 내 누님과 든든한 내 형이 있었기에 내가 지금 이 자리에서 한 인간으로 살아가고 있다.

부모님과 형제들의 아낌없는 사랑 덕분에 삐뚤어지지 않고 나름 바르게 성장하여 직장을 구하고 아들딸 그리고 사랑스러운 아내와 함께 살아가면서 남에게도 봉사하면서 어려운 이웃에 대해 조금이나마 나눌 수 있는 그런 사람으로 살아가고 있다.

우리 형제들은 정이 많다. 서로 나누어 주고 싶은 정이 너무 많아 늘 감사함을 느끼고 있다. 누님들만 아닌 매형과 형수님에게도 항상 고맙게 생각하며 열심히 살아가고 있다. 형제간 서로 이해하고 우애 있게 지낼 수 있는 것이 모두 상대방에 대한 배려가 있었기 때문이다. 가진 것은 많이 없지만 그래도 서로 나눌 수 있는 정이 있었기에 지금의 우리 가정이 있었다.

지금은 각자의 생활 터전에서 열심히 살아가고 있는 모습이 너무 보기 좋다. 어느 형제도 힘들게 살지는 않지만 그래도 나름대로 최선을 다해 살아가는 모습이 서로에게 감사함을 느끼고 있다. 고향의 아버지, 어머니 산소 앞에 앉아 있으면 왠지 모르게 마음이 편해진다. 따듯한 햇살과 어디선가 불어오는 바람에 왠지 모르게 편안한 느낌을 느낄 수 있다. 저 멀리 보이는 바다와 출렁이는 파도 그리고 바다 위에 떠 있는 배를 보면 마음이 흐뭇해진다.

부모님의 산소는 너무나 편안한 곳임을 느낀다. 힘든 일이 생기면 고향의 부모님 산소를 찾아가 부모님께 술 한 잔 올리고 절을 한 다음 멀리 보이는 바다를 내려다보면 마음이 편해 짐을 느낀다. 이렇게 고향을 지켜 준 우리 누님들이 있기에 마음은 더욱더 편함을 느끼고 있다.

고향을 지키기 위해 나는 고향에 나무를 심었다. 퇴직 후 고향 앞으로 가고픈 생각이 든다. 돈을 모아 고향의 집을 허물고 집을 지어 누님들과 함께 살고 싶은 꿈을 꿔 보기도 한다. 서로 늙어 가는 세월을 오순도순 살면서 정을 나누는 그런 행복한 집을 마련하여 살고 싶은 생각도 가지고 있다.

내 전공을 살려 고향에 작은 시설을 하나 오픈하고 싶다. 우리 형제들이 함께 살 수 있는 공간을 마련하여 남은 생을 재미있게 살 수 있는 행복한 하우스를 만들고 싶은 것이 나의 버킷리스트이다.

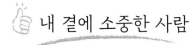 내 곁에 소중한 사람

예절 바른 사람과 어울려라. 당신의 예절이 나아진다. 좋은 사람과 교
제하라.

- 스탠리 워커

이 세상에서 가장 소중한 사람은 누구일까?

이 세상에서 가장 소중한 사람은 바로 지금 내 곁에 있는 사람이
다. 왜냐하면, 오직 내 곁에 있는 사람을 내 몸처럼 사랑할 수 있기
때문이다. 사랑하는 사람이 곁에 잊지 않는다면 삶의 의미를 모를
것이다. 내가 이 세상에서 살면서 평생 한길을 갈 수 있도록 곁에
서 격려해 주고 지지하는 사람은 바로 내 아내이다.

내 곁에 소중한 사람이 있어 행복하지만, 너무 행복한 나머지 그
것 또한 잊고 지낼 때도 있어 가끔 곁에 없어 불편한 때도 있다.
꼭 있어야 할 사람이 없으면 허전하고 무엇 하나가 없는 느낌으로
살아가고 있는 것이 사실이다. 그래서 옆에 있는 사람에게 항상 고
맙고 소중함을 느끼며 살고 있다.

어느 책에서 읽었던 한 대목이 생각난다.

어느 부인이 상담사에게 찾아갔다. 남편의 문제 때문이었는데 그중 하나의 사례를 들려주었다. 어느 날 그 부인의 집에 이사 온 지 얼마 안 되는 새댁이 놀러 왔다. "우리 집에 바퀴벌레가 너무 많아요." 그 말을 우연히 들은 부인의 남편이 주섬주섬 옷을 입더니 자신이 해결해 주겠다며 나서기에 부인은 "우리 집에도 바퀴벌레 많아요"라고 말하자 남편은 "그건 네가 잡아" 하더란다. 우리는 체면이라는 이름에 걸려 상대가 이해해 줄 것이라는 편한 생각으로 내 가장 소중하고 가장 가까이 있는 사람에게 말을 잘못하여 상대를 힘들게 하곤 한다. 가까이 있어 이런 소중함을 느끼지 못하고 있지만, 누군가 내 곁을 떠나 혼자 살고 있다고 생각해 보면 그때 그 시간이 모두 소중한 시간임을 다시 생각하게 한다.

살면서 아내와 부부싸움을 안 하지는 않았다. 그렇다고 폭력을 쓰거나 물건을 부수는 그런 것이 아닌 대화의 목소리가 커지는 것이다. 하지만 아내의 목소리가 커지면 말을 하지 않고 자리를 피하면 혼자 몇 마디 하다가 끝나곤 한다. 그러곤 짧게는 몇 시간 길게는 며칠 말을 하지 않은 적도 있었다.

하지만 지금은 내가 아내의 말에 순응하려고 한다. 아내의 불만은 사소한 일이라도 아내에게 해 주기를 바라며, 이야기해 주기를 바라는데 나는 지레짐작하고 하는 경우도 많이 있었다. 그래서 서로에게 상처를 주었다고 생각하면서 반성을 해 본다.

세상 대부분 남자는 아내에게 이러니저러니 이야기를 자주 하지 않는 편이다. 이것은 내 행동이다. 하지만 주위엔 그렇지 않은 사람들도 있다. 자면서 이런저런 이야기를 많이 하는 사람들도 있다. 하지만 나는 밖에서 일어난 일에 대해 아내가 걱정할 수 있다는 생각에 최대한 조심하는 경향이 있다. 이런 것도 옆에 있는 사람은 불만일 수 있다. 함께 사는 사람은 모든 것을 다 알고 싶어 하는 욕구가 있다. 나는 그 욕구를 충족해 주지 못한다. 이것 또한 나의 잘못된 생각일지도 모른다. 나도 자상하게 이러쿵저러쿵 이야기하고 싶지만 잘 안 되는 것에 대해 어쩔 수 없다고 생각은 하지만 나름대로 가끔은 하려고 노력은 한다.

그것 또한 내 곁에 있는 사람에게 한편으로 걱정 근심을 주지 않으려는 배려심이라고 생각하지만, 상대방은 그렇게 생각하지 않을 수 있다. 그러면 어떻게 해야 하는지 고민해 볼 필요가 있다.

아내와 자주 대화를 하기 위해서는 단둘이 차를 마시거나, 여행하면서, 그리고 함께 걸으면서 이런저런 이야기를 할 수 있는 계기를 마련하는 것도 필요하다. 상대방의 말을 많이 들어주고 지지해 준다면 대화의 시간이 길어질 수 있을 것이다.

요즈음 이내는 하는 일이 많아 많이 힘들어하곤 한다. 더구나 친정 부모님 걱정을 하면 더욱더 마음이 아프지만, 부모님의 고집 때문에 해 주고 싶어도 그렇게 하지 못한다. 이제는 신경을 쓰지 않으려고 생각하지만 그래도 부모이기 때문에 부모와 의견이 맞지 않아도 자식은 부모님을 생각하고 이해하려고 해야 한다. 나이 든 부모님들은 모두 똑같은 생각을 하고 있다.

장인, 장모님을 생각해 보면 마음이 아프다. 깨끗하지 않은 환경에서 작은 농사일을 하면서 몸이 아프면서도 일을 하신다. 돈을 모으기 위해서가 아닌 자식들을 주려고 하는 마음이지만 자식들은 그렇게 생각하지 않는다. 메아리 없는 소리를 지르고 계신다는 점에서 안타깝게 생각한다.

사실 자식들은 크게 고마워하지 않는다. 일하면서 힘들어하시는 모습을 보면 자식들은 마음도 좋지는 않다. 제발 농사일을 하지 말고 깨끗한 옷을 입고 노인대학, 노인복지센터에 가서 시원한 에어컨 틀어놓고 서로 이야기하고 노시다가 시간이 되면 집에서 와서 편히 쉬었으면 하는 것이 바람이다. 그것도 하지 않으려고 하여 요양보호사를 우리가 돈을 지급해 주면서 도움을 받으라고 해도 하지 않겠다고 하니 정말 속상하다. 그래서 나도 자주 가지 않는다. 아내는 나에게 말은 하지 않지만 자주 방문하여 음식을 해드리기도 하고 필요한 물건도 사 놓고 온다고 하였다.

아내는 친정을 가면서도 속이 상한다고 했다. 늙은 부모님이 사시는 환경을 보면 마음이 괴롭다고 했다. 부모님이 다 돌아가시고 이제는 장인, 장모님만 살아계시니 잘 모시고 음식도 해서 주라고 하고 가끔 밥도 대접해 드리라고 시키지만, 그것 또한 잘되지 않는다. 딸이 무슨 죄냐고 나에게 푸념을 하지만 그렇다고 자식이 가까이 있는데 가지 않으면 그것도 불효라고 하면서 등 떠밀기도 했다. 어르신들의 특징 중 하나 "됐다. 괜찮다. 필요 없다. 너희들만 잘 살면 된다"라고 말하는 것이다. 이해는 하지만 속상한 것은 마찬가지다. 부모는 자식이 효도하려고 하면 "고맙다. 잘 먹겠다" 하면서 좀 받아 주었으면 좋겠다. 하지만 어르신들의 고집을 자식이 이기지 못한다. 어르신들의 고집이 세다 보면 결국 자식한테서 멀어질 수밖에 없다. 제발 어르신들은 나이가 들면 자식이 효도하려고 하면 순순히 받아 주었으면 좋겠다. 나이가 들면 왠지 모르게 자존심만 강해지는 것 같다.

처갓집은 옛날 집이라 문턱이 높다. 장모님 걷는 데 불편하고 허리, 무릎도 아프신데 이런 집에서 생활하는 것이 불편하여 집이라도 좀 고쳐 주고 싶어도 하지 말라고 하시니 처가에 가면 불편하고, 쉴 수 있는 공간이 있어야 하는데 그렇지 못해 돌아서서 나와야 할 형편이다. 자식들도 자기 집에 가면 좀 쉬었다고 오고 싶은데 그럴 만한 공간이 없어 자주 내려오지 못한다.

특히, 며느리들은 더욱더 시대에 오기를 싫어한다. 깨끗하지 않은 환경을 생각하면 오고 싶어도 오지 않을 수밖에 없다. 장인어른의 생각만 바꾸면 깨끗한 환경 속에서 편하게 살 수 있을 텐데 왜 그리 고집이 센지 나도 두 손, 두 발 다 들었다. 자식들에게 좀 기댈 만한데도 그렇지 않고 고집을 부리신다. 환경을 바꾸자고 말을 하면 이렇게 살다가 죽지 돈 드는데 왜 집을 고치냐고 하신다. 이제는 집 개선에 대해 다시는 말을 꺼내지 않는다. 부족한 설득의 힘이 나의 한계임을 깨달았다.

깨끗한 환경에서 자식들이 오가며 서로 정도 나눌 수 있는 집이 될 수 있을 텐데 그렇지 못해 늘 두 부부만 집에 외롭게 생활하고 계신다. 깨끗한 환경 속에서 손주들의 재롱도 보면서 사셨으면 좋겠다. 손주, 소년 사위 될 사람을 데리고 와 인사를 하려고 가려 해도 집이 어수선해서 가지 못해 아쉽다.

이제는 권유는 하지 못하고 있는 것이 지금 나와 아내의 불효이다. 아내는 이런 부모님이 오랫동안 곁에 있어 주었으면 하는데 그러기 위해 주위 환경에도 변화를 주었으면 생각한다. 아내와 자주 이야기를 한다. 우리가 투자해 둔 것이 있는데 좀 벌면 우리 돈으로 작은 집을 지어 편하게 살 수 있도록 해 드리자고 하였다.

내 곁에는 소중한 아내와 예쁜 자식들 그리고 내 소중한 형제와 지인들이 있듯이 아내 곁에도 소중한 친정 부모님과 친정 식구들이 있다. 지금 당신 앞에 있는 이를 가장 소중하게 여기고 대하는 일에 집중해야 한다. 그것이 바로 당신을 진정으로 사랑하는 길이다.

소중한 사람, 사랑하는 사람은 무조건 감싸지 않는다. 때론 소중하고 사랑하기 때문에 매를 들 때도 있다. 그러니 무조건 내 곁에 있는 사람 비위나 잘 맞춰주는 것이 상대방을 소중하게 여기는 일은 아닐 터이다.

함께 있어 행복해
여보!
미안해 그리고 고맙고 사랑해
어느덧 당신을
만나 살아온 지
28년이란 세월이 지났네
세월 앞에는 장사 없듯이
흰머리 하나둘 늘어만 가고
내 나이 쉰이 훨씬 넘은 지금
그래도 내 곁에는 오로지 당신뿐이네
같이 행복하고
함께 해서 즐겁고
당신이 있어 내가 행복해

👍 내 인생 2막을 생각하며

> 인생이 끝날까 두려워하지 마라. 당신의 인생이 시작조차 하지 않을
> 수 있음을 두려워하라.
>
> - 그레이스 한센

내 인생의 2막은 어떻게 펼쳐 나갈까?

두려움이 먼저일까? 아니면 설렘이 먼저일까?

지금 같으면 두려움보다는 설렘이 먼저일 것 같다.

사람들은 퇴직을 두려워하고 있다. 이것은 바른 생각이 아니라고 알려 주고 싶다. 30년간의 직장 생활에서 벗어나 이제는 자기만의 삶에 대해 의미 있는 시간을 가져야 하는데 할 일이 없다고 인생을 포기하듯 말을 하면 안 된다.

나이가 들기 시작하면 새로운 일에 대해 도전을 하기 힘든 것은 사실이다. 어릴 때는 멋모르고 무작정 달릴 수 있지만, 나이가 들

면, 아니 퇴직의 나이가 되면 겁이 많아질 수밖에 없다. 앞으로에 대한 생각이 많아져서 더욱더 그런 것 같다고 생각할 수 있다. 하지만 도전하지 않는 사람들의 생각일 뿐이다. 사람은 항상 그 자리에서 머무르고 있지는 않은 것이다. 해 보지도 않고는 당신이 무엇을 해낼 수 있는지 알 수 없다.

사람은 새로운 환경에서 적응하는 동물이다. 그 자리가 어디인지는 모르지만 당황하지 말고 새롭게 출발에 의미가 있어야 할 것이다. 출발은 왠지 모르게 잘할 수 있다는 기대를 하고 시작을 해야 한다. 지금의 나이에 100m를 달린다고 하면 힘들면 중간에 포기하고 걸어가는 경우가 있지만, 초등학교 1학년 가을 운동회 시절을 생각해 보면 주변에 엄마, 아빠, 누나, 형들이 보고 있어 출발선에서 준비 기다리고 있는 와중에도 먼저 가겠다고 한 발 한 발 나가기도 하며, 출발 신호가 나기 전에 뛰어가는 예도 있었다. 출발 신호가 들리면 온 힘을 다해 달리다가 넘어지면 다시 일어나 힘껏 뛰었던 생각이 난다. 퇴직 후 새로운 인생을 이런 느낌으로 출발선에서 대기하고 있다가 출발 신호가 들리면 뛰어야 한다. 앞만 보고 뛰다 보면 1등도 한다.

이렇게 새로운 인생 도전에 많은 우여곡절이 있기는 마련이다. 나는 내 인생의 새로운 장을 펼치기 위해 지금도 노력을 하고 있다. 지금은 상담 공부를 하면서 큰 그림을 그리고 있다. 퇴직 후 10

년만 내가 하고 싶은 일을 한 뒤 고향으로 내려갈 생각을 하고 있다. 그러기 위해서는 퇴직 5개월 동안 첫 달은 아내와 함께 한 달 여행을 생각하며 여행을 즐긴 다음 2개월째에는 사무실 자리를 물색하여 ICM전문상담센터의 개소식을 시작했다. 준비단계를 갖고 퇴직 1개월 전 모든 것을 끝마치고 퇴직 후 자연스럽게 새로운 창직을 통해 새로운 인생을 출발하려고 한다. 그리고 월요일부터 목요일까지 열심히 일하고 금요일부터 일요일까지 여행을 할 계획이다.

그리고 오전에는 봉사활동을 하고 오후에는 ICM전문상담센터에서 청소년들에게는 진로 상담, 심리치료 상담을 하고 어른들에게 가정폭력, 성폭력, 노인 상담 등을 하면서 힘들고 지친 사람들에게 새로운 서비스를 제공하려고 한다. 또, 발달장애인을 위한 미술치료사로서 해야 할 역할도 함께 하고 싶다. 또, 여가를 이용하여 도예, 서양화, 글쓰기 등을 통해 내 인생을 새롭게 만들어 가려고 한다. 그동안 직장에서 내가 소신 있게 하지 못한 일들을 자유스럽게 한 번 마음껏 펼쳐 보고 싶다. 상사의 눈치, 동료들의 눈치, 후배 직원들의 시선 때문에 하지 못한 일들에 대해 사람들을 위해 사람답게 살아보고 싶다.

돈을 벌기 위해 일을 하려고 하는 것이 아닌 나 자신이 행복하기 위해 하는 것이다. 30년 동안 공직생활을 하였는데 이제는 새로운 내 인생을 살고 싶다. 그리고 1년에 1권의 책을 쓰고, 작은 갤러리를 활용하여 취미생활을 통해 배운 작품들을 전시해 여러 사람과 서로 정을 나누며 사람들에게 할 수 있다는 것을 함께 공유해 보는 것이 내 인생의 버킷리스트이다.

또, 노인 복지시설을 방문하여 봉사활동을 통해 저물어 가는 삶을 떠오르는 태양처럼 살다가 갈 수 있는 생활의 활력을 불어넣어 주는 그런 의미 있는 사람으로 살고 싶다. 이렇게 새로운 인생을 계획한다면 정말 행복한 삶을 살 수 있다고 생각한다. 지금 당장에도 이렇게 할 수 있기에 나는 하루하루를 무의미하게 보내고 싶지 않다. 내게 주어진 24시간을 나와 타인을 위해 열심히 하다 보면 나 스스로가 행복해짐을 알 수 있다.

도전!

아무것도 아니라고 생각한다, 두려움이 왜 없겠느냐고 생각할지 모르지만, 그것 또한 준비 없는 사람들의 핑계일 뿐이다. 준비된 자는 두려움이 없다. 시작할 따름이다. 나는 시작할 준비가 되어 있다. 건강만 허락한다면 이런 삶을 영원토록 살고 싶다. 그러기 위해서는 지금 나는 나의 노후에 받을 수 있는 연금, 보험, 저축 등을 착실히 준비하고 있다. 지금은 여유가 없지만, 퇴직 후에는 나는 타인의 손을 빌리지 않고, 자식의 도움 없이도 아내와 함께 행복한 노후를 즐길 준비가 다 되어 있어 행복하다.

이 모든 것을 할 수 있게 곁에서 도와준 내 아내와 아이들에게 다시 한 번 감사하게 생각한다. 아버지의 부지런함이 아이들의 삶의 큰 영향을 미칠 수 있다. 그래서 지금의 내 아이들은 자기의 위치에서 최선을 다하며, 열심히 살아가고 있다. 그런 내 자식들이 참으로 대견스럽게 생각한다.

사랑하는 내 자식들아!
엄마, 아빠의 노후에 대해서는 걱정하지 말아라.

에필로그
사춘기 아버지의 용기

 내 인생의 쉰 중반이 되면서 늘 바쁘게 살아왔다. 공자님께서 50을 지천명이라고 했는데, 이는 하늘의 뜻을 알았다고 한 데서 나온 말이다. 가정과 직장 그리고 주위의 사람들과 관계를 하면서 나쁘다는 말보다는 "좋다", "괜찮다"라는 말에 늘 익숙해 있었다. 가정에서 한 여자의 남편이자 셋 아이의 아버지로 한시도 헛되어 살지 않고 성실하게 살아온 지금 새로운 인생의 2막을 준비하는 책을 한 번 더 써 본다.

책을 쓴다는 것은 쉬운 일이 아니다. 원고 1장의 분량도 사실 쓰기는 어렵다. 모든 사람이 국문학을 전공하여야만 글을 쓴다고 생각하지만, 그것은 아니다. 사람이 살면서 내가 생각하고 있는 것이 있다면 그것을 글로 표현하는 것이 바로 글이라고 생각한다. 어렵게 생각하면 한 줄도 작성하지 못한다. 하지만 우리는 어렸을 때 연애편지를 한두 번은 써 본 경험이 있을 것이다. 그때는 상대방의 마음에 들려고 많은 책을 읽고 책 속에 적혀 있는 예쁜 문장 등을 메모해 두었다가 편지에 인용하기도 하였다. 그 편지를 읽고 상대방은 감동까지 한 적도 있었다. 그렇게 하다가 누구나 편지를 쓰듯 내가 겪은 일 그리고 하고 싶은 말을 한 자 한 자 적어보는 것이 필요하다. 한 장이 두 장이 되고 두 장이 네 장이 되고 네 장이 열 장이 되어 백 장이 되고 이백 장이 되어 한 권의 책이 만들어진다.

처음에 쓴 책 『마음속 눈물꽃』에는 내 이야기를 주로 많이 썼다. 지금도 책장에 꽂혀 있지만 잘 읽어 보지 않는다. 처음에는 가족들과 아는 지인들에게 창피함을 무릅쓰고 책을 줬다. 무식함이 용기라고 하듯 나 스스로 그런 결정을 하였다. 그리고 여러 선생님과 공동으로 몇 권의 책을 발간하였지만, 모두가 재미없는 내용이었다. 최근 아는 지인이 내 책을 읽었다고 평을 해 주었다. 재미는 없지만 이렇게 쓸 수 있다는 용기와 자기의 생애에 대해 세상에 공개했다는 점에서 놀랍다고 하였다. 그리고 잘 읽었다고 하였다. 부족한 글을 남에게 평을 듣다니 참으로 쑥스러웠다. 하지만 사람은 100% 잘할 수는 없다고 생각한다. 실수하면서 살아가는데 타인에게 실수하거나 타인에게 피해를 주지 않는 자기만의 실수는 용서될 수 있다고 생각하고 새롭게 책을 도전해 보았다.

최근 들어 사춘기 아들과 생활을 하면서 아이들에 대해 이해가 잘 안 되는 부분들이 많이 있어 갈등을 겪었다. 그래도 직장에서 청소년 관련 업무를 하다 보니 조금은 이해를 하려고 무척 노력하고 있다. 청소년들과 나는 아버지와 자식이라는 세대 차이에서 나름대로 많이 이해하려고 한다. 그리고 보니 나도 많이 변했다는 것을 알게 되었다. 무조건 어른의 처지에서 아이들을 바라보고 지적하는 것이 나였는데 아이들을 상대하다 보니 이제는 아이들의 심리를 조금이나마 이해하려고 노력하고 있다. 그래서 부모님들과 마찰이 있으면 중재 역할을 하면서 부모님의 입장과 청소년들의 입장을 번갈아가면서 이해를 시키고 있다. 이런 내가 갈수록 청소년들에게 어른이라는 생각보다는 청소년들의 상황을 이해해 주고 같은 위치에서 동질성을 갖는 사람으로 기억되기를 기대해 본다. 어떤 청소년들은 나보고 삼촌이라고 한다. 사실 아버지, 큰아버지, 작은아버지의 나이임에도 삼촌이라는 호칭을 사용하면서 아버지가 아닌 자기를 이해해 주는 삼촌으로 기억하고 싶을지 모른다는 생각으로 다가오고 있다고 나름대로 생각한다.

이 책을 쓰면 세상의 모든 아버지에게 한마디 한다면 아들은 아버지의 소유물이 아님을 명심하고 같은 공간에서 서로의 차이를 인정해 주며 상대방의 처지를 생각해 보면서 부족한 부분을 채워 주고 넘치는 부분을 제어해 주는 그런 관계라는 것을 세상 부모님은 알았으면 좋겠다는 것이다. 잘못했다고 부모님의 처지에서 가혹행위를 하여서는 안 된다. 반드시 아이에게 무슨 일이 있었는지 물어보고 화가 난다고 행동이 먼저 앞서도 아니된다. 부모이기에 그리고 어른이기에 한 번쯤 참고 생각해 보는 것이 필요하다. 화가 난다고 통제를 하지 못하고 자녀를 때리는 순간 자녀와의 갈등이 시작되며 대화의 문을 닫게 된다.

또, 자녀와의 관계를 좋게 하기 위해서는 부모와 자녀가 함께 할수 있는 일을 찾아 함께 하는 것이 보람 있다. 봉사활동이나 운동을 함께 하면서 서로를 탐색하는 것도 중요하다. 부모와 자녀와의 관계를 좁히는 방법이 바로 함께 하는 것이다. 작은 일이든 함께 하는 것이 중요하다. 특히, 사춘기 시절의 자녀들은 부모가 아닌 또래 집단들과 어울리고 싶어 한다. 그럴 때는 곁에서 지켜 주는 것도 중요하다. 그리고 남은 틈을 이용하여 부모가 그 자리를 차지하면서 천천히 접근해야 한다.

나는 이번 『사춘기 아버지』라는 책을 쓰면서 아들을 많이 이해하려고 노력한다. 그리고 함께 시간을 보내려고 많은 준비를 한다. 그래서 함께 여행도 하고 함께 시간을 보내고 함께 밥을 먹는 동안 아들과의 대화 시간을 가지며 학교생활, 또래 친구들의 생활에 관해 물어보기도 한다. 책을 쓰면 내 사랑하는 아내와 자식들에 대해 많은 생각을 하게 되었고, 내 그리운 형제들을 떠올리면서 행복했던 순간들을 다시 한 번 떠올려 보았다. 모든 것이 나로 인해 행복해질 수 있다는 것을 깨닫게 되었다.

끝으로 "내가 헛되이 보낸 오늘은 어제 죽은 이가 그토록 그리던 내일이다"라는 소포클레스의 말로 마무리하고 싶다.

감사의 글

사춘기 아들을 키우면서 어떻게 하면 대화를 잘할 수 있을까 고민하면서 『사춘기 아버지』를 쓰게 되었다. 부모 앞에서 말이 없지만 그래도 또래 집단에서는 친구들과 많은 이야기를 한다고 하였다. 하지만 부모로서 내 자식만큼은 잘 키우고 싶은 것은 당연한 일이다.

내가 이렇게 자신감과 긍정적인 생각을 갖고 살아온 것은 바로 소중한 내 형제들이 있고 사랑스러운 내 가족이 있었기 때문이다. 그들 덕에 당당해질 수 있었다. 한편으로는 돌아가신 부모님께 감사하다. "힘들어도 이겨내야 한다. 어려울 때 남을 도와주는 사람이 되어야 한다. 참고 인내 하다 보면 좋은 일이 있을 것이다." 늘 깨우침을 주신 부모님께 감사하고 있다.

남을 위해 봉사활동을 하는 것도 다 어머님의 인자함에서 시작된 것이다. 항상 내 곁에 누가 힘들어하는지를 보면서 도움을 주라고 하셨다. 그래서 나도 자식들과 함께 봉사활동을 하면서 항상 내 자신이 이렇게 할 수 있다는 점에 대해 깊이 감사함을 느끼고 있다.

남편의 곁에서 남편이 하는 일에 대해 아낌없이 지지해 준 아내에게 감사하다. 무엇이든 헛된 생각을 하지 않고 열심히 하는 남편을 묵묵히 지켜봐 주는 그런 아내가 고맙다. 그리고 대학을 졸업하고 사회 초년생으로 힘들지만 타 지역에서 정말 열심히 살고 있는 두 딸에게도 감사하다. 항상 부모님이 걱정 하지 않도록 매사에 최선을 다하는 두 딸이 대견스럽다. 무슨 일이든 자기의 위치에서 최선을 다하는 모습이 너무나 예쁘다. 그리고 지금 우리 부부와 함께 살고 있는 늦둥이 아들은 우리 부부의 엔돌핀이다. 언제까지 함께 있을 수는 없겠지만 그래도 있는 순간 서로 아끼고 사랑하면 살아야겠다.

　　끝으로 나와 함께 15년 동안 봉사활동을 해온 한울타리가족자원봉사단 단원과 같은 아파트 형님, 동생들 그리고 고향을 떠나 타향에서 서로 의지하며 정을 나누며 살고 있는 지인들에게 깊이 감사함을 표한다.

　　이 책이 누군가에 손에서 읽히는 그 순간 따뜻한 정을 함께 나누었으면 좋겠다.

2020년 9월

공풍용